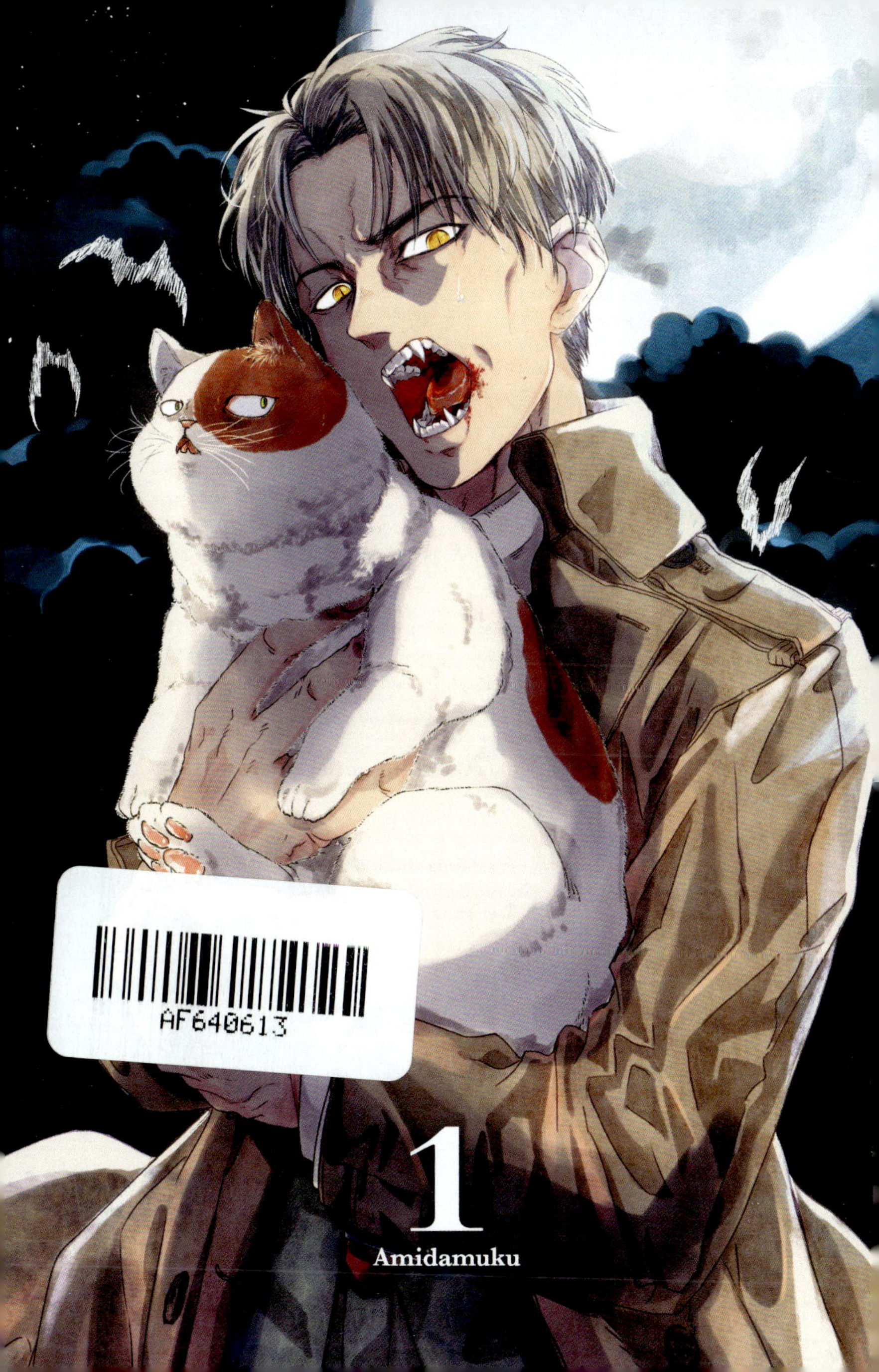
1
Amidamuku

Inhalt

1. Nacht: Das Geheimnis meines Vorgesetzten

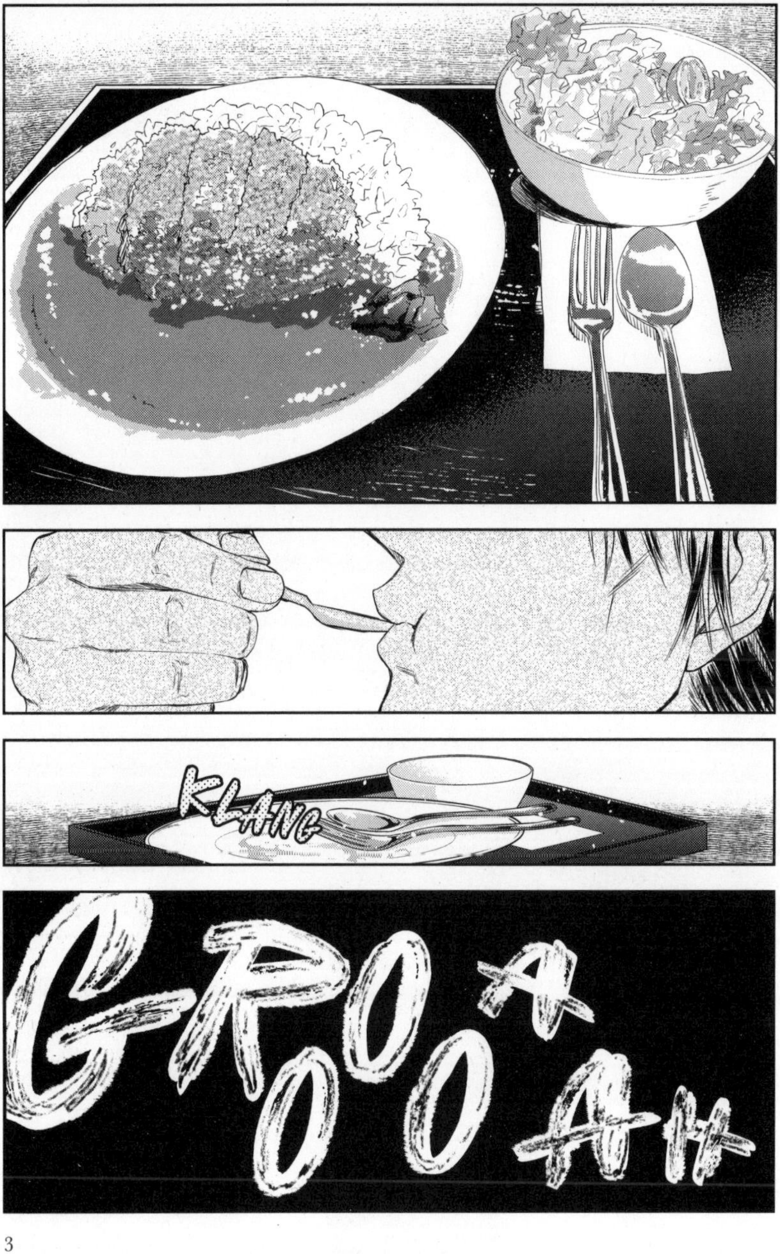

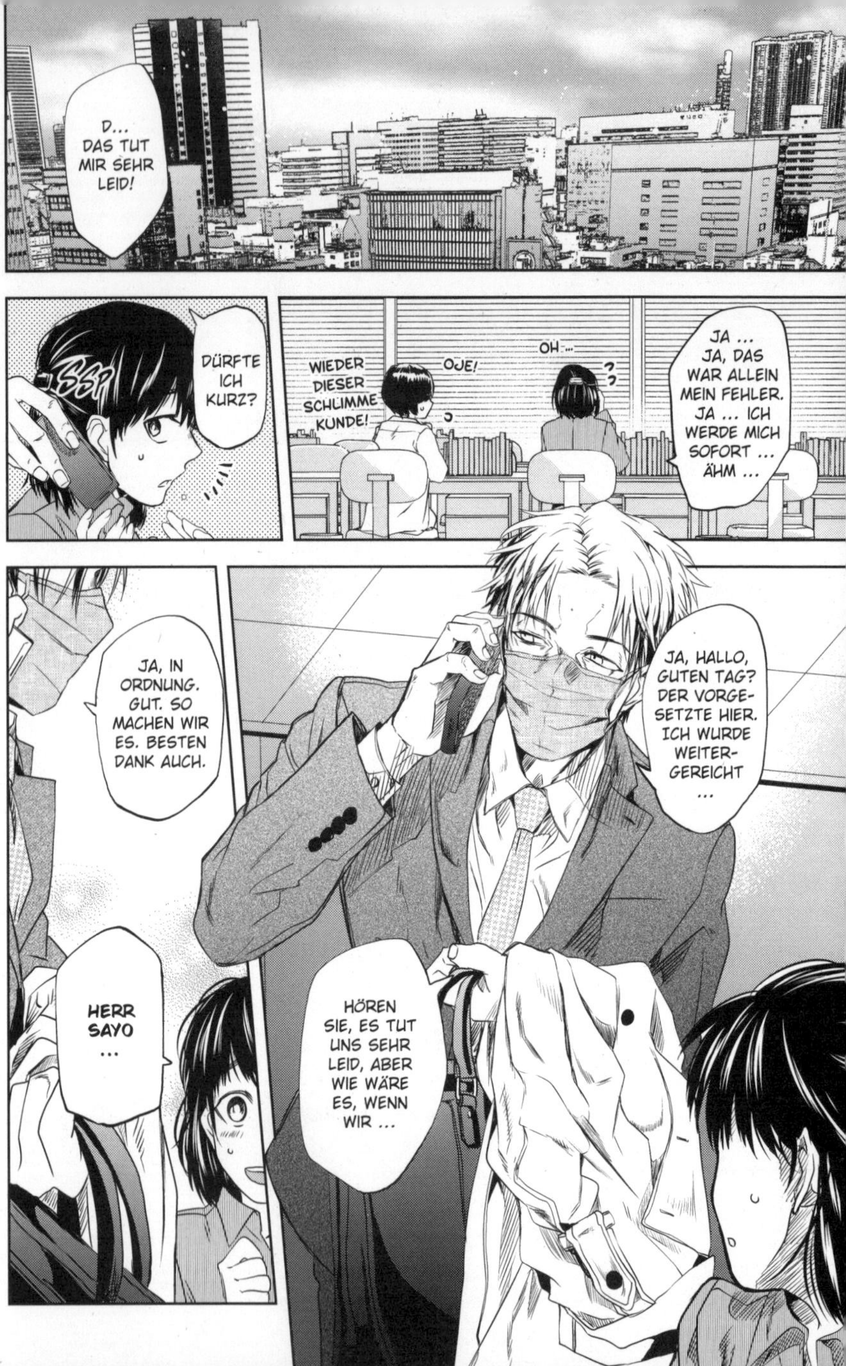
D… DAS TUT MIR SEHR LEID!
JA … JA, DAS WAR ALLEIN MEIN FEHLER. JA … ICH WERDE MICH SOFORT … ÄHM …
OH …
??
OJE!
WIEDER DIESER SCHLIMME KUNDE!
DÜRFTE ICH KURZ?
SSP
JA, HALLO, GUTEN TAG? DER VORGESETZTE HIER. ICH WURDE WEITERGEREICHT …
JA, IN ORDNUNG. GUT. SO MACHEN WIR ES. BESTEN DANK AUCH.
HÖREN SIE, ES TUT UNS SEHR LEID, ABER WIE WÄRE ES, WENN WIR …
HERR SAYO …

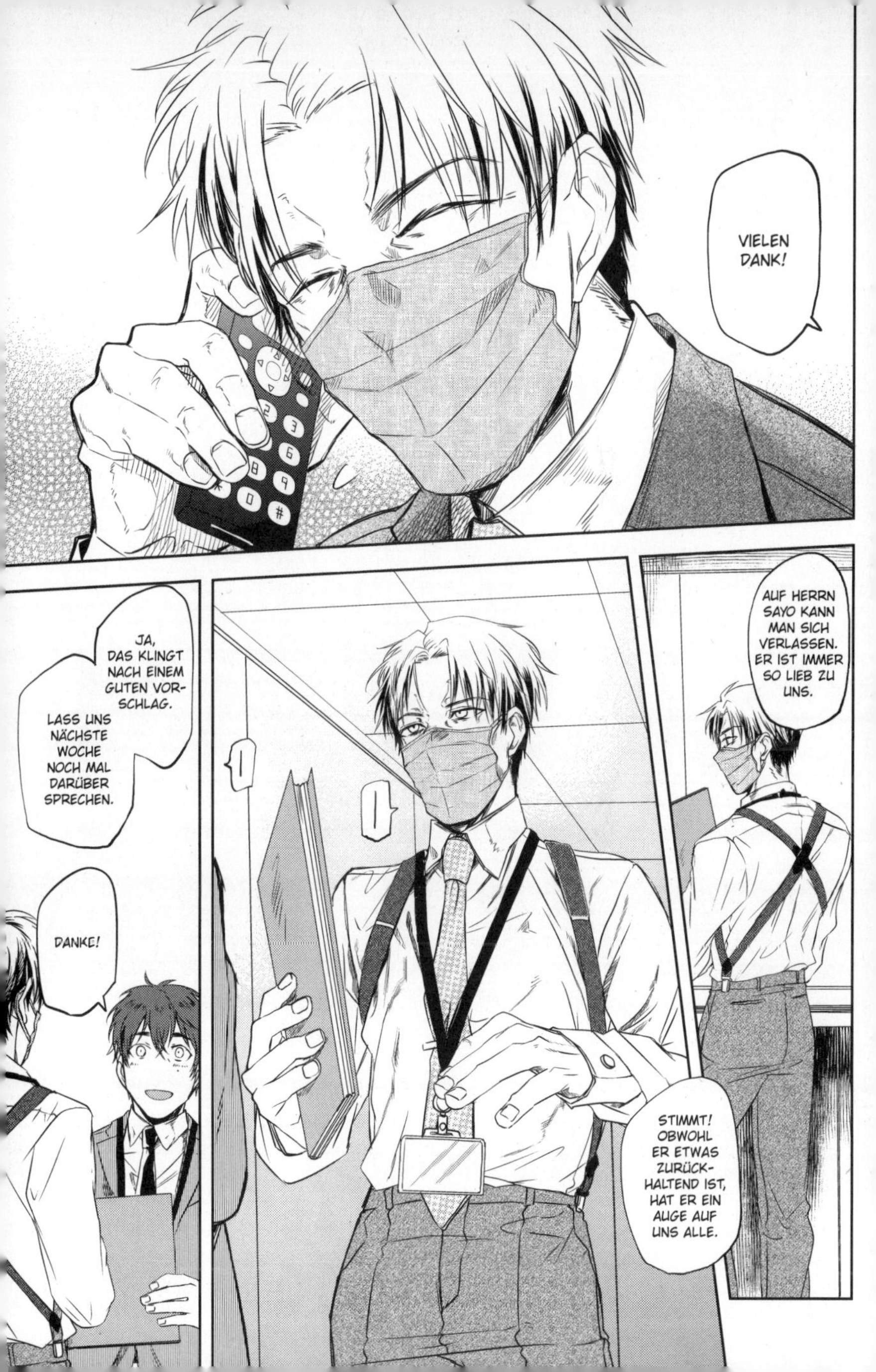
VIELEN DANK!
AUF HERRN SAYO KANN MAN SICH VERLASSEN. ER IST IMMER SO LIEB ZU UNS.
JA, DAS KLINGT NACH EINEM GUTEN VOR-SCHLAG.
LASS UNS NÄCHSTE WOCHE NOCH MAL DARÜBER SPRECHEN.
STIMMT! OBWOHL ER ETWAS ZURÜCK-HALTEND IST, HAT ER EIN AUGE AUF UNS ALLE.
DANKE!

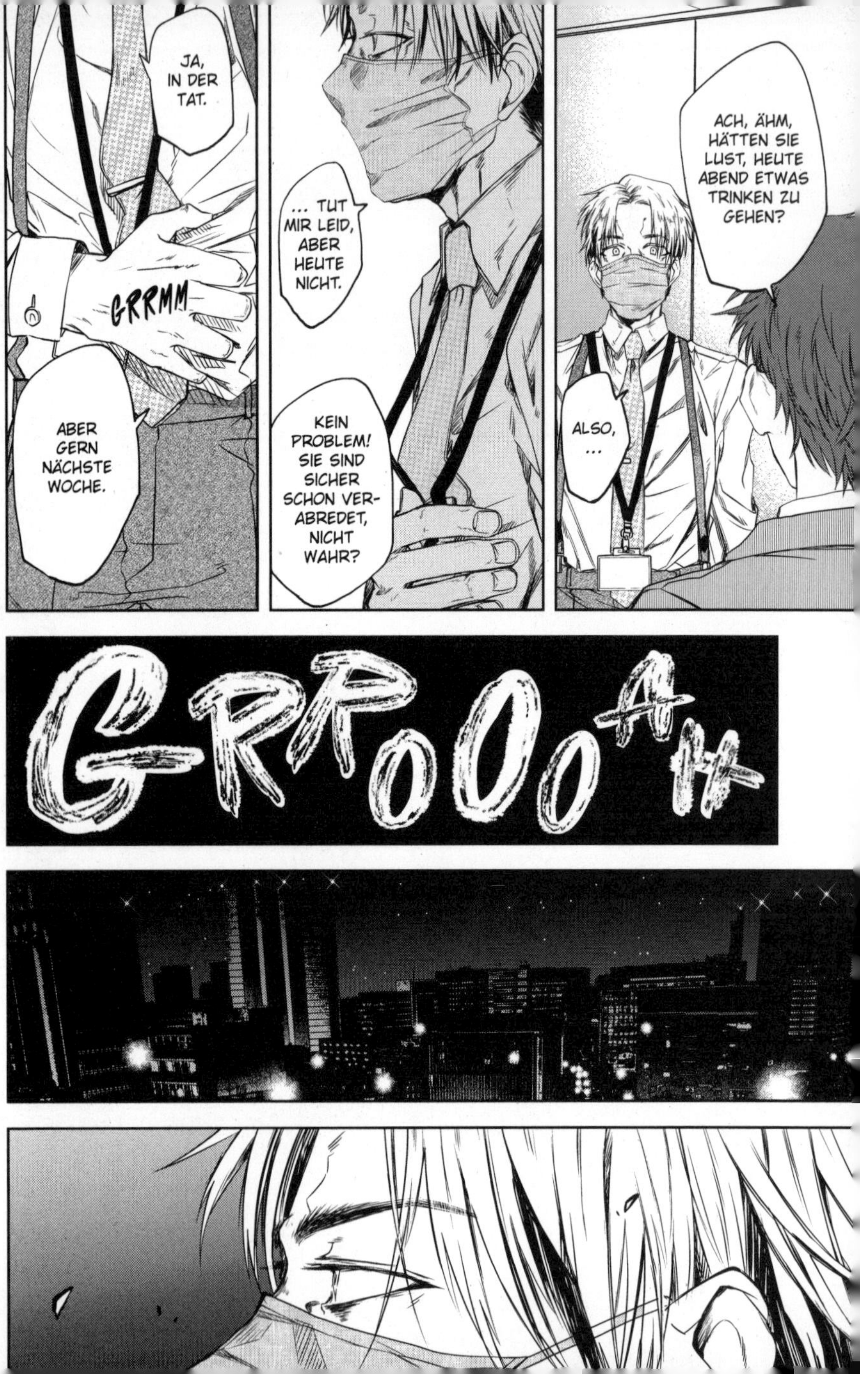
ACH, ÄHM, HÄTTEN SIE LUST, HEUTE ABEND ETWAS TRINKEN ZU GEHEN?
ALSO, …
… TUT MIR LEID, ABER HEUTE NICHT.
KEIN PROBLEM! SIE SIND SICHER SCHON VER-ABREDET, NICHT WAHR?
JA, IN DER TAT.
GRRMM
ABER GERN NÄCHSTE WOCHE.
GRROOOAH

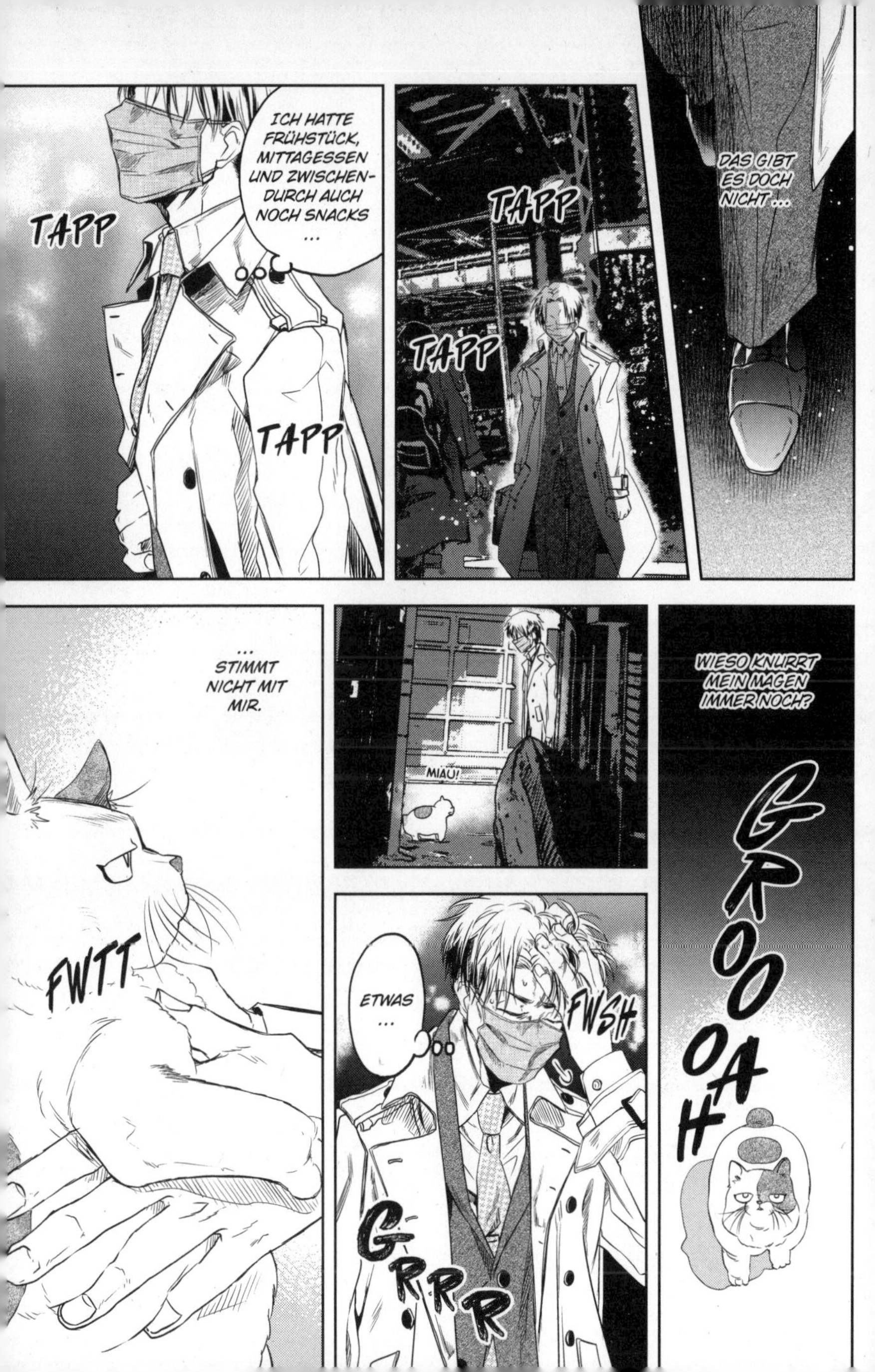
DAS GIBT ES DOCH NICHT ...
TAPP
TAPP
ICH HATTE FRÜHSTÜCK, MITTAGESSEN UND ZWISCHEN-DURCH AUCH NOCH SNACKS ...
TAPP
TAPP
WIESO KNURRT MEIN MAGEN IMMER NOCH?
GROOOOAH
MIAU!
ETWAS ...
FWSH
GRRRR
... STIMMT NICHT MIT MIR.
FWTT

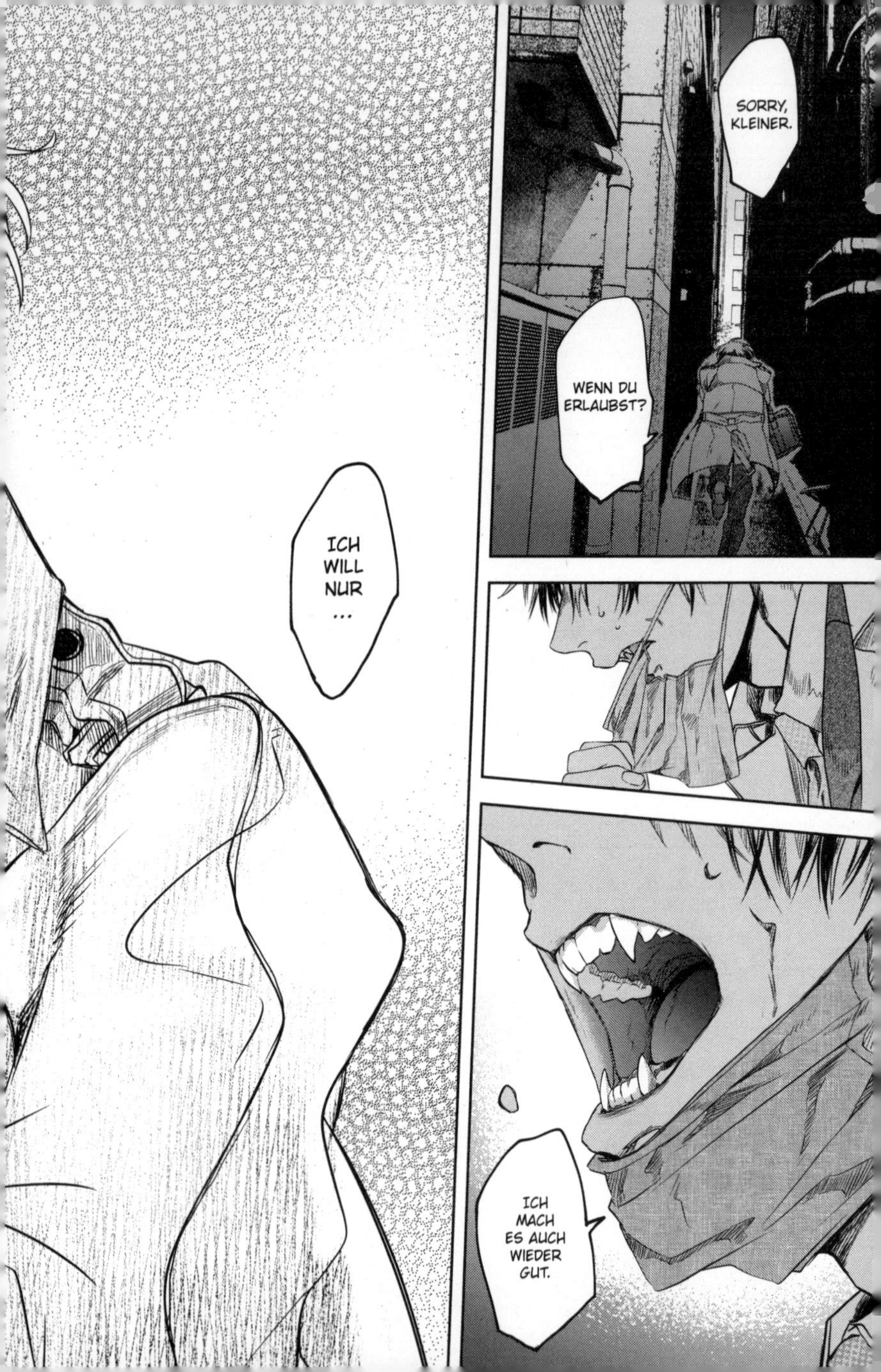
SORRY, KLEINER.
WENN DU ERLAUBST?
ICH MACH ES AUCH WIEDER GUT.
ICH WILL NUR ...

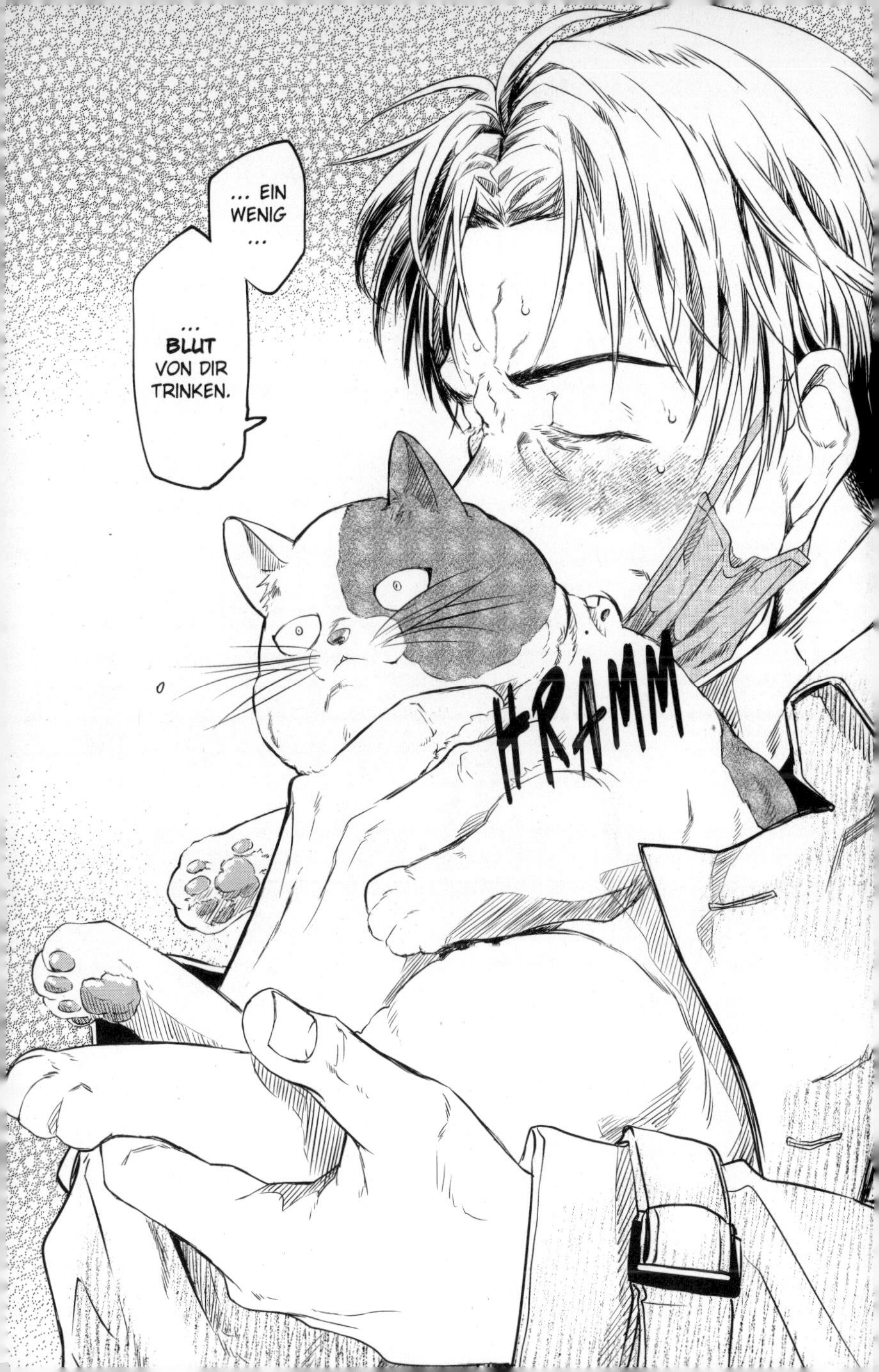
... EIN WENIG ...
... BLUT VON DIR TRINKEN.
HRAMM

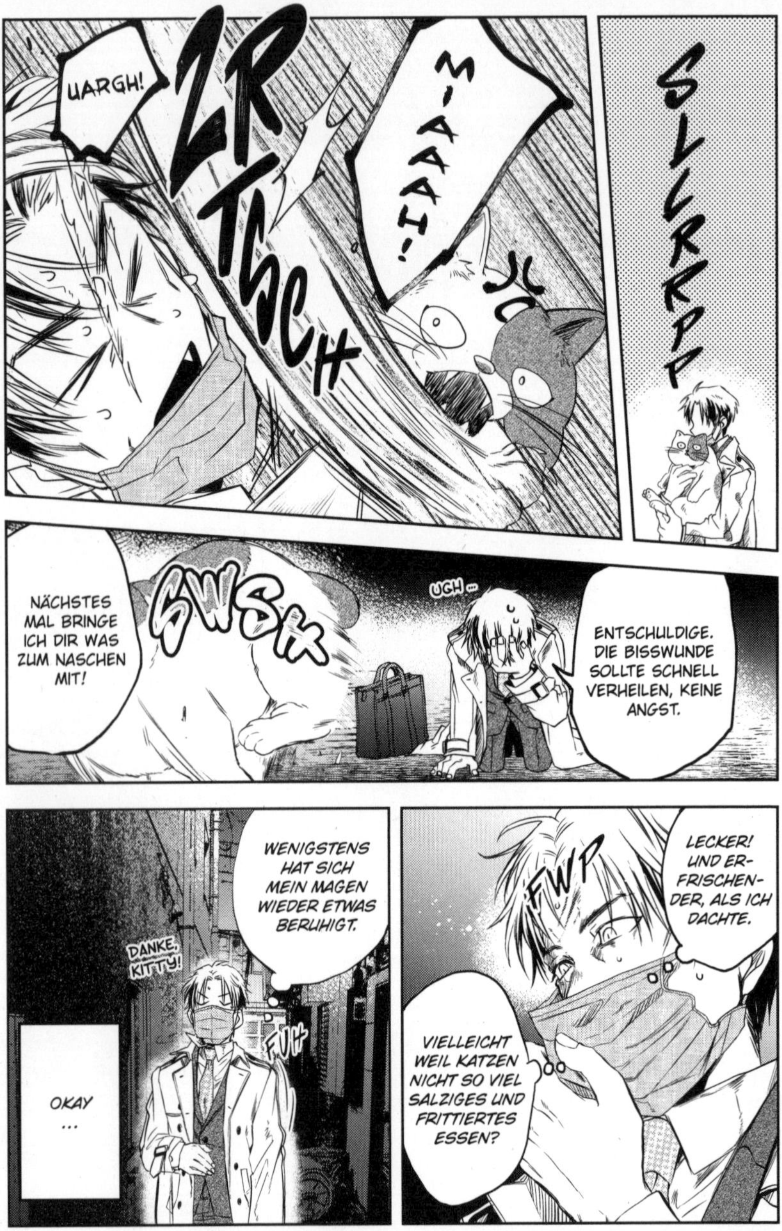
SLLCRKPP
MIAAAH!
ZRTSCH
UARGH!
ENTSCHULDIGE. DIE BISSWUNDE SOLLTE SCHNELL VERHEILEN, KEINE ANGST.
UGH ...
SWSH
NÄCHSTES MAL BRINGE ICH DIR WAS ZUM NASCHEN MIT!
LECKER! UND ERFRISCHENDER, ALS ICH DACHTE.
FWP
VIELLEICHT WEIL KATZEN NICHT SO VIEL SALZIGES UND FRITTIERTES ESSEN?
WENIGSTENS HAT SICH MEIN MAGEN WIEDER ETWAS BERUHIGT.
DANKE, KITTY!
FUH
OKAY ...

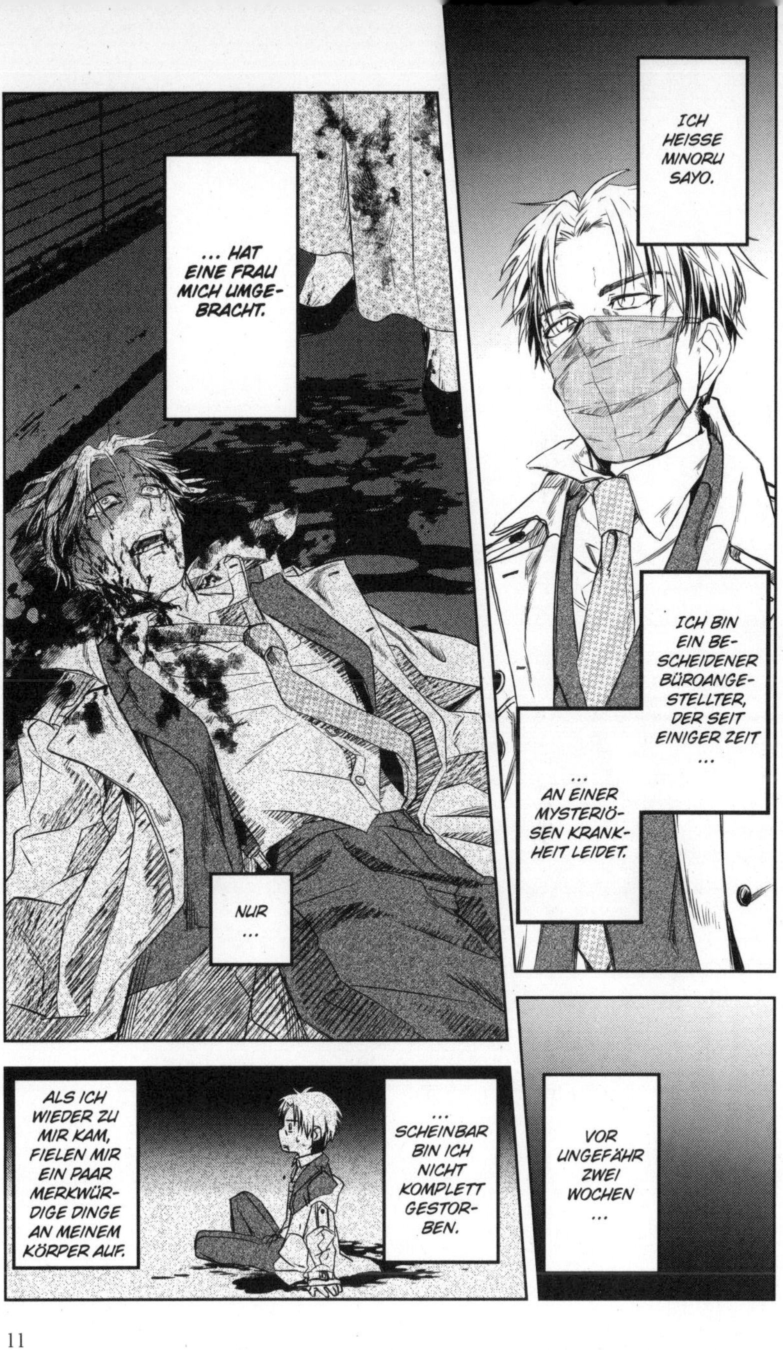
ICH HEISSE MINORU SAYO.
ICH BIN EIN BESCHEIDENER BÜROANGESTELLTER, DER SEIT EINIGER ZEIT ...
... AN EINER MYSTERIÖSEN KRANKHEIT LEIDET.
VOR UNGEFÄHR ZWEI WOCHEN ...
... HAT EINE FRAU MICH UMGEBRACHT.
NUR ...
... SCHEINBAR BIN ICH NICHT KOMPLETT GESTORBEN.
ALS ICH WIEDER ZU MIR KAM, FIELEN MIR EIN PAAR MERKWÜRDIGE DINGE AN MEINEM KÖRPER AUF.

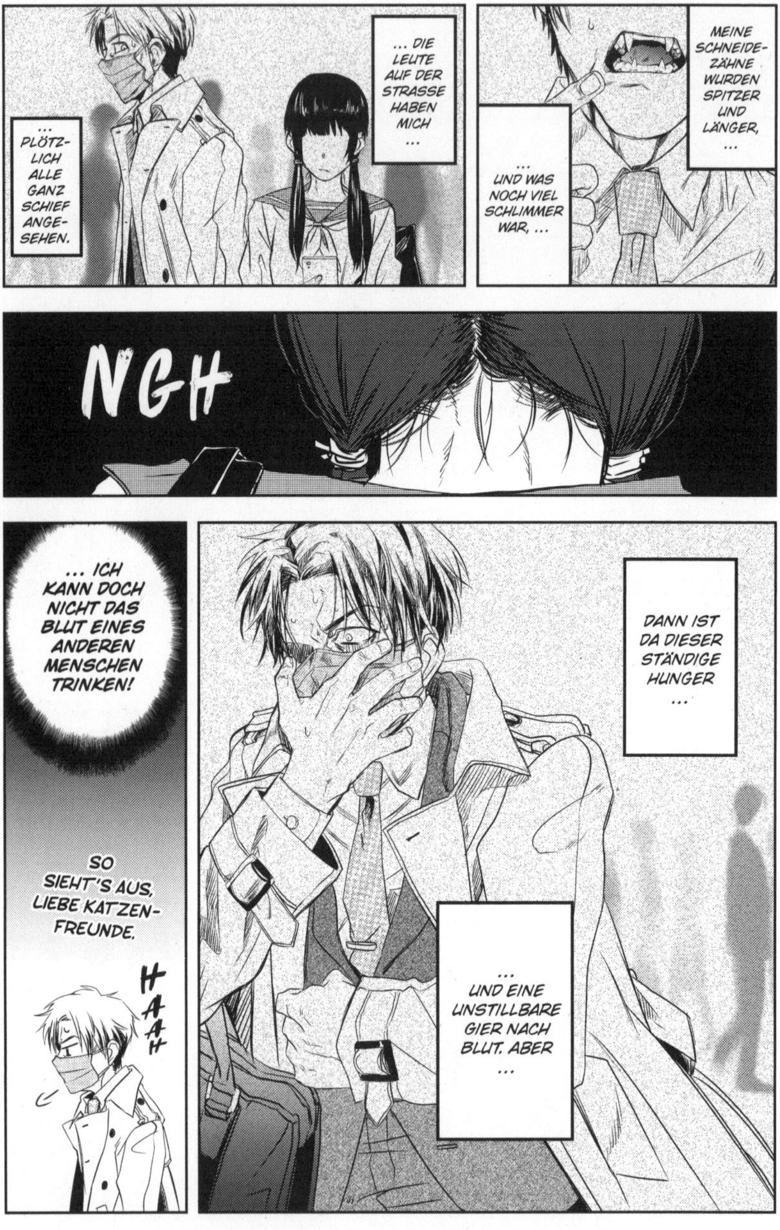
MEINE SCHNEIDE-ZÄHNE WURDEN SPITZER UND LÄNGER, ...
... UND WAS NOCH VIEL SCHLIMMER WAR, ...
... DIE LEUTE AUF DER STRASSE HABEN MICH ...
... PLÖTZLICH ALLE GANZ SCHIEF ANGE-SEHEN.
NGH
DANN IST DA DIESER STÄNDIGE HUNGER ...
... UND EINE UNSTILLBARE GIER NACH BLUT. ABER ...
... ICH KANN DOCH NICHT DAS BLUT EINES ANDEREN MENSCHEN TRINKEN!
SO SIEHT'S AUS, LIEBE KATZEN-FREUNDE.
HAAH

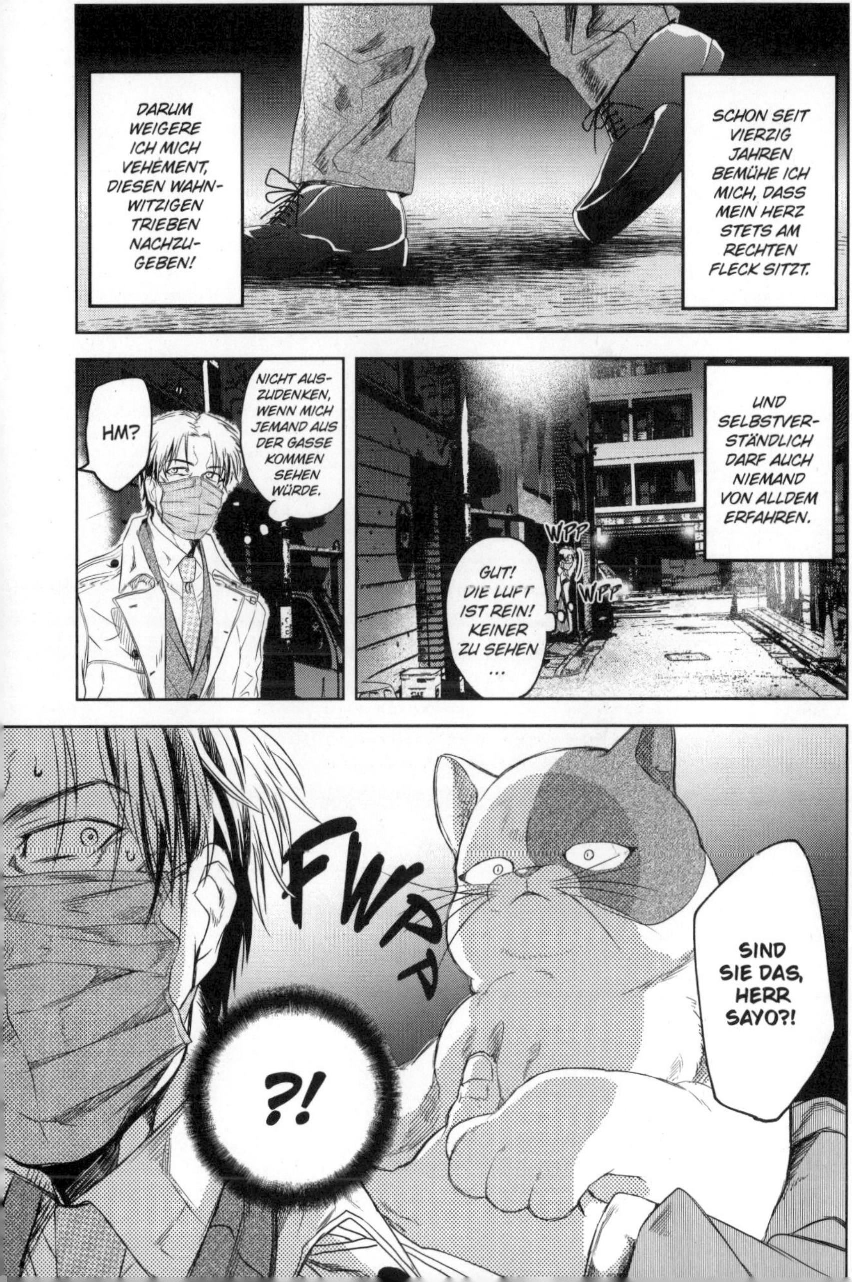
SCHON SEIT VIERZIG JAHREN BEMÜHE ICH MICH, DASS MEIN HERZ STETS AM RECHTEN FLECK SITZT.
DARUM WEIGERE ICH MICH VEHEMENT, DIESEN WAHNWITZIGEN TRIEBEN NACHZUGEBEN!
UND SELBSTVERSTÄNDLICH DARF AUCH NIEMAND VON ALLDEM ERFAHREN.
WPP
WPP
GUT! DIE LUFT IST REIN! KEINER ZU SEHEN …
NICHT AUSZUDENKEN, WENN MICH JEMAND AUS DER GASSE KOMMEN SEHEN WÜRDE.
HM?
FWPP
SIND SIE DAS, HERR SAYO?!
?!

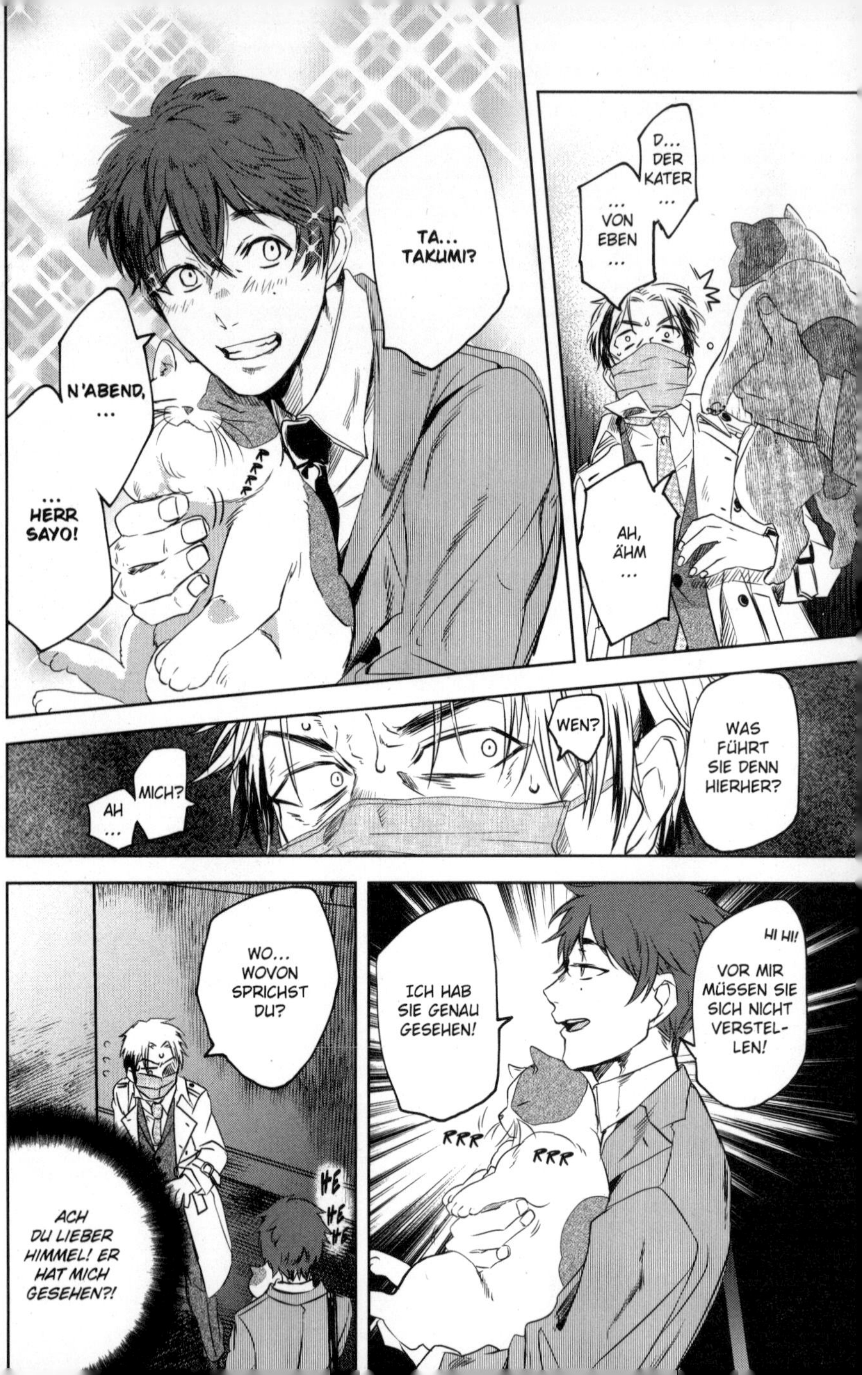
D... DER KATER ... VON EBEN ...
AH, ÄHM ...
TA... TAKUMI?
N'ABEND, ...
... HERR SAYO!
RRRR
WAS FÜHRT SIE DENN HIERHER?
WEN?
MICH?
AH ...
HI HI!
VOR MIR MÜSSEN SIE SICH NICHT VERSTEL-LEN!
ICH HAB SIE GENAU GESEHEN!
RRR
RRR
WO... WOVON SPRICHST DU?
HE HE HE
ACH DU LIEBER HIMMEL! ER HAT MICH GESEHEN?!

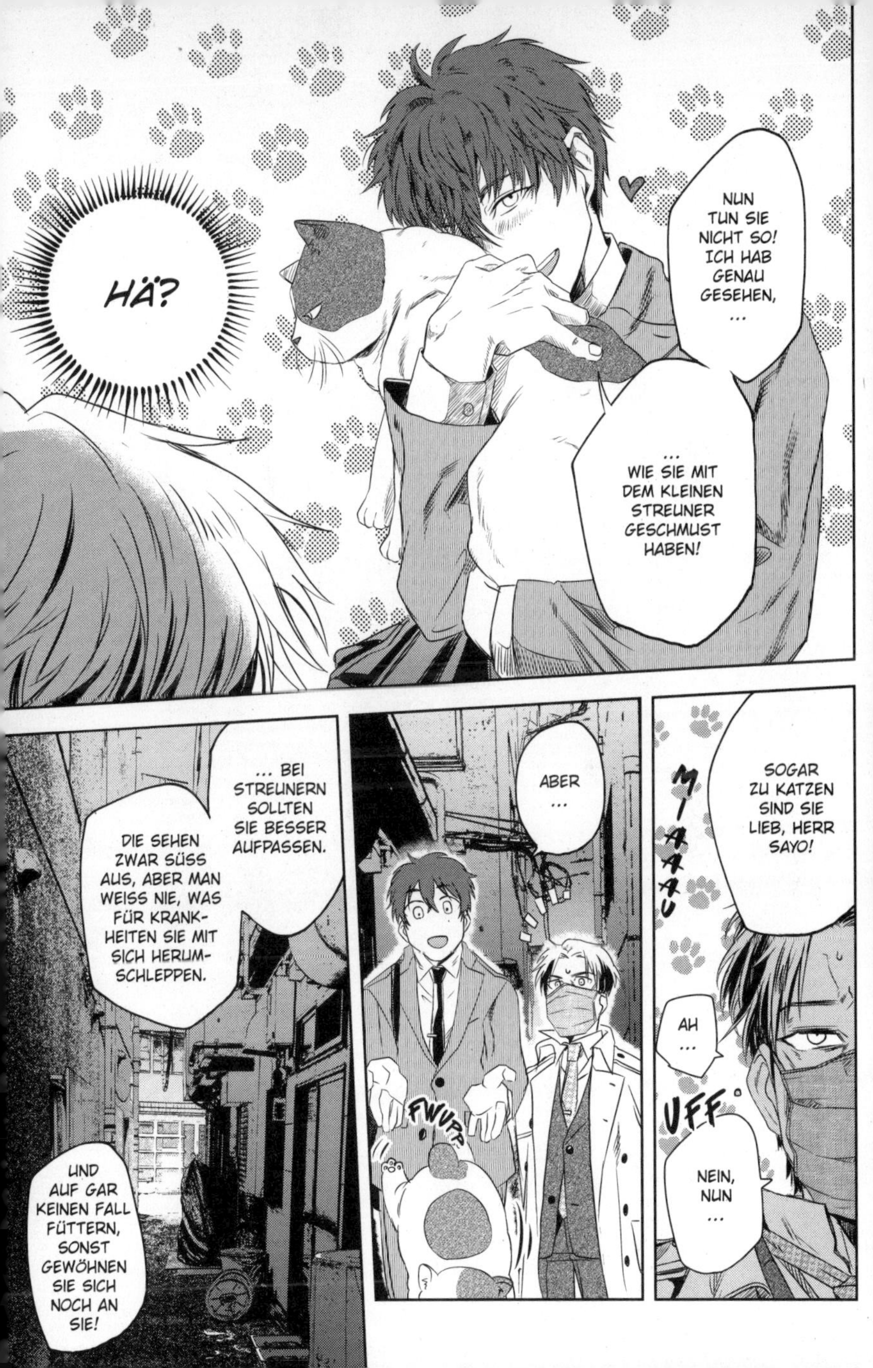
NUN TUN SIE NICHT SO! ICH HAB GENAU GESEHEN, …
… WIE SIE MIT DEM KLEINEN STREUNER GESCHMUST HABEN!
HÄ?
SOGAR ZU KATZEN SIND SIE LIEB, HERR SAYO!
MIAAAU
AH …
UFF
NEIN, NUN …
ABER …
FWUPP
… BEI STREUNERN SOLLTEN SIE BESSER AUFPASSEN.
DIE SEHEN ZWAR SÜSS AUS, ABER MAN WEISS NIE, WAS FÜR KRANK-HEITEN SIE MIT SICH HERUM-SCHLEPPEN.
UND AUF GAR KEINEN FALL FÜTTERN, SONST GEWÖHNEN SIE SICH NOCH AN SIE!

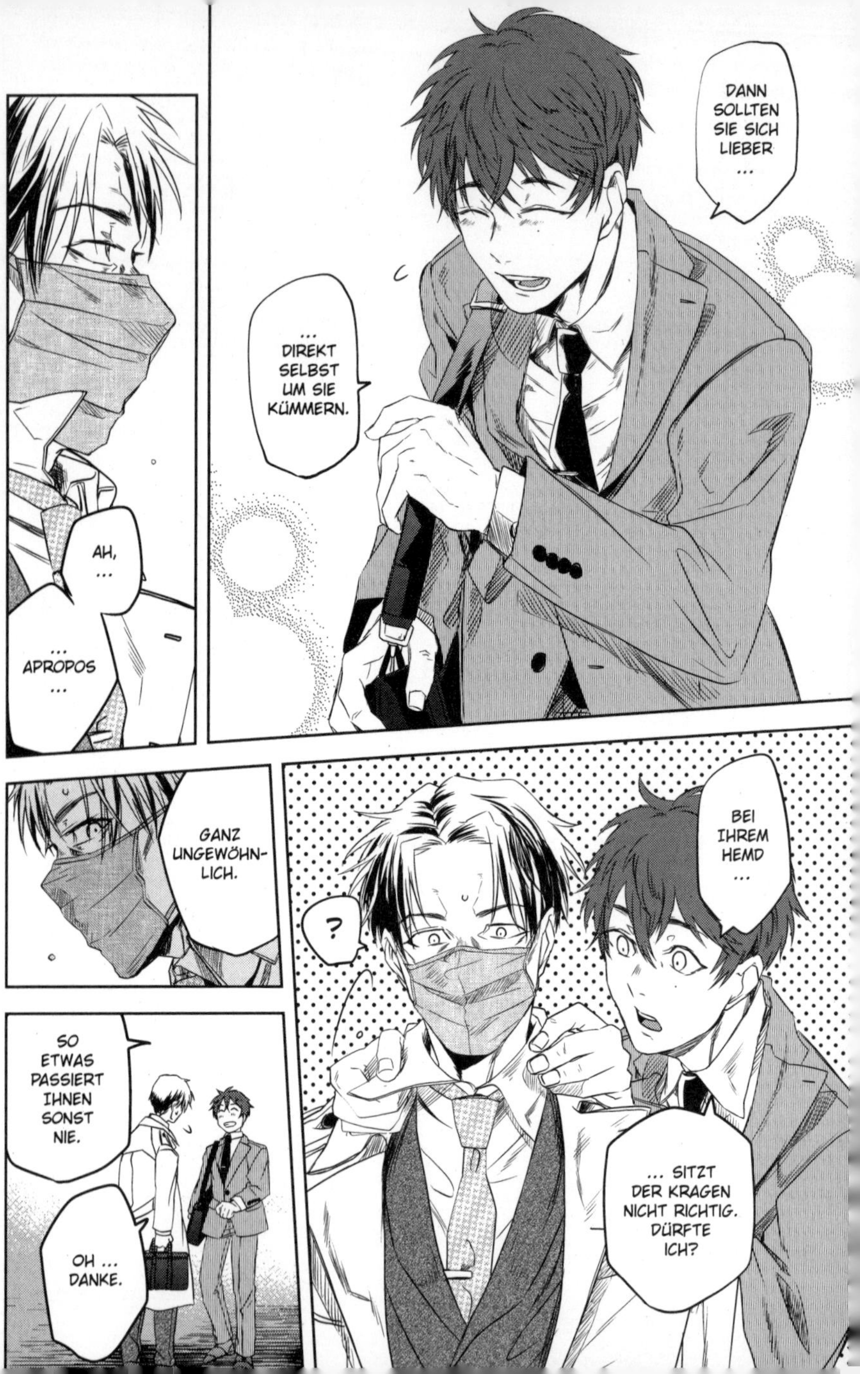
DANN SOLLTEN SIE SICH LIEBER …
… DIREKT SELBST UM SIE KÜMMERN.
AH, …
… APROPOS …
BEI IHREM HEMD …
… SITZT DER KRAGEN NICHT RICHTIG. DÜRFTE ICH?
?
GANZ UNGEWÖHN-LICH.
SO ETWAS PASSIERT IHNEN SONST NIE.
OH … DANKE.

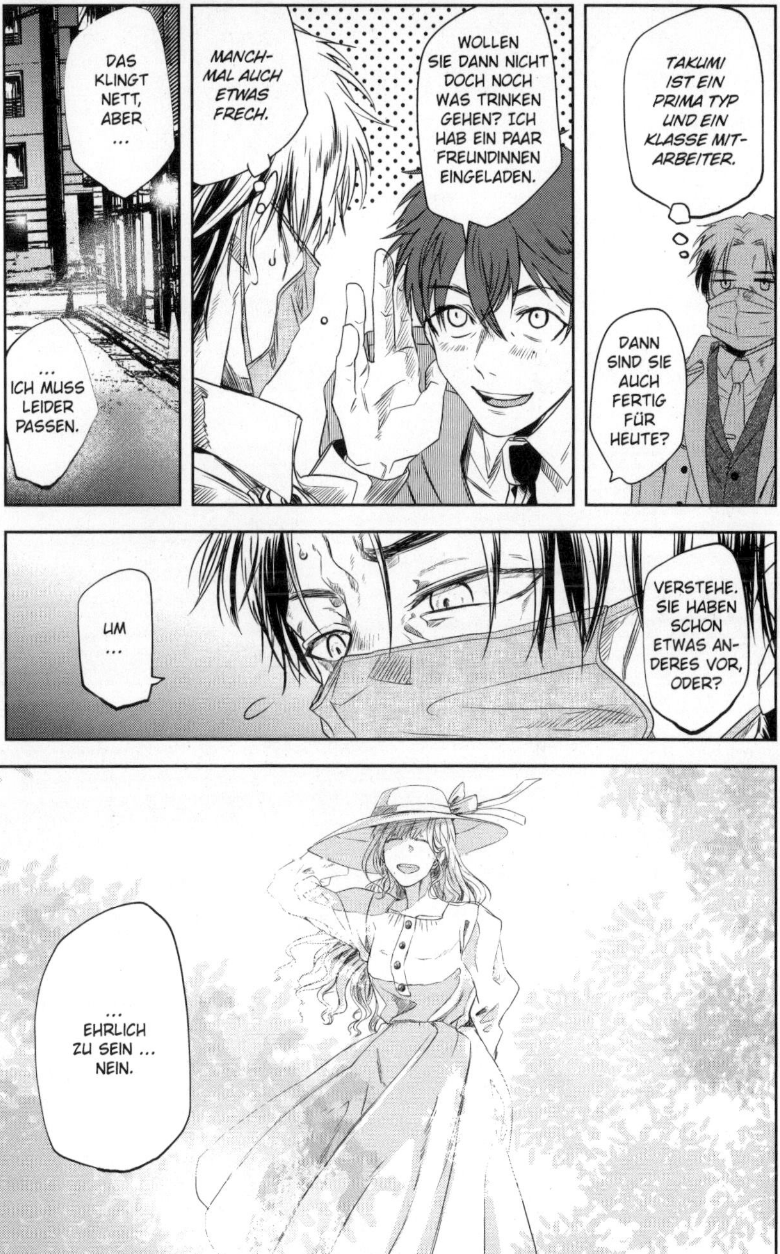
TAKUMI IST EIN PRIMA TYP UND EIN KLASSE MIT-ARBEITER.
DANN SIND SIE AUCH FERTIG FÜR HEUTE?
WOLLEN SIE DANN NICHT DOCH NOCH WAS TRINKEN GEHEN? ICH HAB EIN PAAR FREUNDINNEN EINGELADEN.
MANCH-MAL AUCH ETWAS FRECH.
DAS KLINGT NETT, ABER ...
... ICH MUSS LEIDER PASSEN.
VERSTEHE. SIE HABEN SCHON ETWAS AN-DERES VOR, ODER?
UM ...
... EHRLICH ZU SEIN ... NEIN.

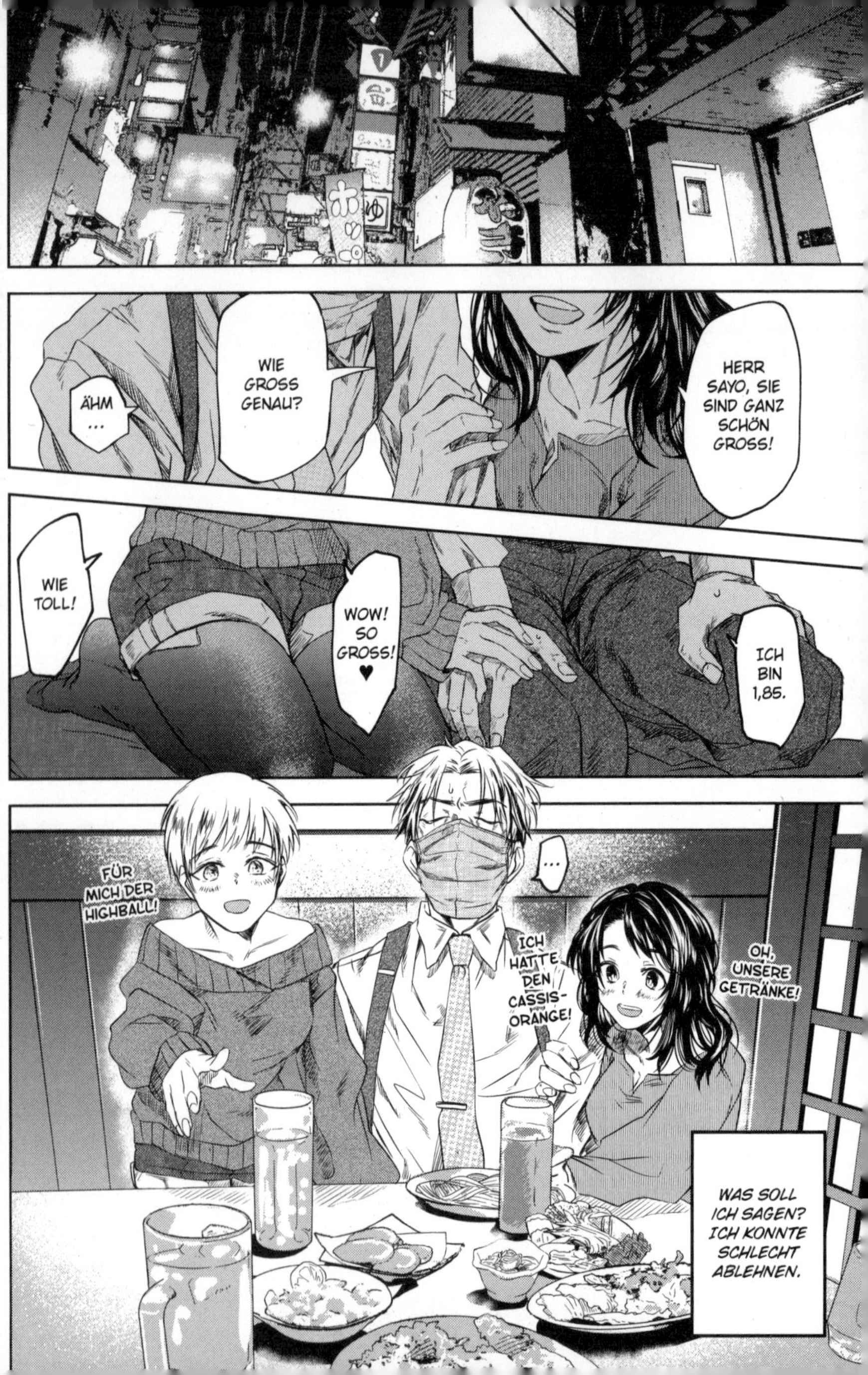
HERR SAYO, SIE SIND GANZ SCHÖN GROSS!
WIE GROSS GENAU?
ÄHM ...
ICH BIN 1,85.
WOW! SO GROSS! ♥
WIE TOLL!
OH, UNSERE GETRÄNKE!
ICH HATTE DEN CASSIS-ORANGE!
...
FÜR MICH DER HIGHBALL!
WAS SOLL ICH SAGEN? ICH KONNTE SCHLECHT ABLEHNEN.

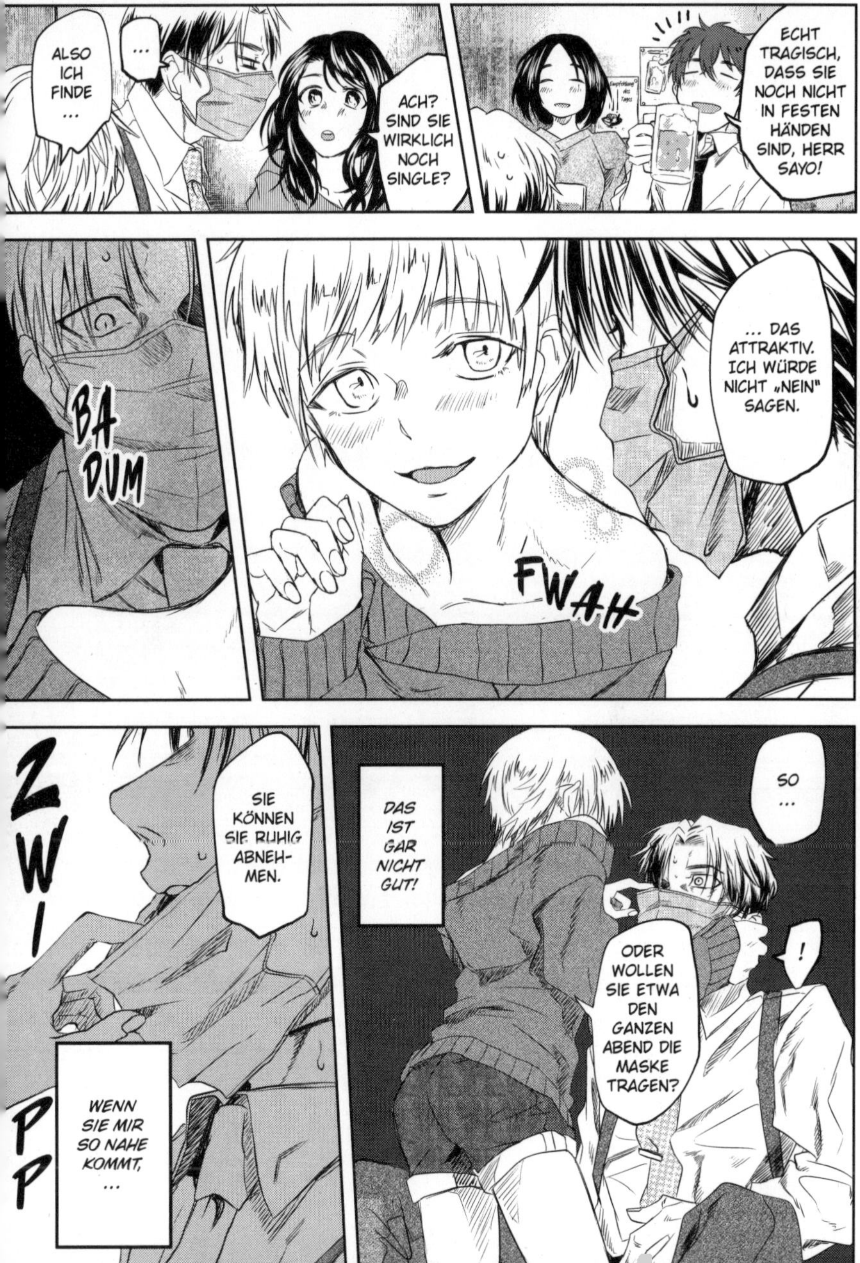
ECHT TRAGISCH, DASS SIE NOCH NICHT IN FESTEN HÄNDEN SIND, HERR SAYO!
ACH? SIND SIE WIRKLICH NOCH SINGLE?
...
ALSO ICH FINDE ...
... DAS ATTRAKTIV. ICH WÜRDE NICHT „NEIN" SAGEN.
FWAH
BA DUM
SO ...
DAS IST GAR NICHT GUT!
!
ODER WOLLEN SIE ETWA DEN GANZEN ABEND DIE MASKE TRAGEN?
SIE KÖNNEN SIE RUHIG ABNEHMEN.
WENN SIE MIR SO NAHE KOMMT, ...
ZWIPP

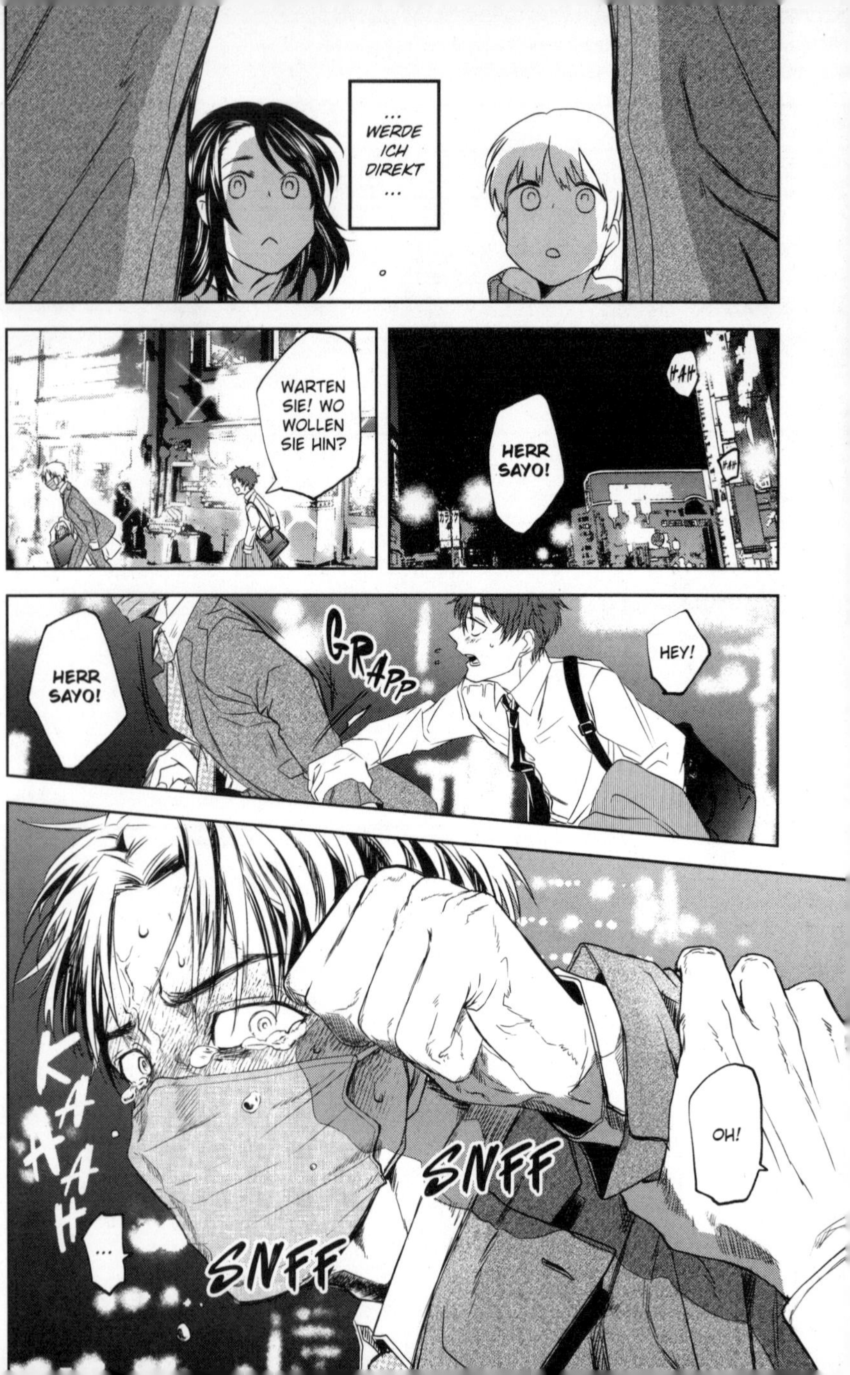

... WERDE ICH DIREKT ...
HAH
HERR SAYO!
WARTEN SIE! WO WOLLEN SIE HIN?
HEY!
GRAPP
HERR SAYO!
OH!
SNFF
SNFF
KAAAAH ...

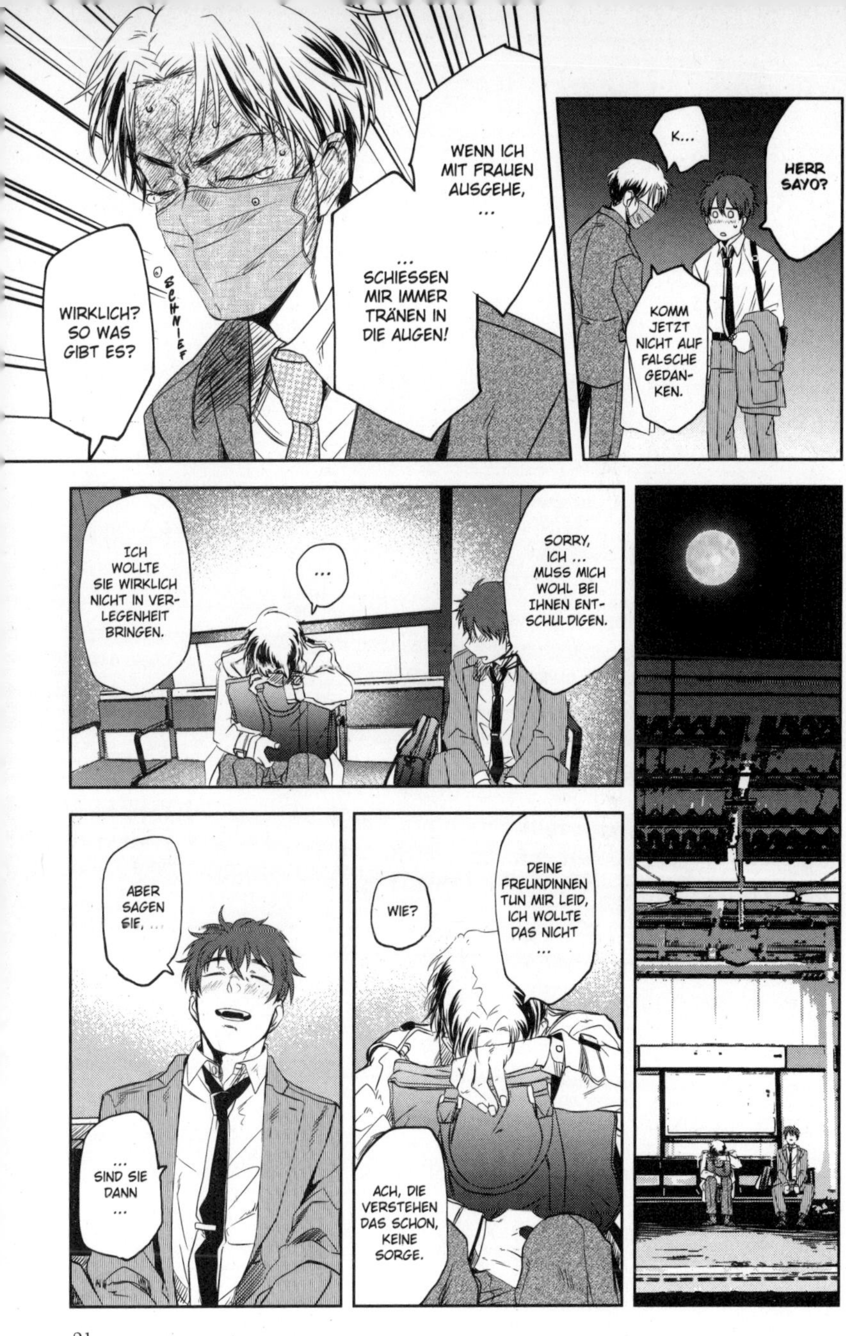

HERR SAYO?
K...
KOMM JETZT NICHT AUF FALSCHE GEDANKEN.
WENN ICH MIT FRAUEN AUSGEHE, ...
... SCHIESSEN MIR IMMER TRÄNEN IN DIE AUGEN!
SCHNIEF
WIRKLICH? SO WAS GIBT ES?
SORRY, ICH ... MUSS MICH WOHL BEI IHNEN ENTSCHULDIGEN.
...
ICH WOLLTE SIE WIRKLICH NICHT IN VERLEGENHEIT BRINGEN.
DEINE FREUNDINNEN TUN MIR LEID, ICH WOLLTE DAS NICHT ...
WIE?
ACH, DIE VERSTEHEN DAS SCHON, KEINE SORGE.
ABER SAGEN SIE, ...
... SIND SIE DANN ...

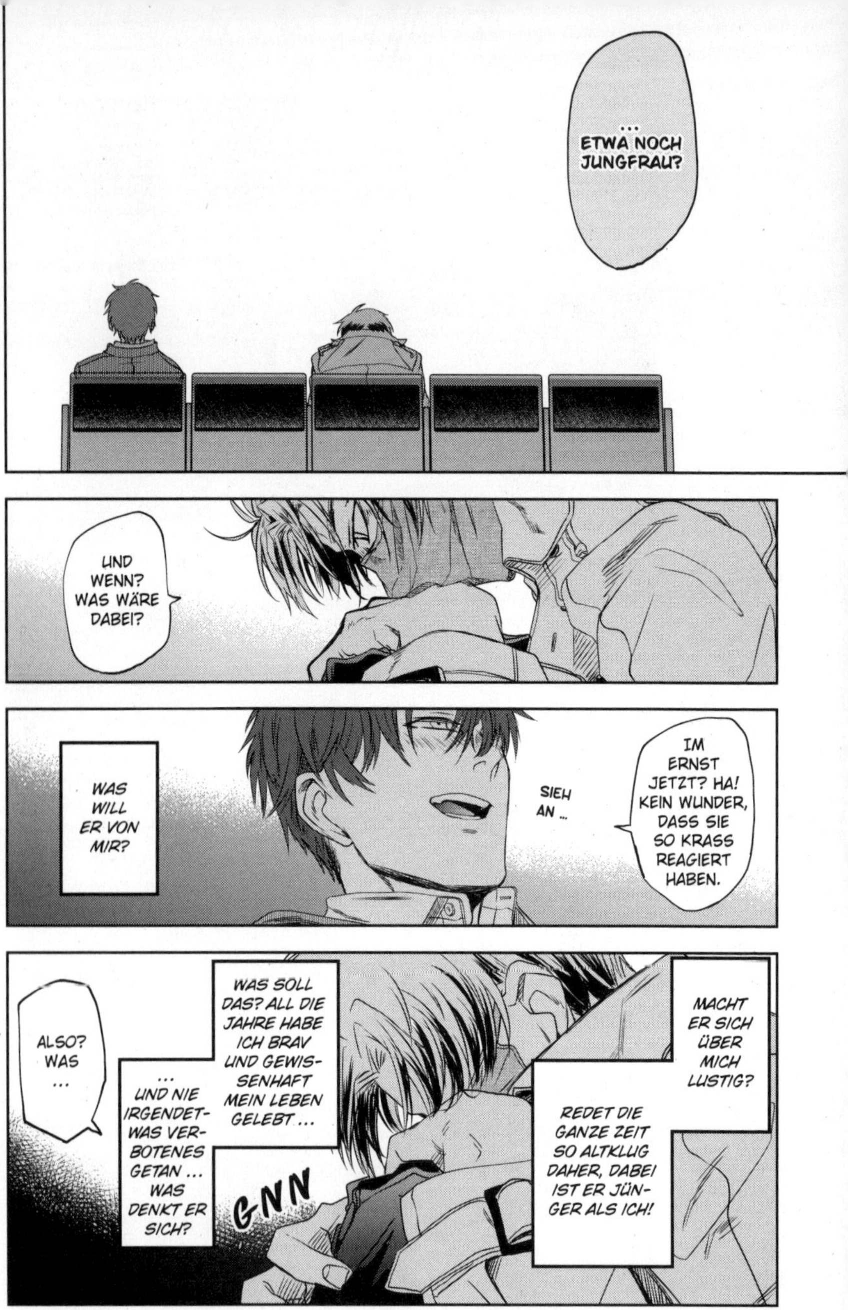
... ETWA NOCH JUNGFRAU?
UND WENN? WAS WÄRE DABEI?
IM ERNST JETZT? HA! KEIN WUNDER, DASS SIE SO KRASS REAGIERT HABEN.
SIEH AN ...
WAS WILL ER VON MIR?
MACHT ER SICH ÜBER MICH LUSTIG?
REDET DIE GANZE ZEIT SO ALTKLUG DAHER, DABEI IST ER JÜNGER ALS ICH!
WAS SOLL DAS? ALL DIE JAHRE HABE ICH BRAV UND GEWISSENHAFT MEIN LEBEN GELEBT ...
... UND NIE IRGENDETWAS VERBOTENES GETAN ... WAS DENKT ER SICH?
GNN
ALSO? WAS ...

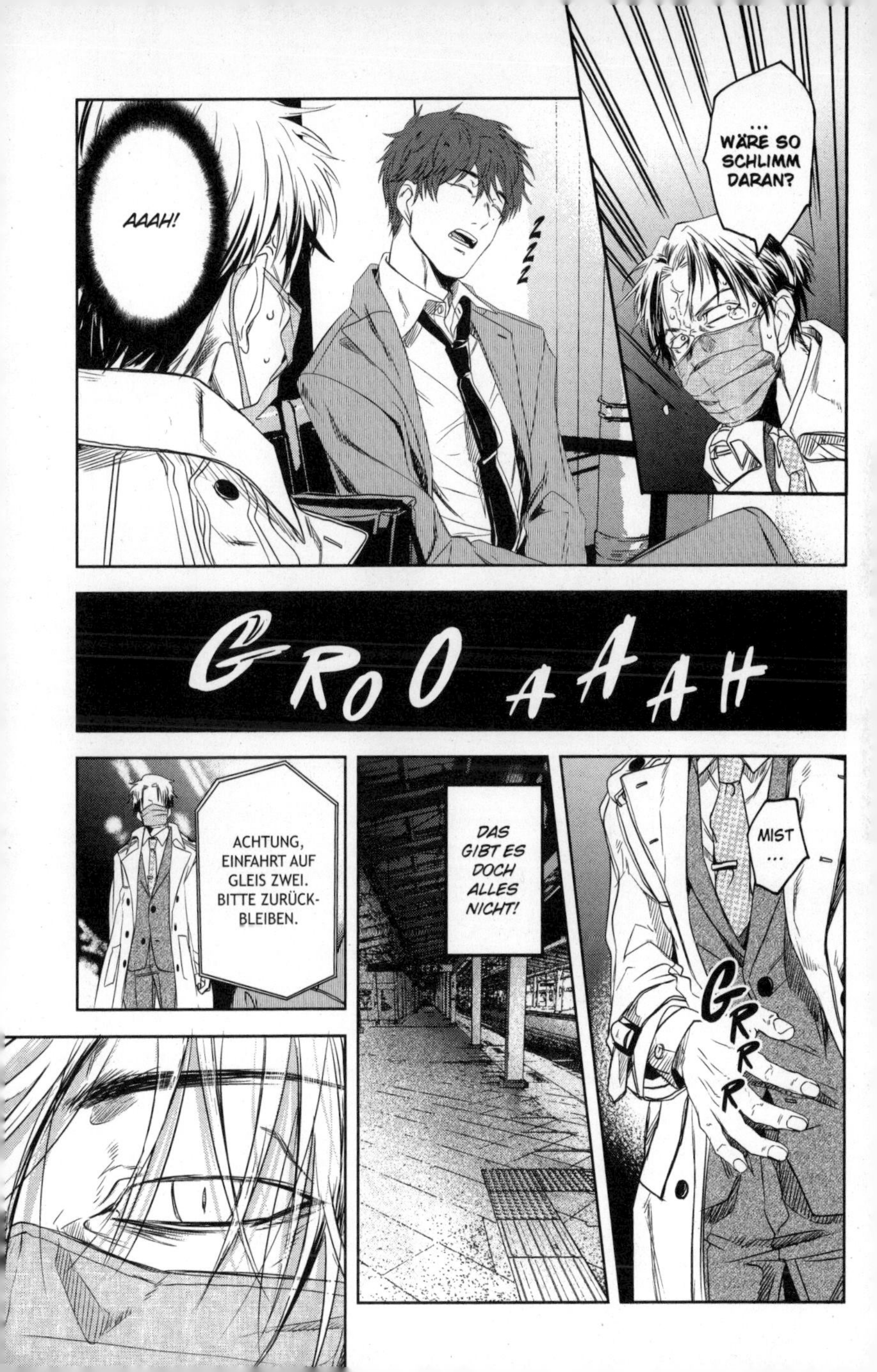
...
WÄRE SO
SCHLIMM
DARAN?
ZZZ
AAAH!
GROOAAAH
MIST
...
GRRRR
DAS
GIBT ES
DOCH
ALLES
NICHT!
ACHTUNG,
EINFAHRT AUF
GLEIS ZWEI.
BITTE ZURÜCK-
BLEIBEN.

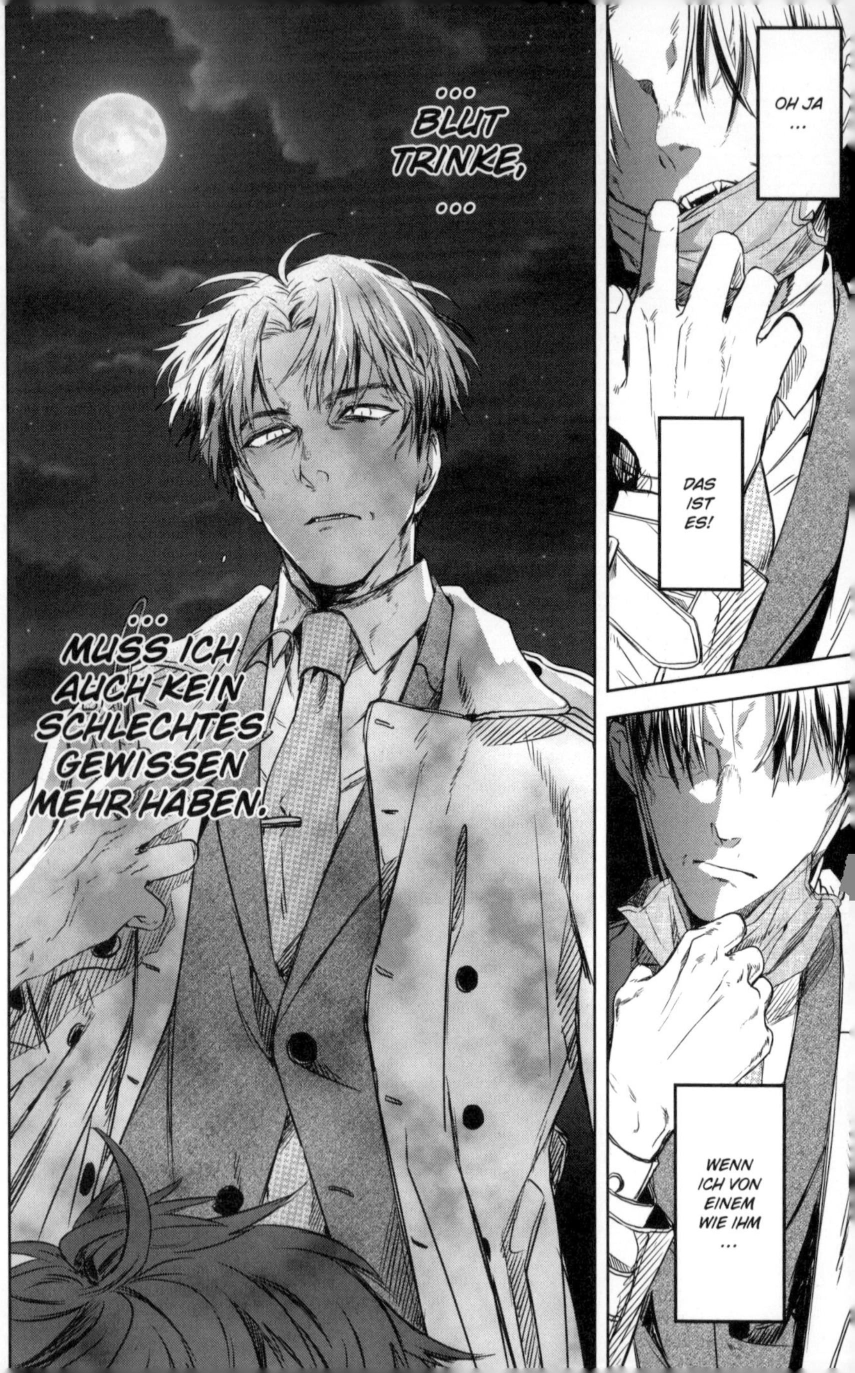
OH JA ...
DAS IST ES!
WENN ICH VON EINEM WIE IHM ...
... BLUT TRINKE, ...
... MUSS ICH AUCH KEIN SCHLECHTES GEWISSEN MEHR HABEN.

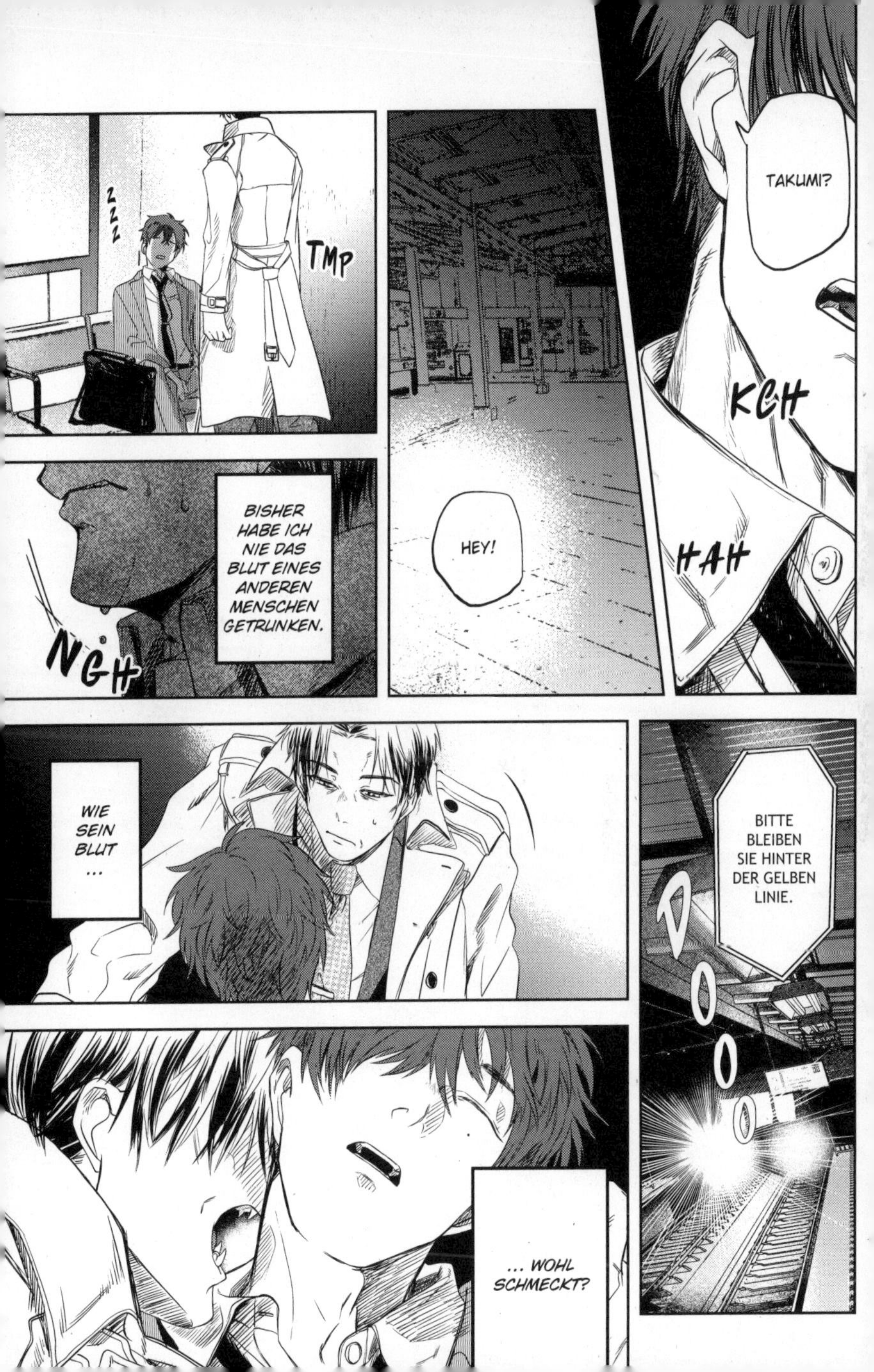
TAKUMI?
KCH
HAH
HEY!
ZZZ
TMP
BISHER HABE ICH NIE DAS BLUT EINES ANDEREN MENSCHEN GETRUNKEN.
NGH
BITTE BLEIBEN SIE HINTER DER GELBEN LINIE.
DOOOO
WIE SEIN BLUT …
… WOHL SCHMECKT?

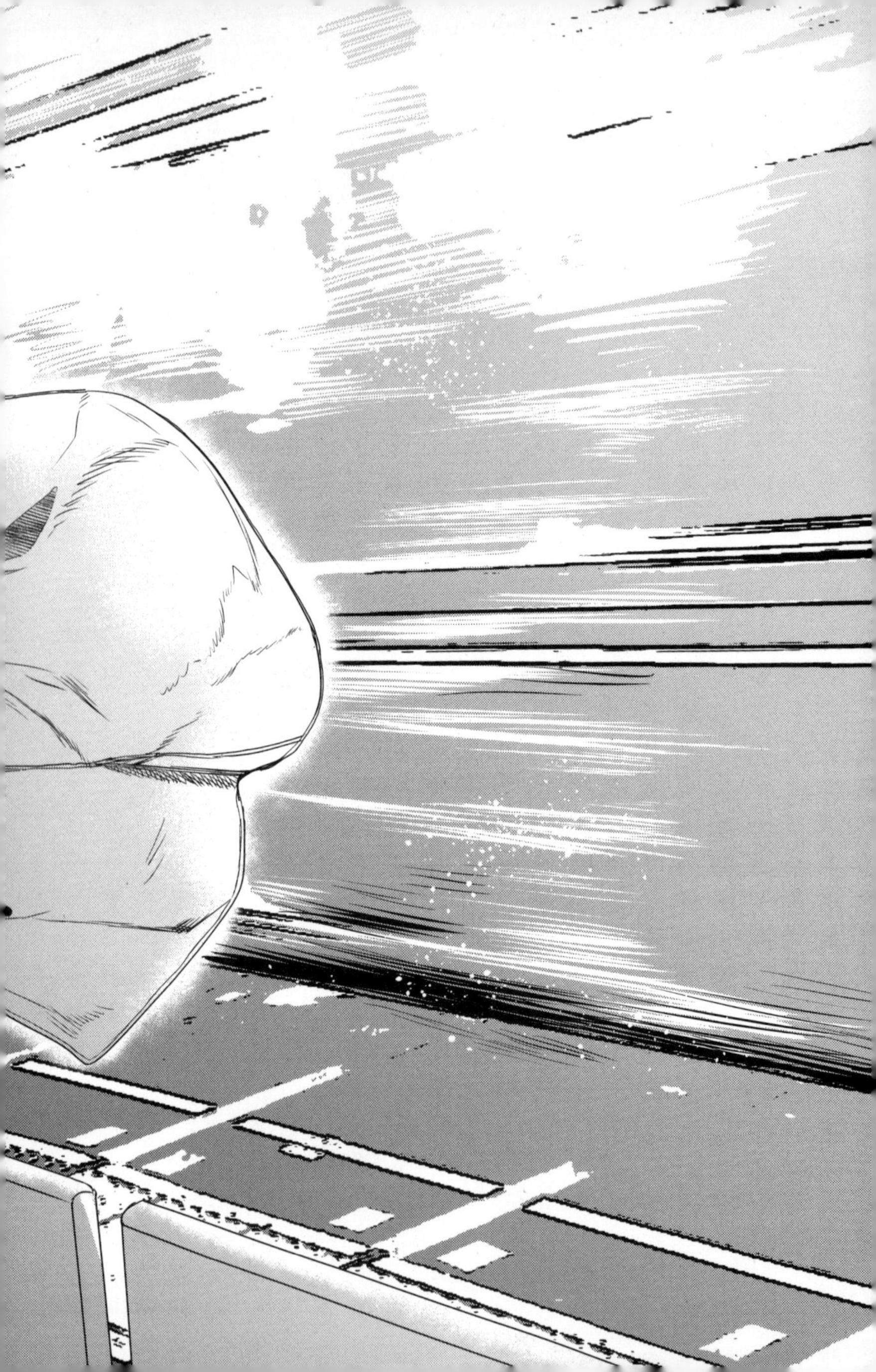

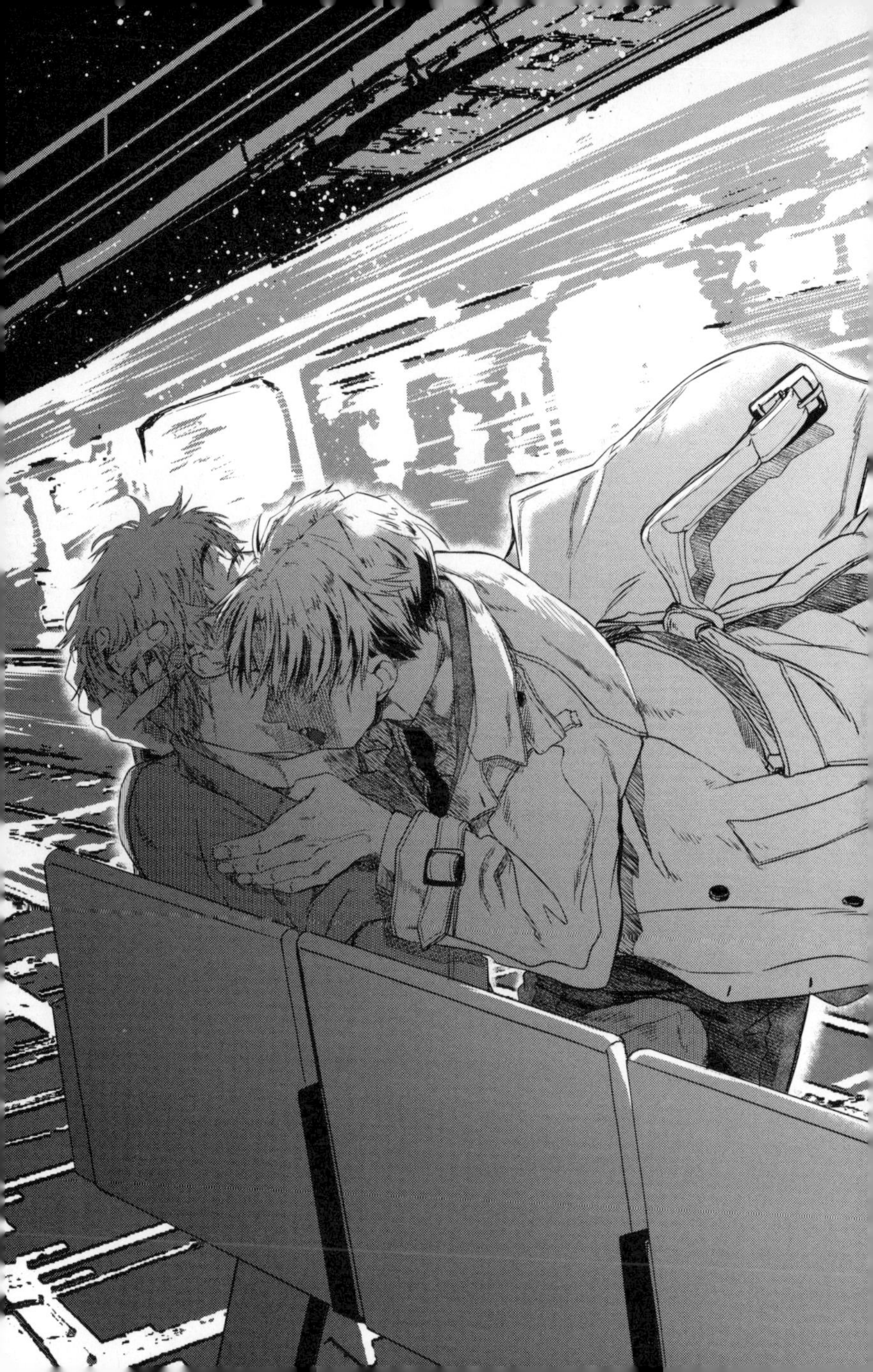

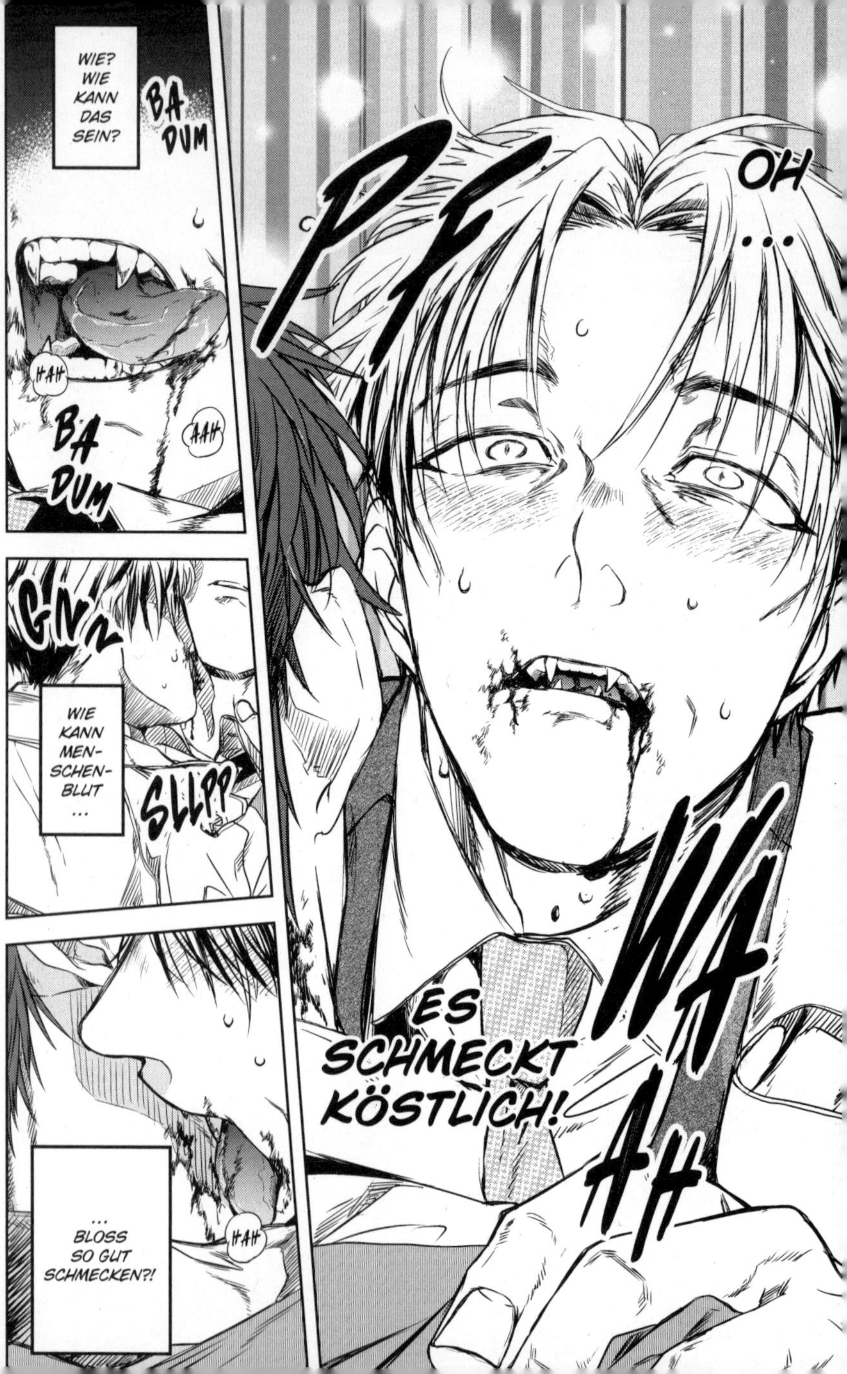
OH...
PE
ES SCHMECKT KÖSTLICH!
WA AH
WIE? WIE KANN DAS SEIN?
BA DUM
HAH
AAH
BA DUM
GNN
WIE KANN MENSCHENBLUT ...
SLLPP
... BLOSS SO GUT SCHMECKEN?!
HAH

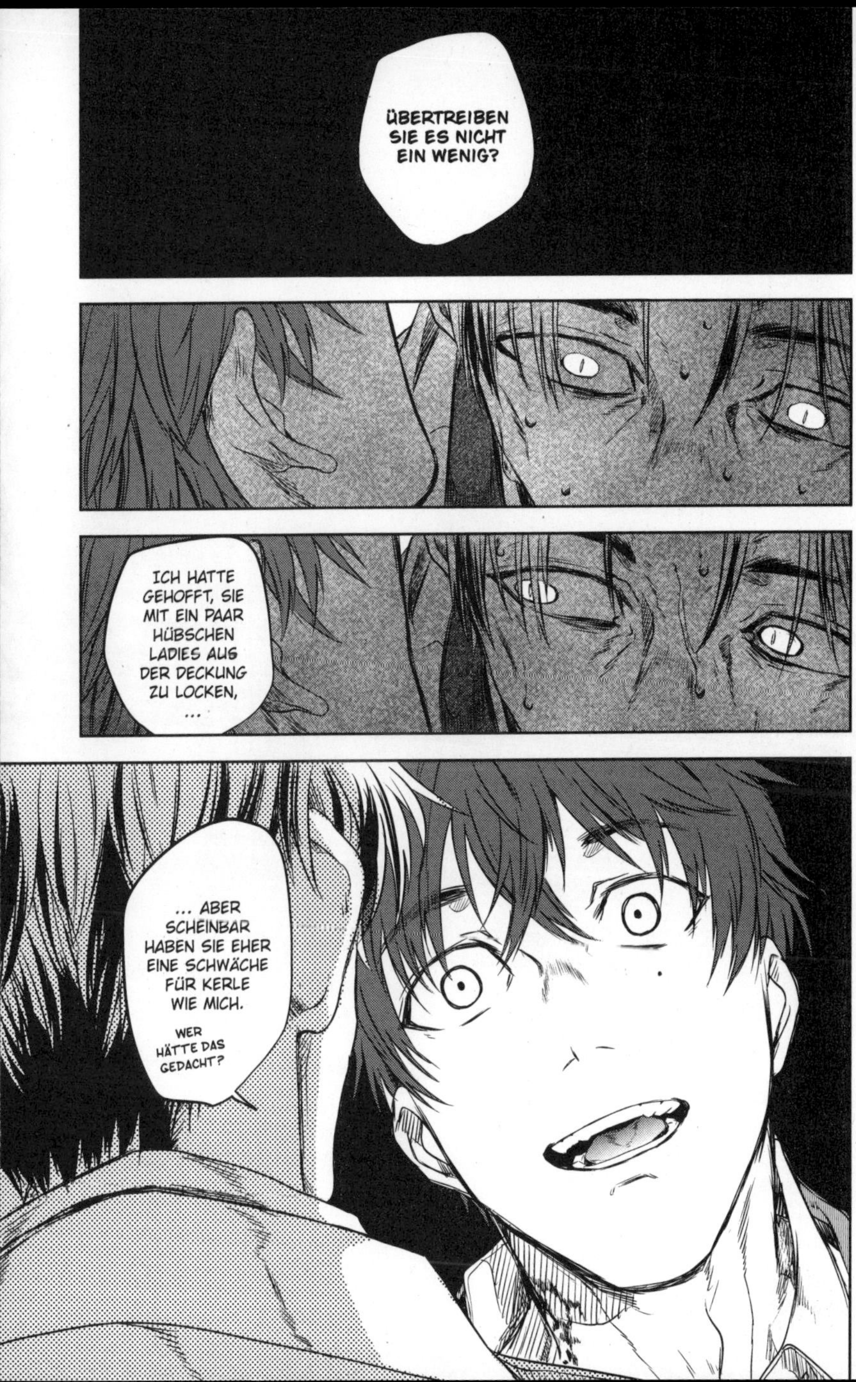
ÜBERTREIBEN SIE ES NICHT EIN WENIG?
ICH HATTE GEHOFFT, SIE MIT EIN PAAR HÜBSCHEN LADIES AUS DER DECKUNG ZU LOCKEN, ...
... ABER SCHEINBAR HABEN SIE EHER EINE SCHWÄCHE FÜR KERLE WIE MICH.
WER HÄTTE DAS GEDACHT?

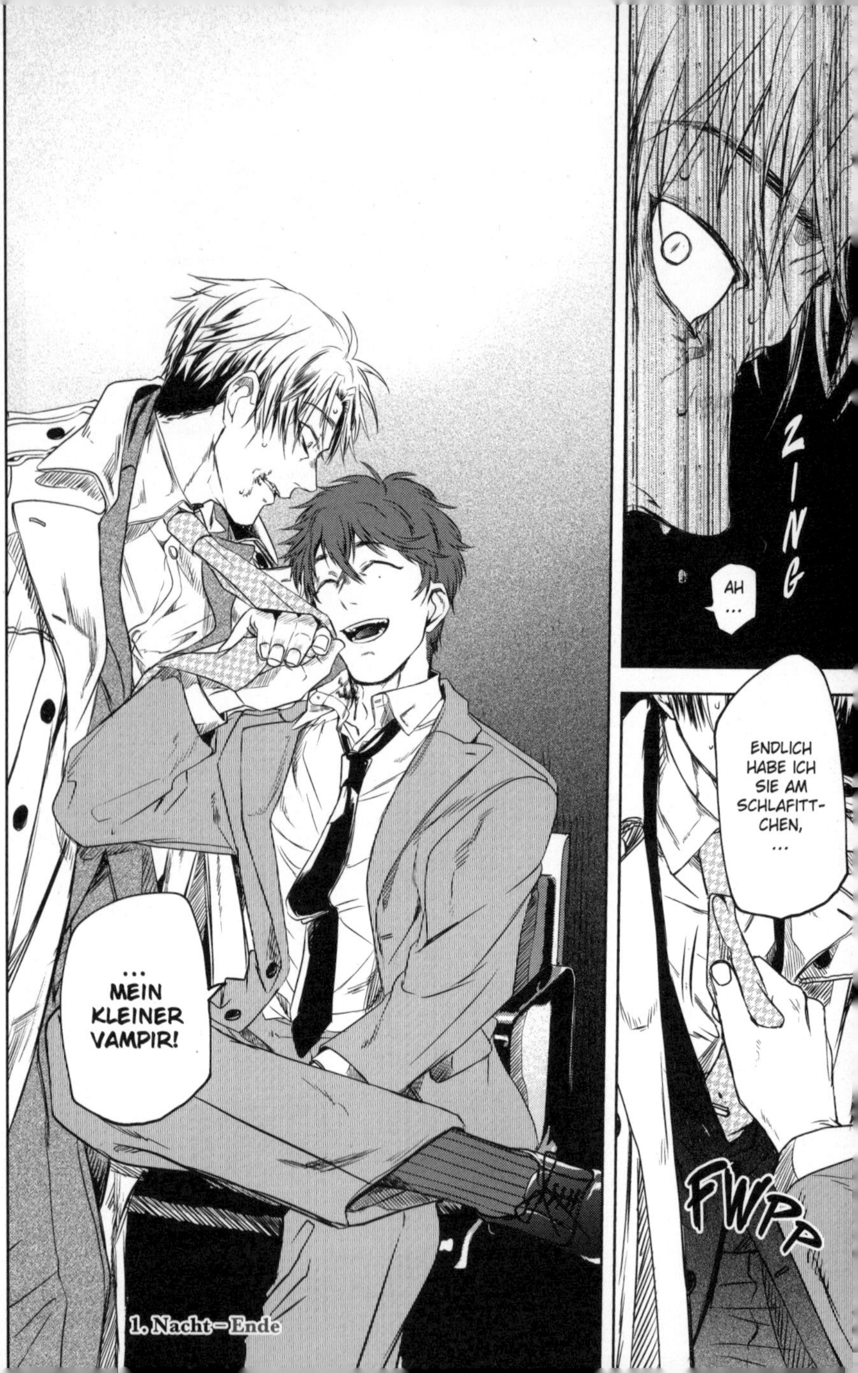
ZING
AH ...
ENDLICH HABE ICH SIE AM SCHLAFITT-CHEN, ...
FWPP
... MEIN KLEINER VAMPIR!
1. Nacht – Ende

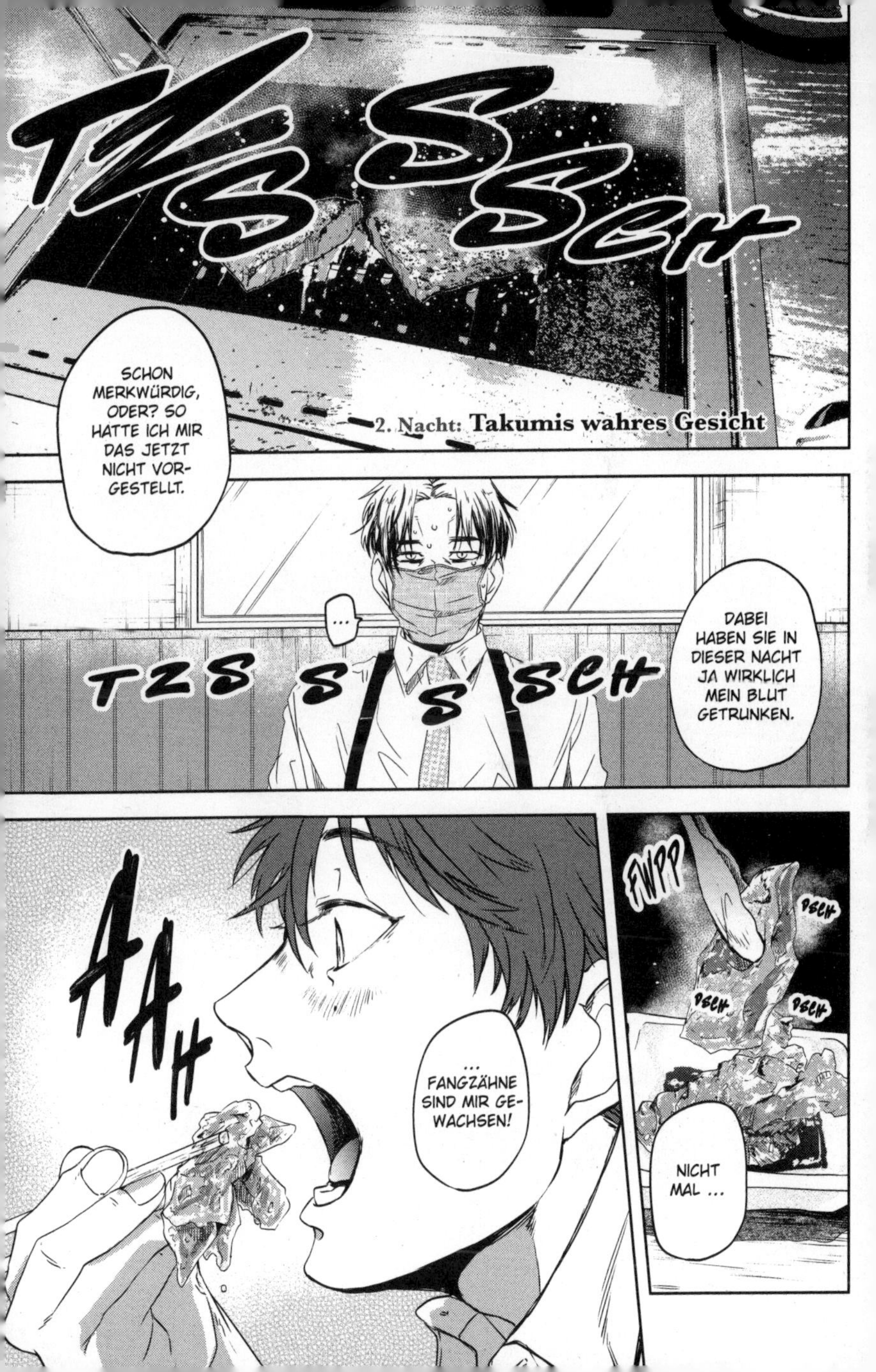
TZSSSSCH
SCHON MERKWÜRDIG, ODER? SO HATTE ICH MIR DAS JETZT NICHT VORGESTELLT.
2. Nacht: Takumis wahres Gesicht
…
TZS S S SCH
DABEI HABEN SIE IN DIESER NACHT JA WIRKLICH MEIN BLUT GETRUNKEN.
FWPP
PSCH
PSCH
PSCH
NICHT MAL …
… FANGZÄHNE SIND MIR GEWACHSEN!
AAH

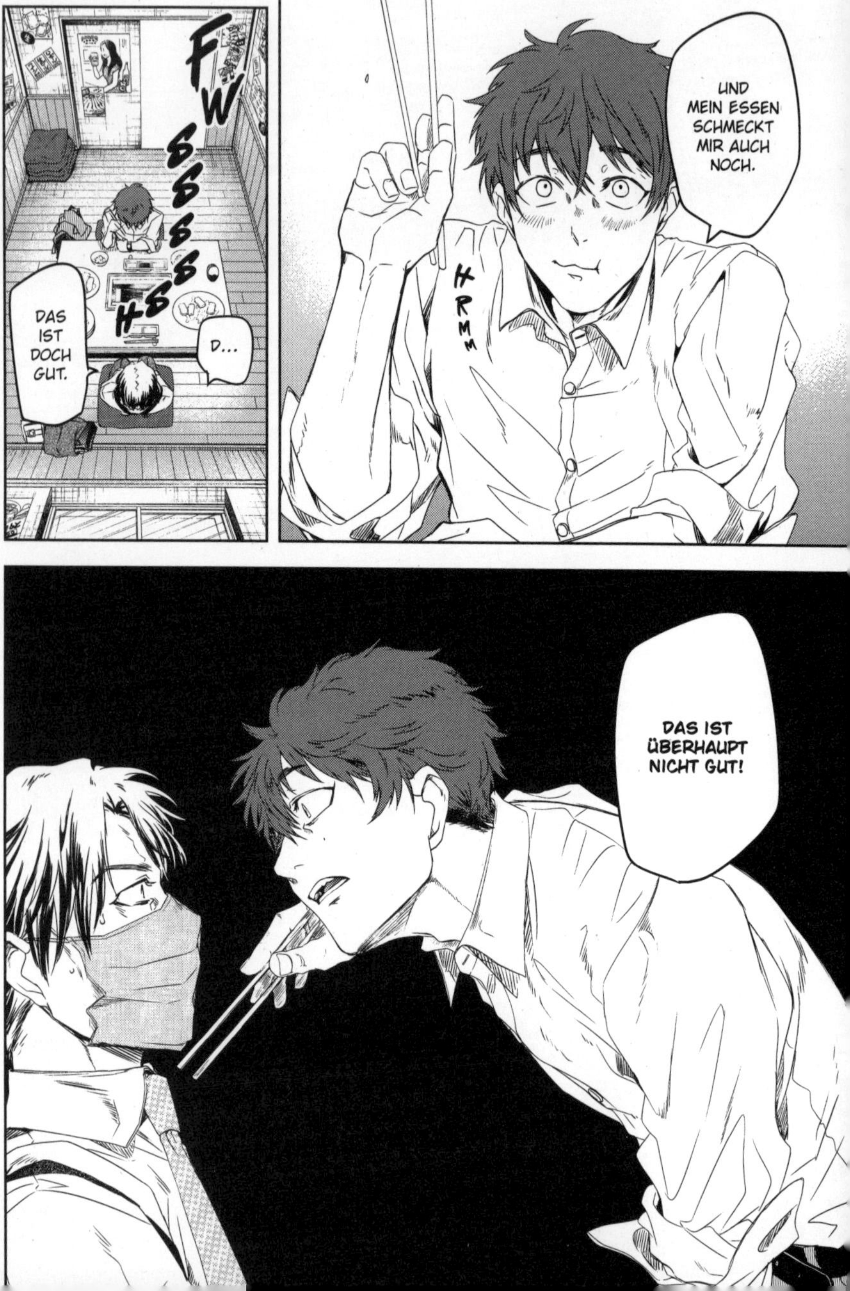
UND MEIN ESSEN SCHMECKT MIR AUCH NOCH.
HRMM
FWSSSSSHH
D...
DAS IST DOCH GUT.
DAS IST ÜBERHAUPT NICHT GUT!

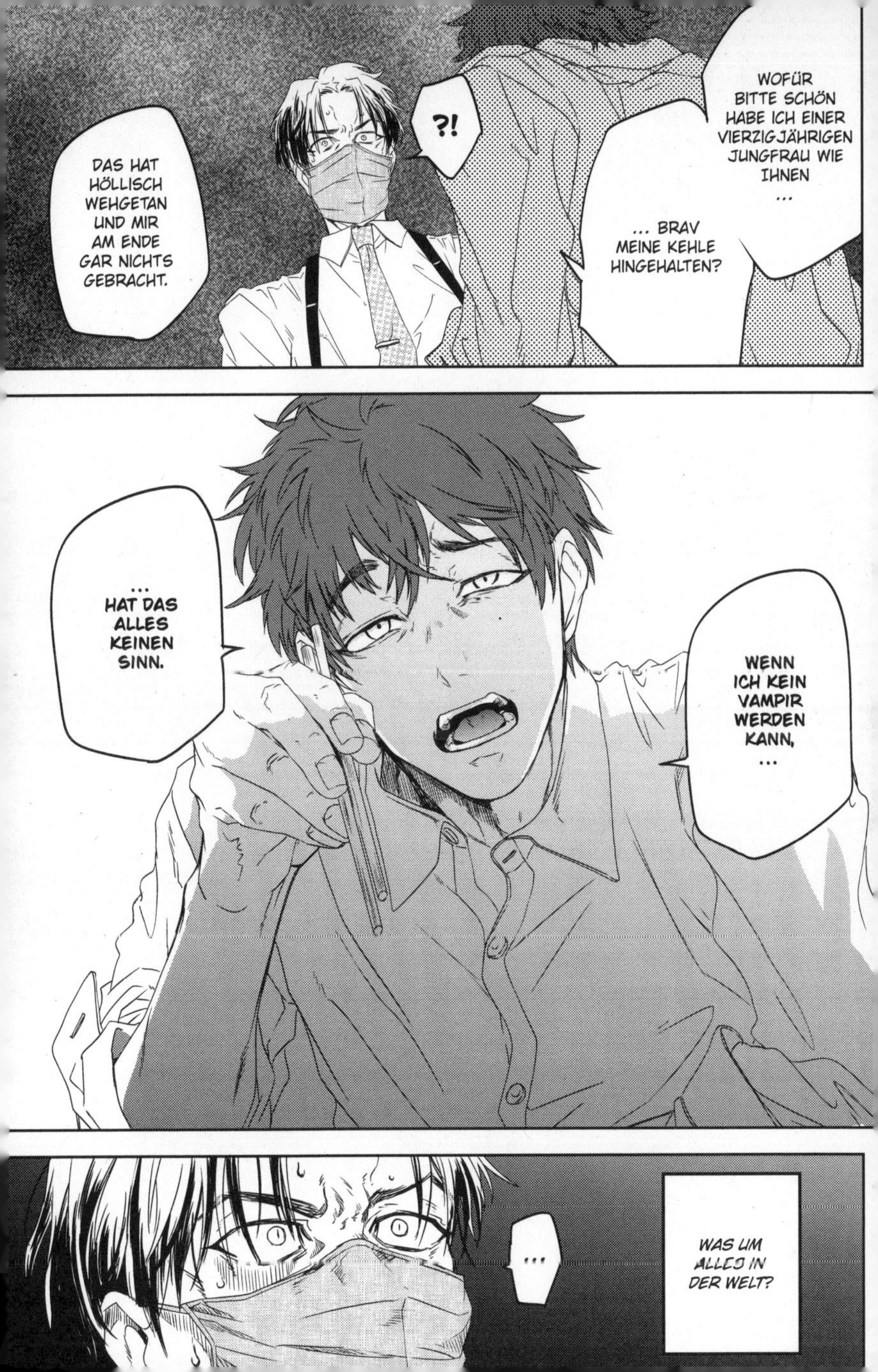
WOFÜR BITTE SCHÖN HABE ICH EINER VIERZIGJÄHRIGEN JUNGFRAU WIE IHNEN …
… BRAV MEINE KEHLE HINGEHALTEN?
?!
DAS HAT HÖLLISCH WEHGETAN UND MIR AM ENDE GAR NICHTS GEBRACHT.
WENN ICH KEIN VAMPIR WERDEN KANN, …
… HAT DAS ALLES KEINEN SINN.
WAS UM ALLES IN DER WELT?
…

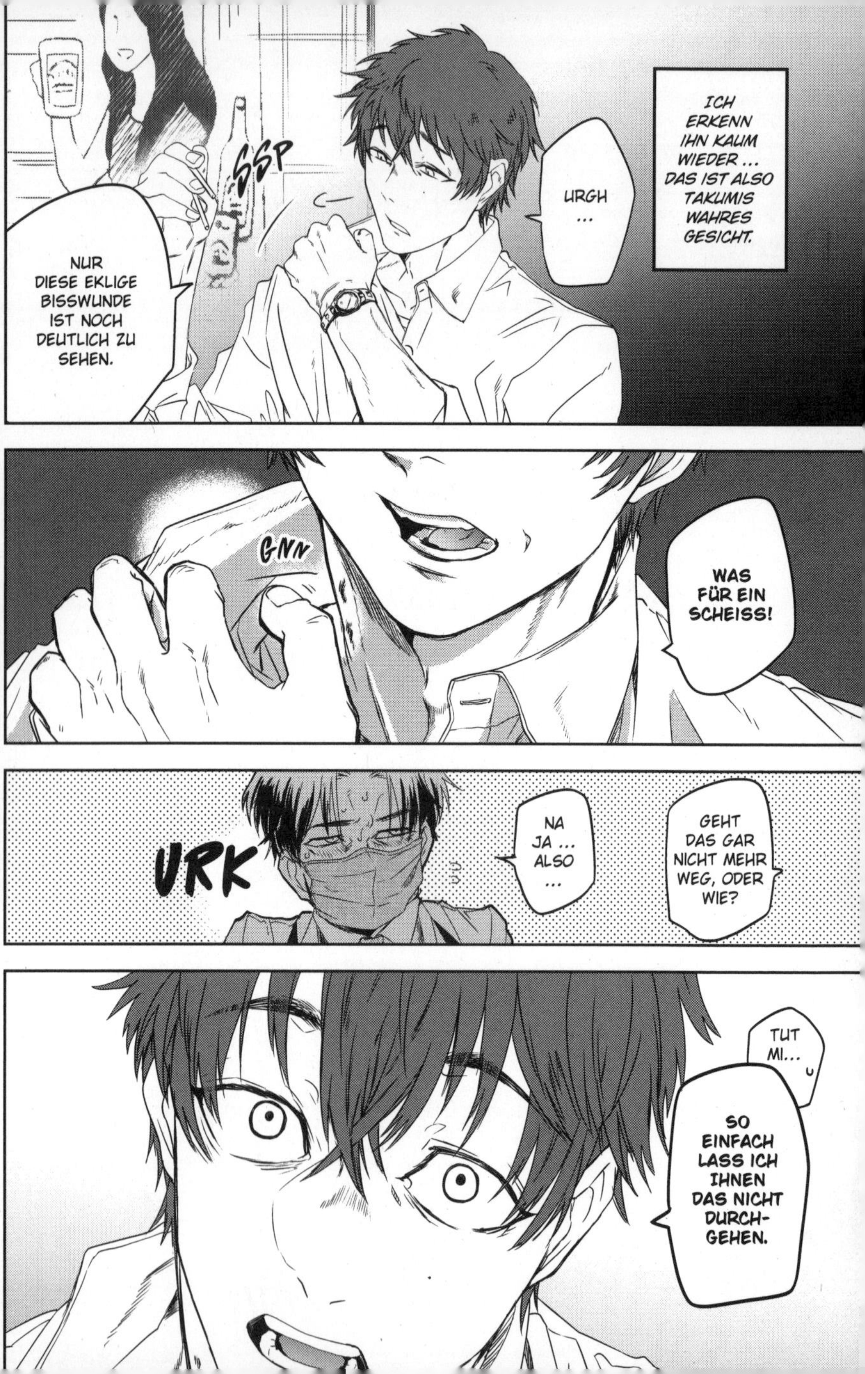
ICH ERKENN IHN KAUM WIEDER ... DAS IST ALSO TAKUMIS WAHRES GESICHT.
URGH ...
SSP
NUR DIESE EKLIGE BISSWUNDE IST NOCH DEUTLICH ZU SEHEN.
WAS FÜR EIN SCHEISS!
GNN
GEHT DAS GAR NICHT MEHR WEG, ODER WIE?
NA JA ... ALSO ...
URK
TUT MI...
SO EINFACH LASS ICH IHNEN DAS NICHT DURCH-GEHEN.

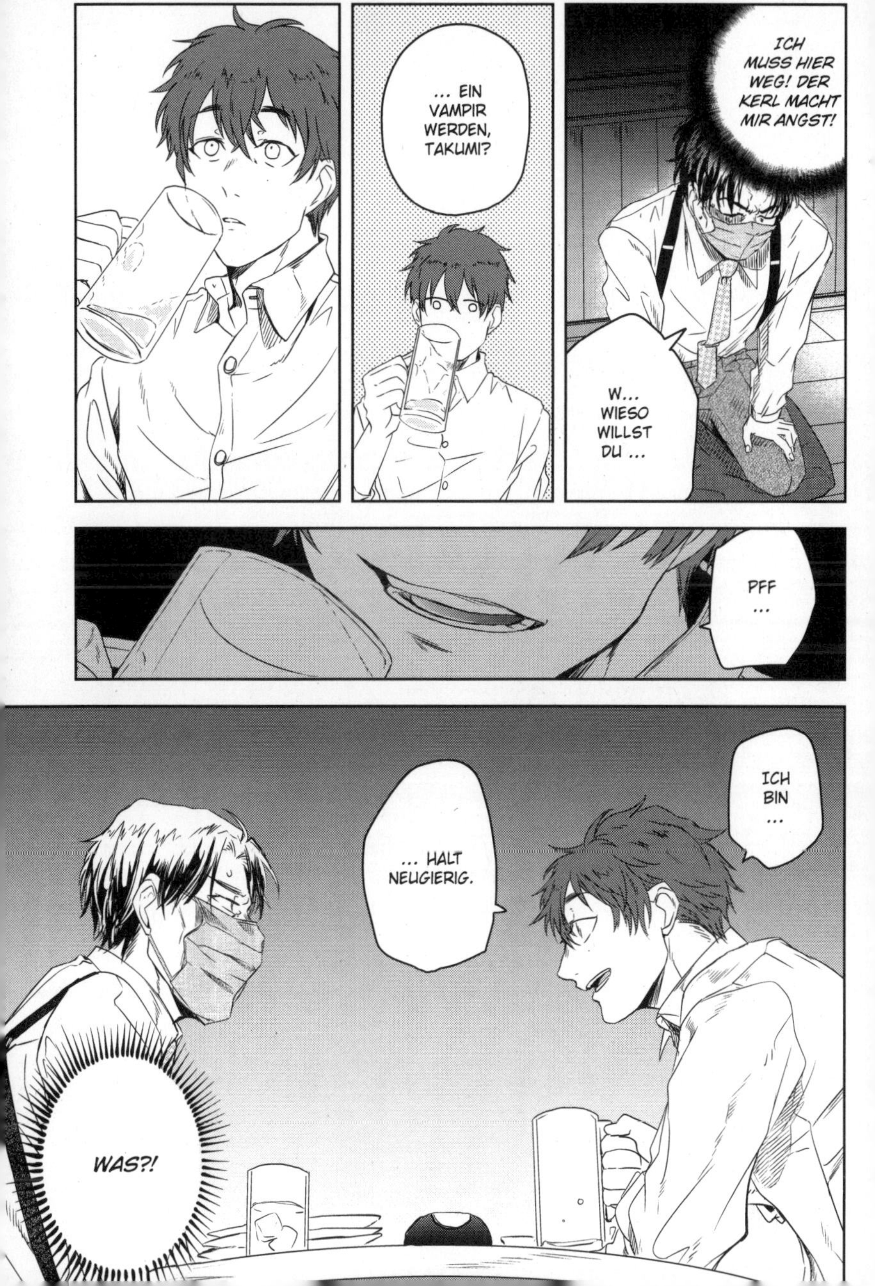
… EIN VAMPIR WERDEN, TAKUMI?
ICH MUSS HIER WEG! DER KERL MACHT MIR ANGST!
W… WIESO WILLST DU …
PFF …
ICH BIN …
… HALT NEUGIERIG.
WAS?!

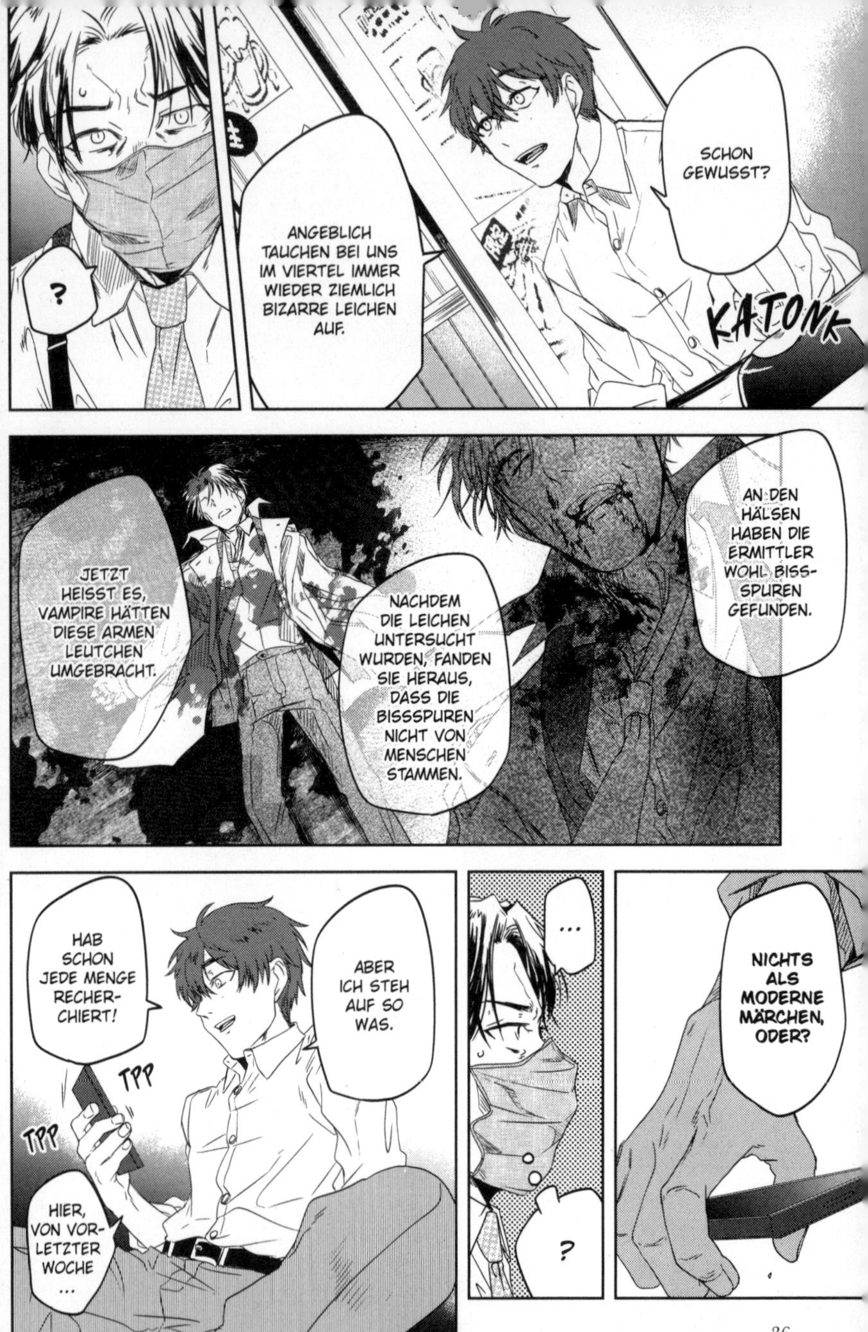
SCHON GEWUSST?
KATONK
ANGEBLICH TAUCHEN BEI UNS IM VIERTEL IMMER WIEDER ZIEMLICH BIZARRE LEICHEN AUF.
?
AN DEN HÄLSEN HABEN DIE ERMITTLER WOHL BISS-SPUREN GEFUNDEN.
NACHDEM DIE LEICHEN UNTERSUCHT WURDEN, FANDEN SIE HERAUS, DASS DIE BISSSPUREN NICHT VON MENSCHEN STAMMEN.
JETZT HEISST ES, VAMPIRE HÄTTEN DIESE ARMEN LEUTCHEN UMGEBRACHT.
NICHTS ALS MODERNE MÄRCHEN, ODER?
...
?
ABER ICH STEH AUF SO WAS.
HAB SCHON JEDE MENGE RECHER-CHIERT!
TPP
TPP
HIER, VON VOR-LETZTER WOCHE ...

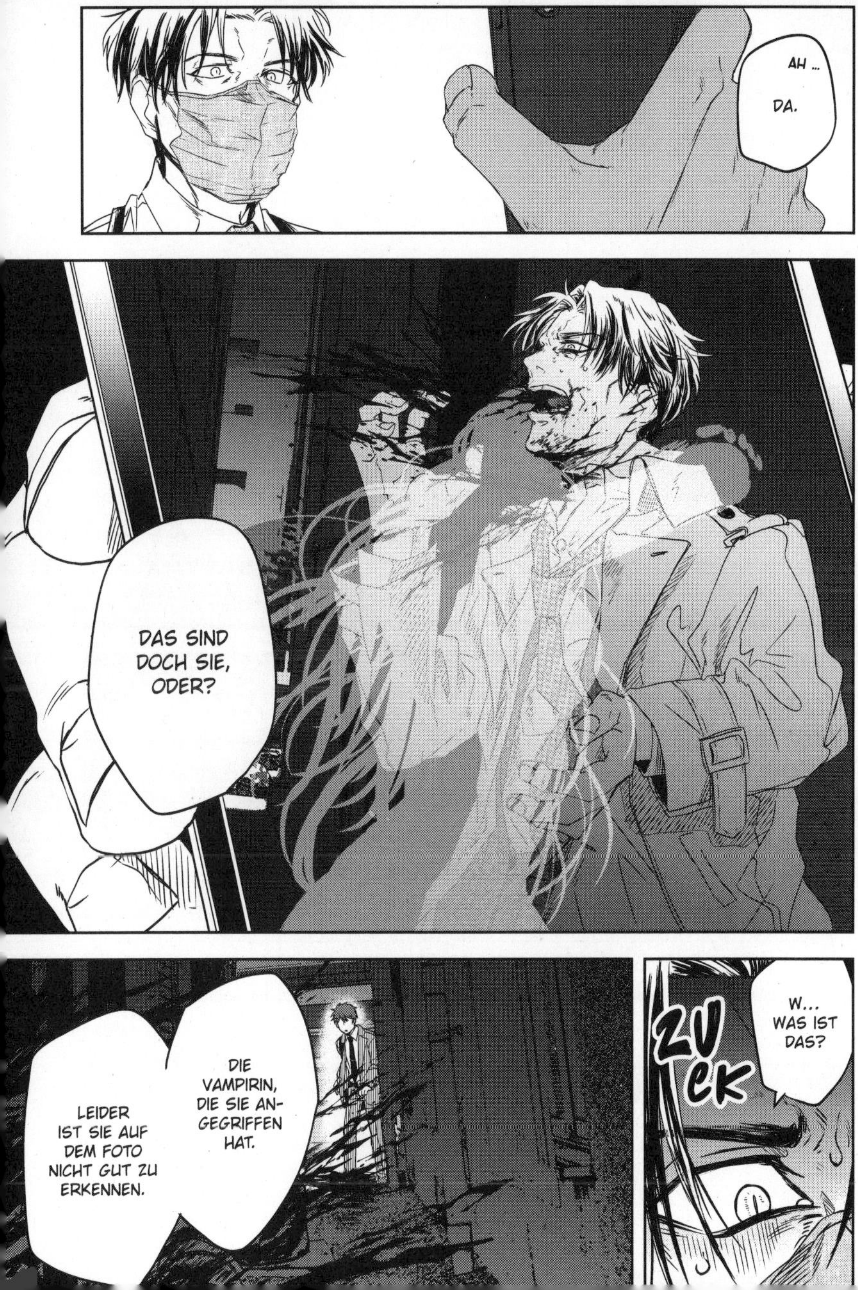
AH ...
DA.
DAS SIND DOCH SIE, ODER?
W... WAS IST DAS?
ZUCK
DIE VAMPIRIN, DIE SIE ANGEGRIFFEN HAT.
LEIDER IST SIE AUF DEM FOTO NICHT GUT ZU ERKENNEN.

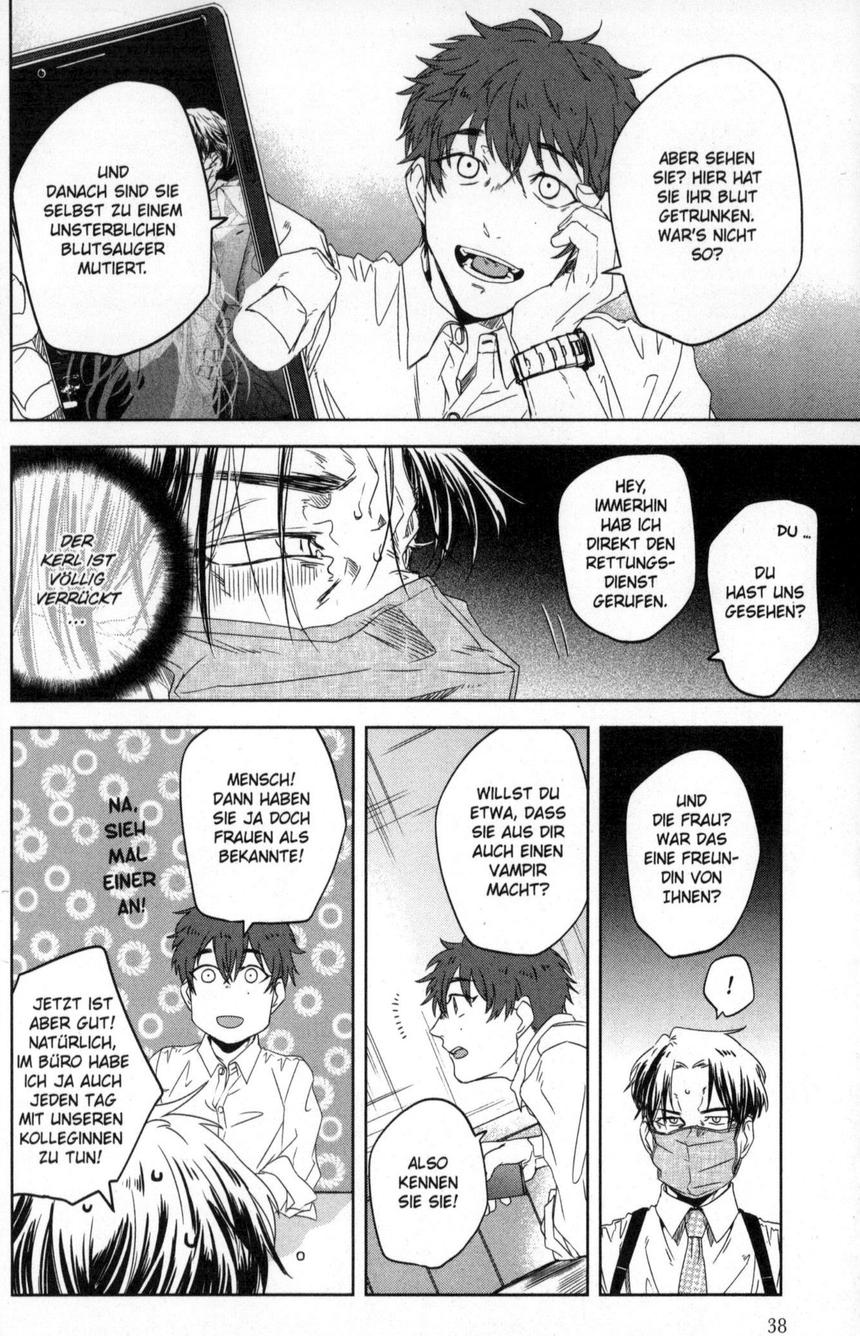
ABER SEHEN SIE? HIER HAT SIE IHR BLUT GETRUNKEN. WAR'S NICHT SO?
UND DANACH SIND SIE SELBST ZU EINEM UNSTERBLICHEN BLUTSAUGER MUTIERT.
DU ...
DU HAST UNS GESEHEN?
HEY, IMMERHIN HAB ICH DIREKT DEN RETTUNGS-DIENST GERUFEN.
DER KERL IST VÖLLIG VERRÜCKT ...
!
UND DIE FRAU? WAR DAS EINE FREUN-DIN VON IHNEN?
WILLST DU ETWA, DASS SIE AUS DIR AUCH EINEN VAMPIR MACHT?
ALSO KENNEN SIE SIE!
MENSCH! DANN HABEN SIE JA DOCH FRAUEN ALS BEKANNTE!
NA, SIEH MAL EINER AN!
JETZT IST ABER GUT! NATÜRLICH, IM BÜRO HABE ICH JA AUCH JEDEN TAG MIT UNSEREN KOLLEGINNEN ZU TUN!

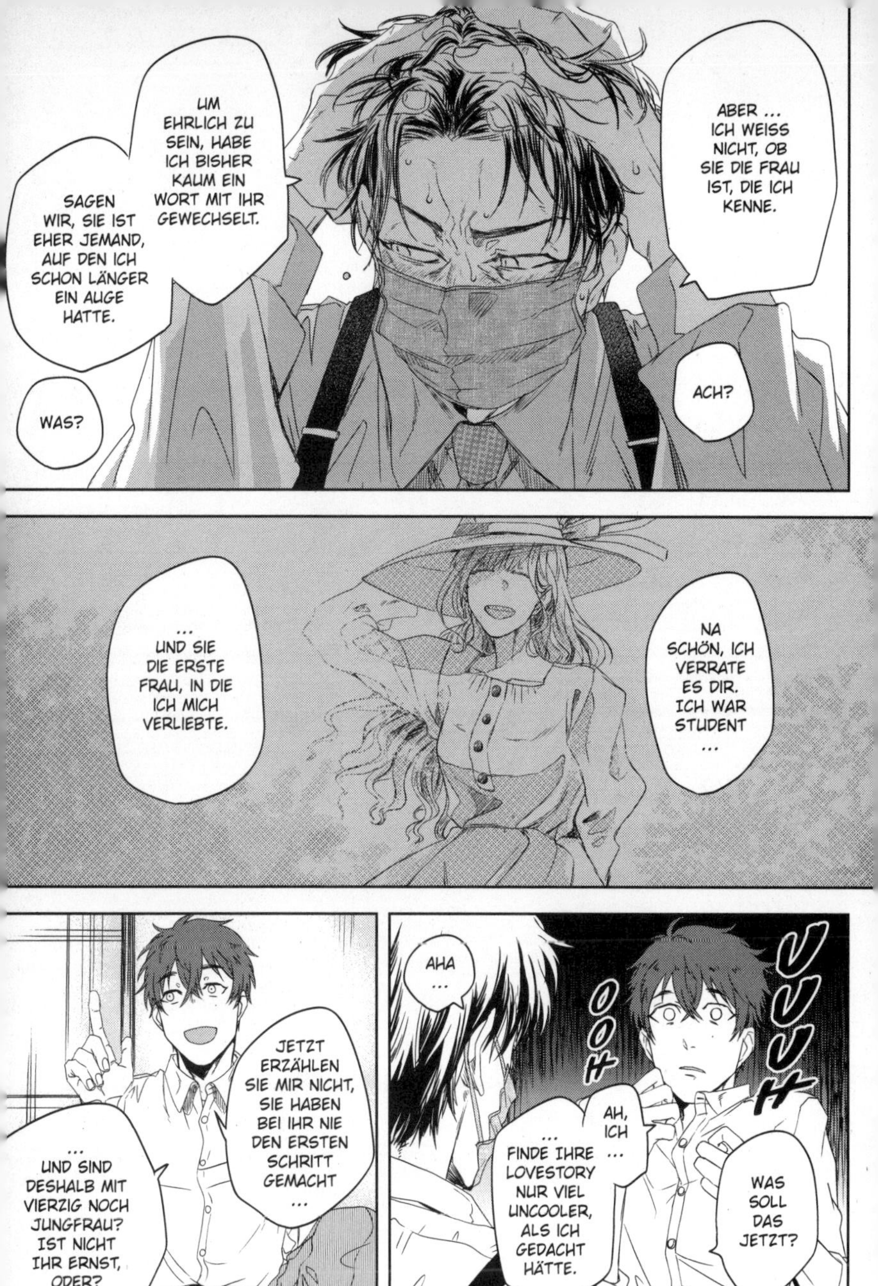
ABER … ICH WEISS NICHT, OB SIE DIE FRAU IST, DIE ICH KENNE.
ACH?
UM EHRLICH ZU SEIN, HABE ICH BISHER KAUM EIN WORT MIT IHR GEWECHSELT.
SAGEN WIR, SIE IST EHER JEMAND, AUF DEN ICH SCHON LÄNGER EIN AUGE HATTE.
WAS?
NA SCHÖN, ICH VERRATE ES DIR. ICH WAR STUDENT …
… UND SIE DIE ERSTE FRAU, IN DIE ICH MICH VERLIEBTE.
VVVVH
OOOH
AHA …
WAS SOLL DAS JETZT?
AH, ICH …
… FINDE IHRE LOVESTORY NUR VIEL UNCOOLER, ALS ICH GEDACHT HÄTTE.
JETZT ERZÄHLEN SIE MIR NICHT, SIE HABEN BEI IHR NIE DEN ERSTEN SCHRITT GEMACHT …
… UND SIND DESHALB MIT VIERZIG NOCH JUNGFRAU? IST NICHT IHR ERNST, ODER?

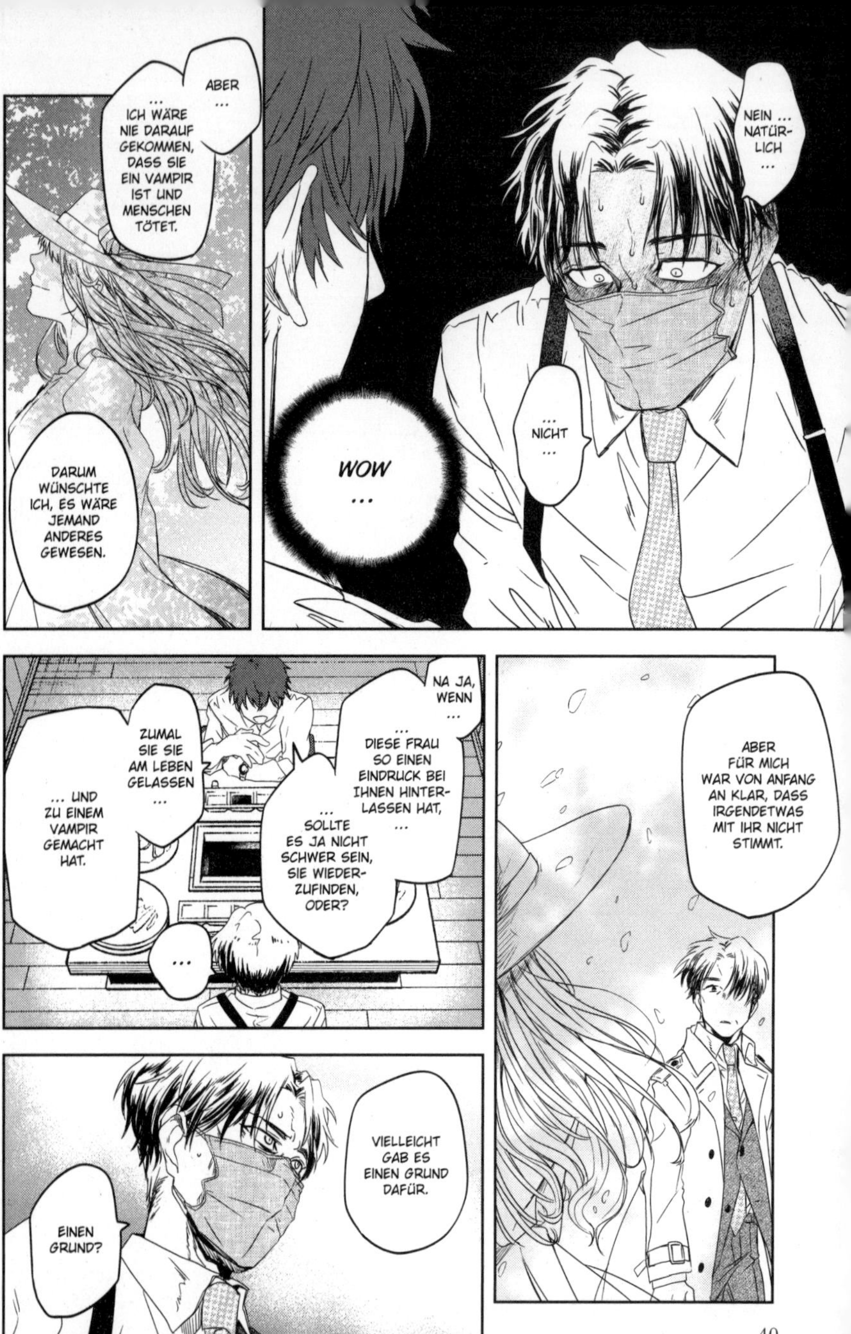
NEIN … NATÜR-LICH …
… NICHT …
WOW …
ABER … … ICH WÄRE NIE DARAUF GEKOMMEN, DASS SIE EIN VAMPIR IST UND MENSCHEN TÖTET.
DARUM WÜNSCHTE ICH, ES WÄRE JEMAND ANDERES GEWESEN.
ABER FÜR MICH WAR VON ANFANG AN KLAR, DASS IRGENDETWAS MIT IHR NICHT STIMMT.
NA JA, WENN …
… DIESE FRAU SO EINEN EINDRUCK BEI IHNEN HINTER-LASSEN HAT, …
… SOLLTE ES JA NICHT SCHWER SEIN, SIE WIEDER-ZUFINDEN, ODER?
…
ZUMAL SIE SIE AM LEBEN GELASSEN …
… UND ZU EINEM VAMPIR GEMACHT HAT.
VIELLEICHT GAB ES EINEN GRUND DAFÜR.
EINEN GRUND?

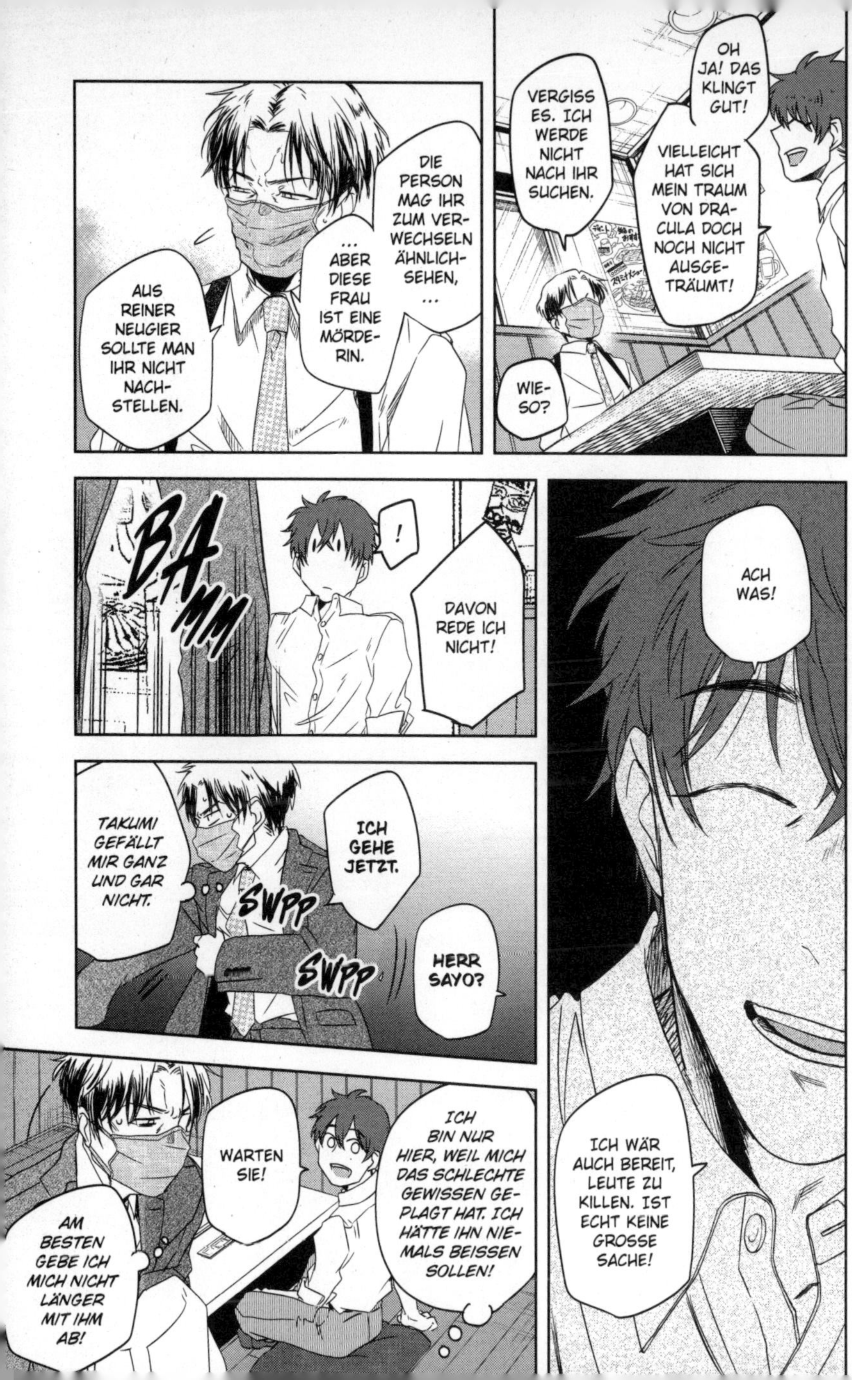

OH JA! DAS KLINGT GUT!
VIELLEICHT HAT SICH MEIN TRAUM VON DRACULA DOCH NOCH NICHT AUSGETRÄUMT!
VERGISS ES. ICH WERDE NICHT NACH IHR SUCHEN.
WIESO?
DIE PERSON MAG IHR ZUM VERWECHSELN ÄHNLICHSEHEN, …
… ABER DIESE FRAU IST EINE MÖRDERIN.
AUS REINER NEUGIER SOLLTE MAN IHR NICHT NACHSTELLEN.
ACH WAS!
ICH WÄR AUCH BEREIT, LEUTE ZU KILLEN. IST ECHT KEINE GROSSE SACHE!
!
BAMM
DAVON REDE ICH NICHT!
ICH GEHE JETZT.
SWPP
SWPP
TAKUMI GEFÄLLT MIR GANZ UND GAR NICHT.
HERR SAYO?
ICH BIN NUR HIER, WEIL MICH DAS SCHLECHTE GEWISSEN GEPLAGT HAT. ICH HÄTTE IHN NIEMALS BEISSEN SOLLEN!
WARTEN SIE!
AM BESTEN GEBE ICH MICH NICHT LÄNGER MIT IHM AB!

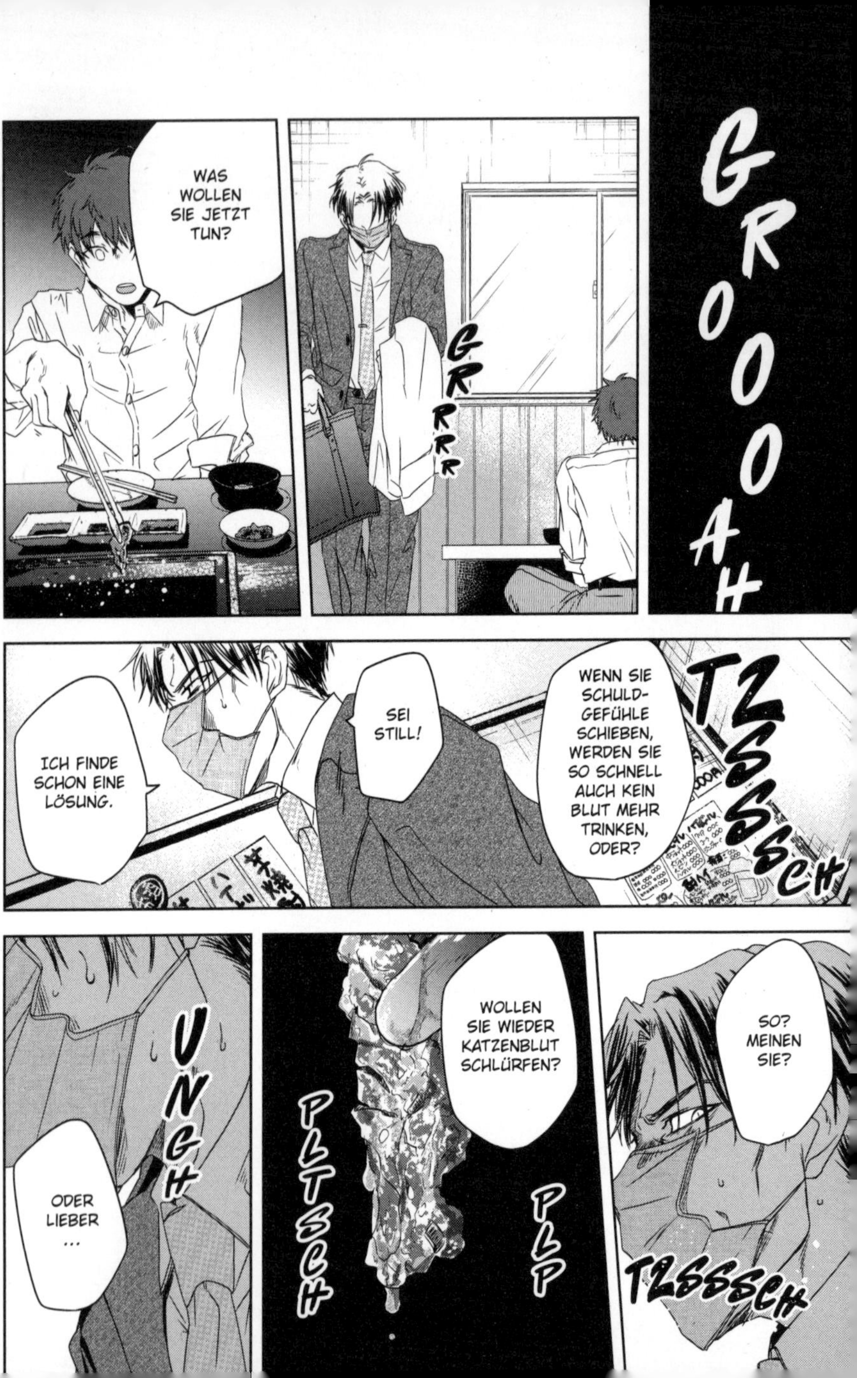
GROOOOAH
GRRRR
WAS WOLLEN SIE JETZT TUN?
TZSSSCH
WENN SIE SCHULD-GEFÜHLE SCHIEBEN, WERDEN SIE SO SCHNELL AUCH KEIN BLUT MEHR TRINKEN, ODER?
SEI STILL!
ICH FINDE SCHON EINE LÖSUNG.
SO? MEINEN SIE?
TZSSSCH
WOLLEN SIE WIEDER KATZENBLUT SCHLÜRFEN?
PLP
PLTSCH
UNGH
ODER LIEBER ...

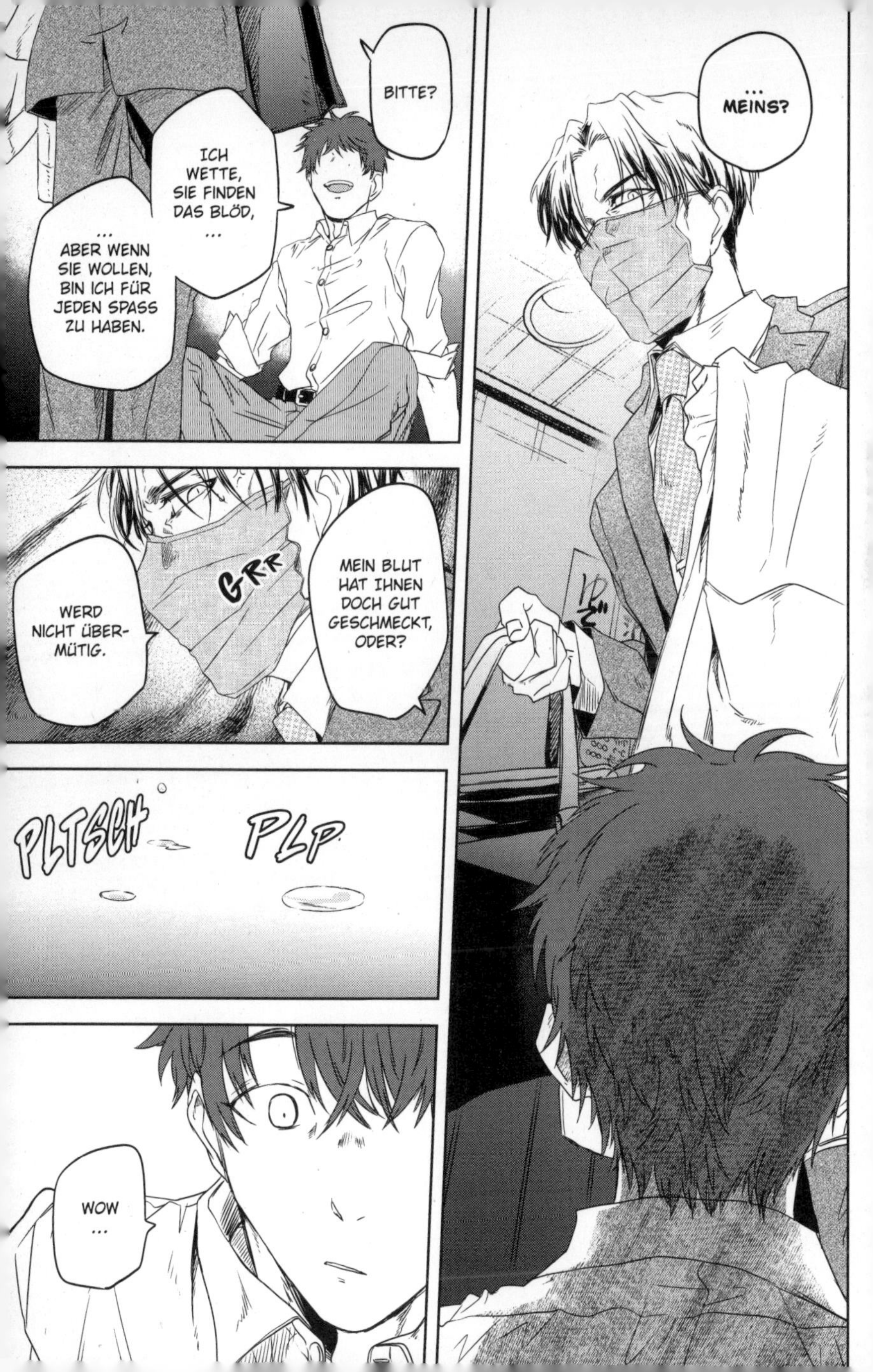
... MEINS?
BITTE?
ICH WETTE, SIE FINDEN DAS BLÖD, ...
... ABER WENN SIE WOLLEN, BIN ICH FÜR JEDEN SPASS ZU HABEN.
MEIN BLUT HAT IHNEN DOCH GUT GESCHMECKT, ODER?
GRR
WERD NICHT ÜBERMÜTIG.
PLTSCH
PLP
WOW ...

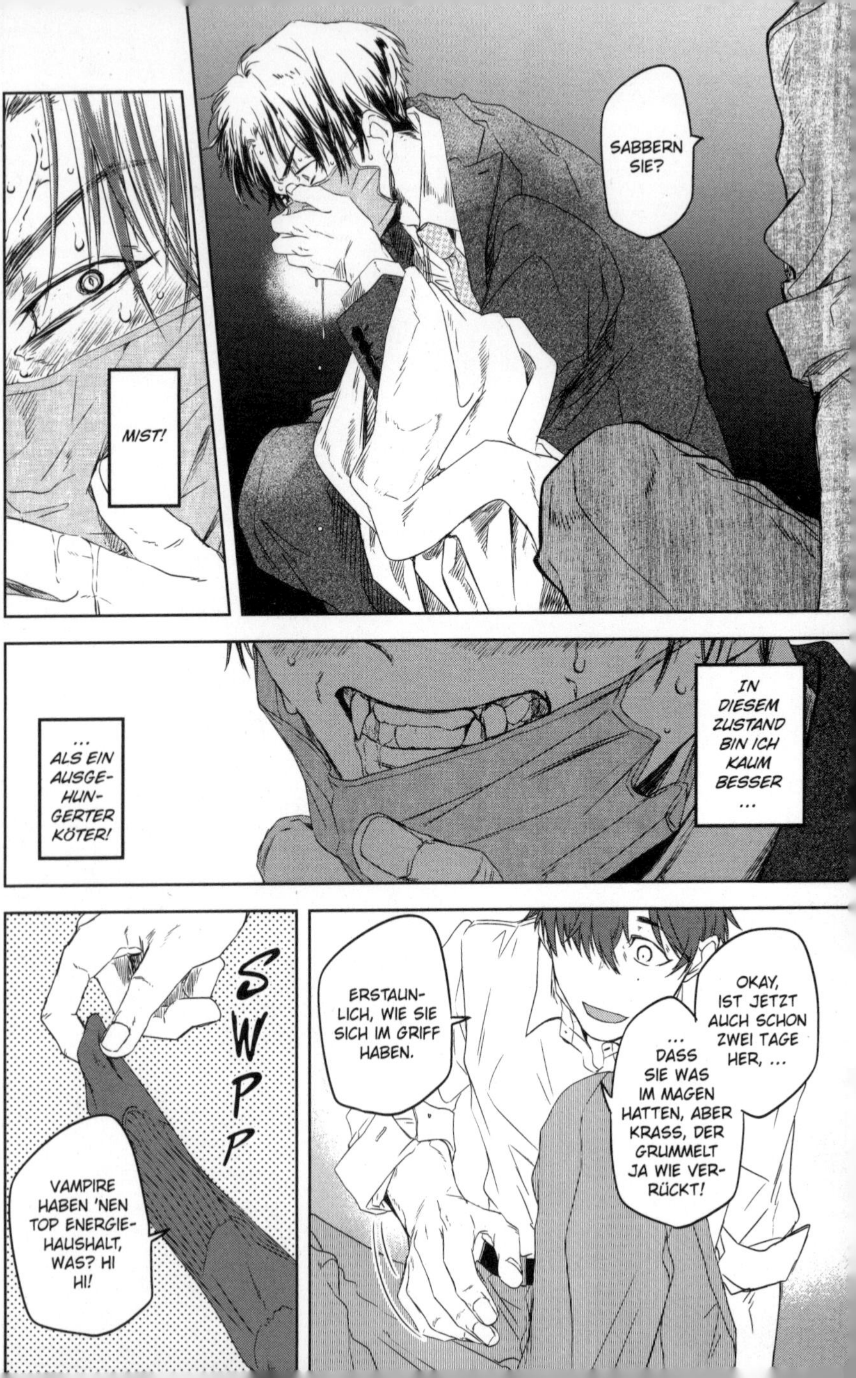
SABBERN SIE?
MIST!
IN DIESEM ZUSTAND BIN ICH KAUM BESSER ...
... ALS EIN AUSGEHUNGERTER KÖTER!
OKAY, IST JETZT AUCH SCHON ZWEI TAGE HER, ...
... DASS SIE WAS IM MAGEN HATTEN, ABER KRASS, DER GRUMMELT JA WIE VERRÜCKT!
ERSTAUNLICH, WIE SIE SICH IM GRIFF HABEN.
SWPP
VAMPIRE HABEN 'NEN TOP ENERGIEHAUSHALT, WAS? HI HI!

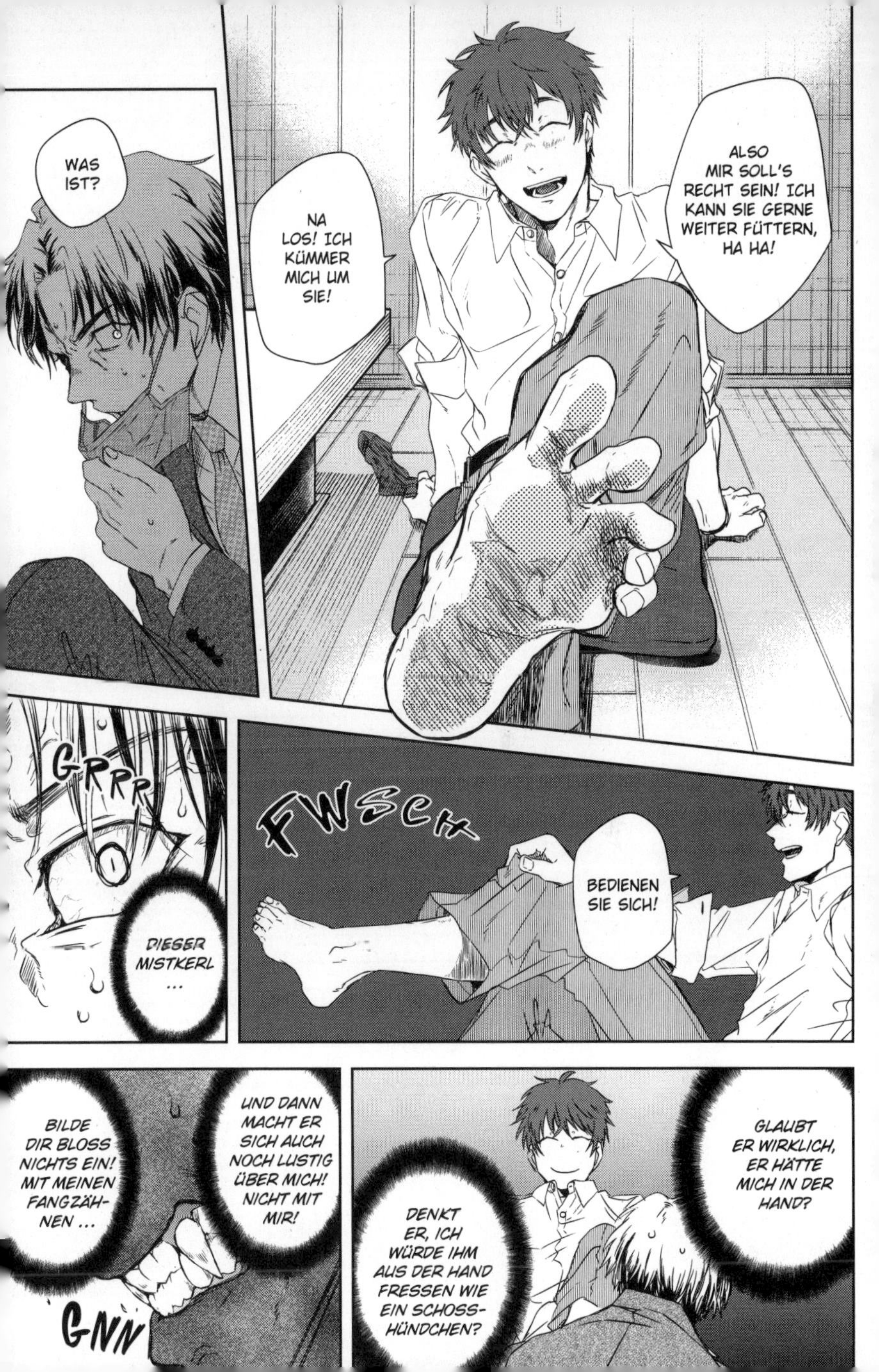
ALSO MIR SOLL'S RECHT SEIN! ICH KANN SIE GERNE WEITER FÜTTERN, HA HA!
NA LOS! ICH KÜMMER MICH UM SIE!
WAS IST?
FWSCH
BEDIENEN SIE SICH!
GRRRR
DIESER MISTKERL ...
GLAUBT ER WIRKLICH, ER HÄTTE MICH IN DER HAND?
DENKT ER, ICH WÜRDE IHM AUS DER HAND FRESSEN WIE EIN SCHOSS-HÜNDCHEN?
UND DANN MACHT ER SICH AUCH NOCH LUSTIG ÜBER MICH! NICHT MIT MIR!
BILDE DIR BLOSS NICHTS EIN! MIT MEINEN FANGZÄH-NEN ...
GNN

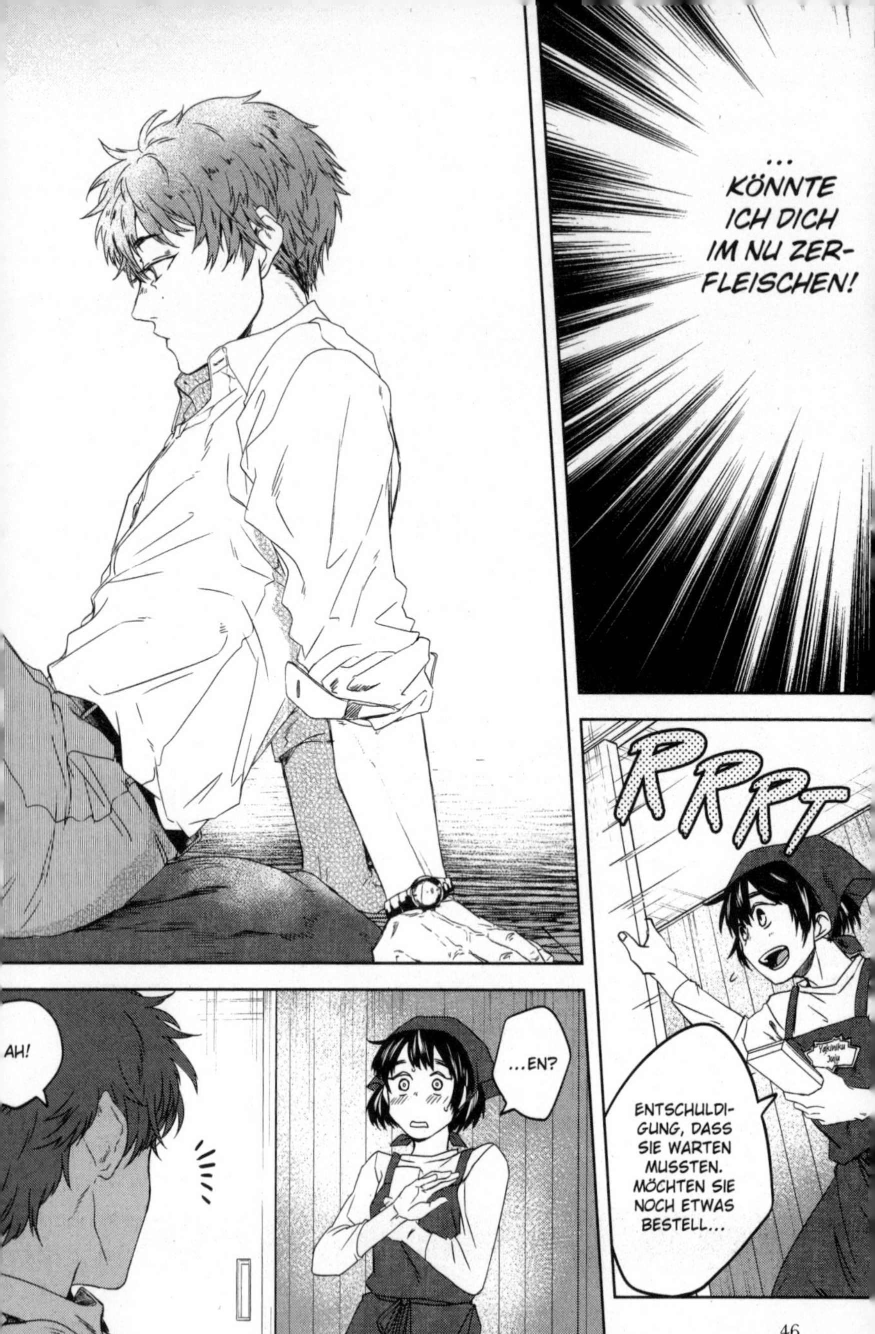

... KÖNNTE ICH DICH IM NU ZER-FLEISCHEN!
RRRT
Yakiniku Juju
ENTSCHULDIGUNG, DASS SIE WARTEN MUSSTEN. MÖCHTEN SIE NOCH ETWAS BESTELL...
...EN?
AH!

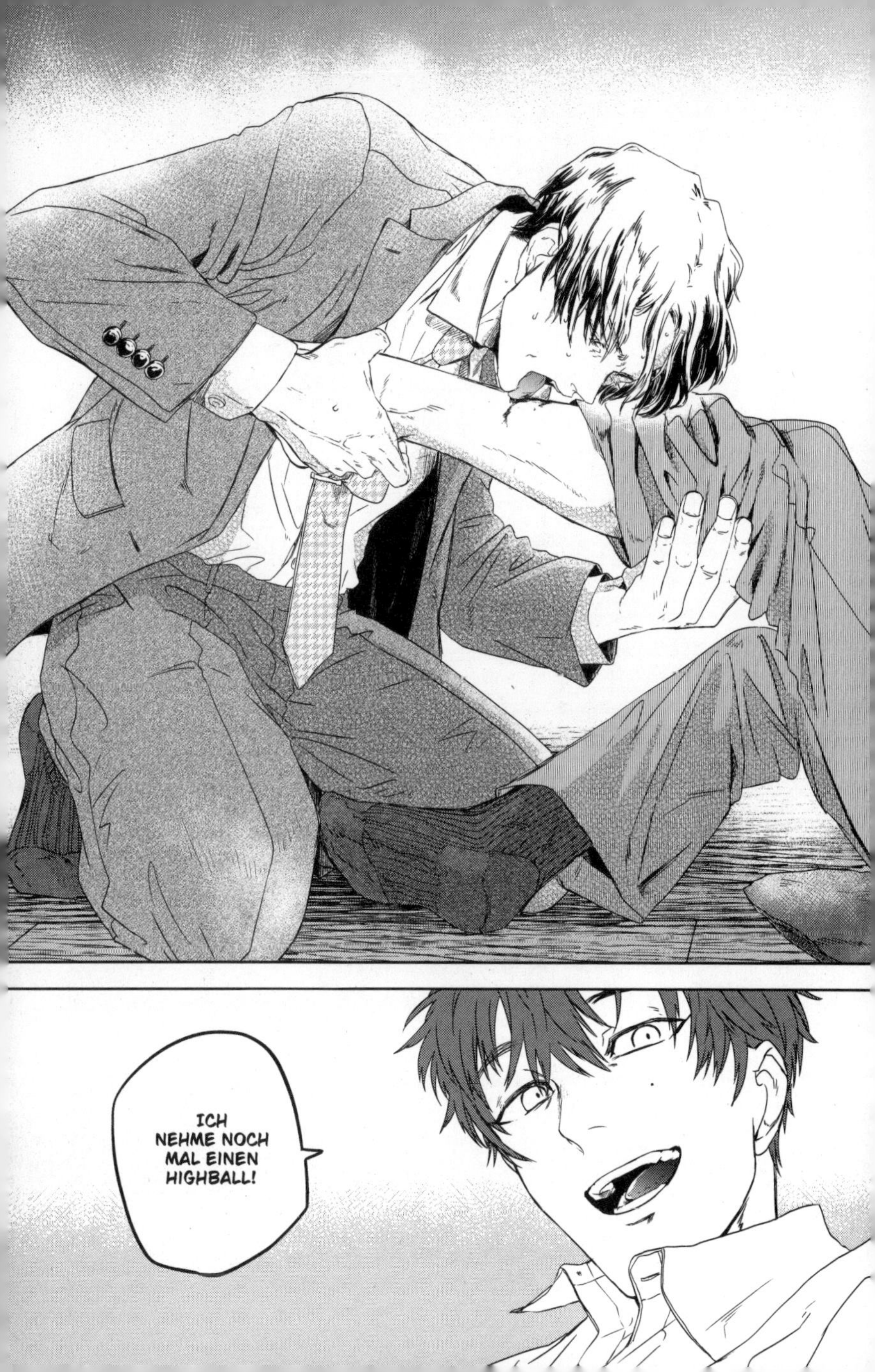
ICH NEHME NOCH MAL EINEN HIGHBALL!

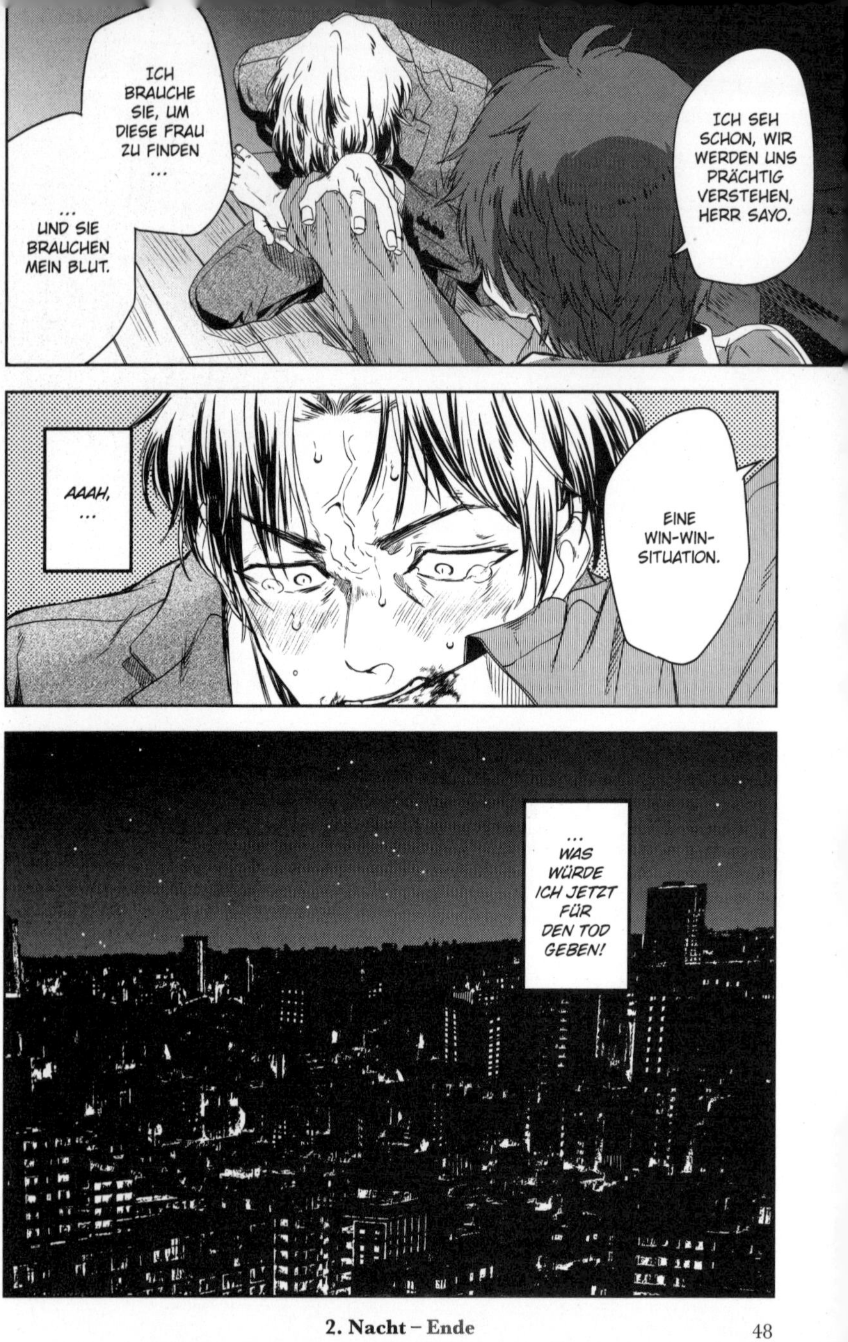
ICH SEH SCHON, WIR WERDEN UNS PRÄCHTIG VERSTEHEN, HERR SAYO.
ICH BRAUCHE SIE, UM DIESE FRAU ZU FINDEN …
… UND SIE BRAUCHEN MEIN BLUT.
EINE WIN-WIN-SITUATION.
AAAH, …
… WAS WÜRDE ICH JETZT FÜR DEN TOD GEBEN!

2. Nacht – Ende

3. Nacht: Eine funkelnde Welt

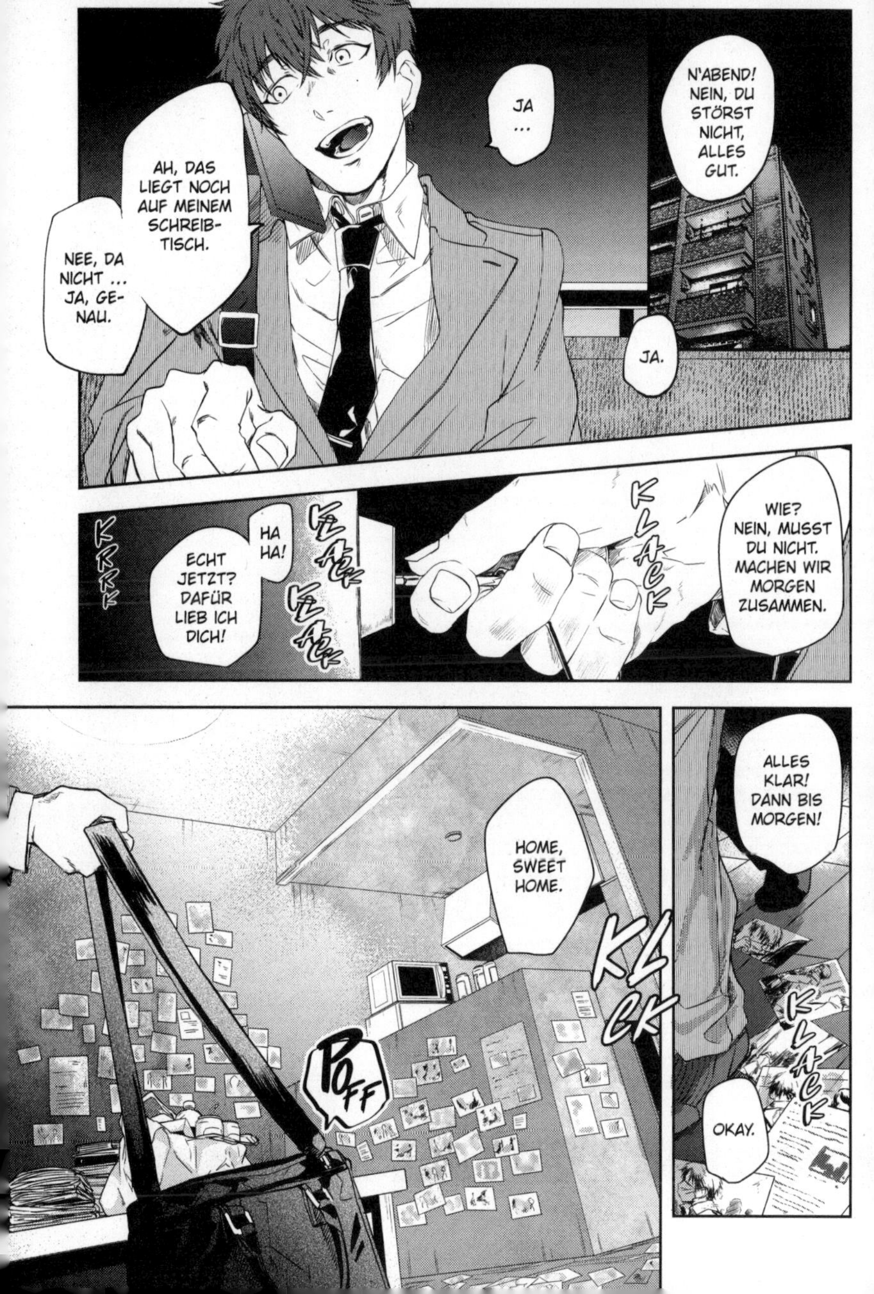

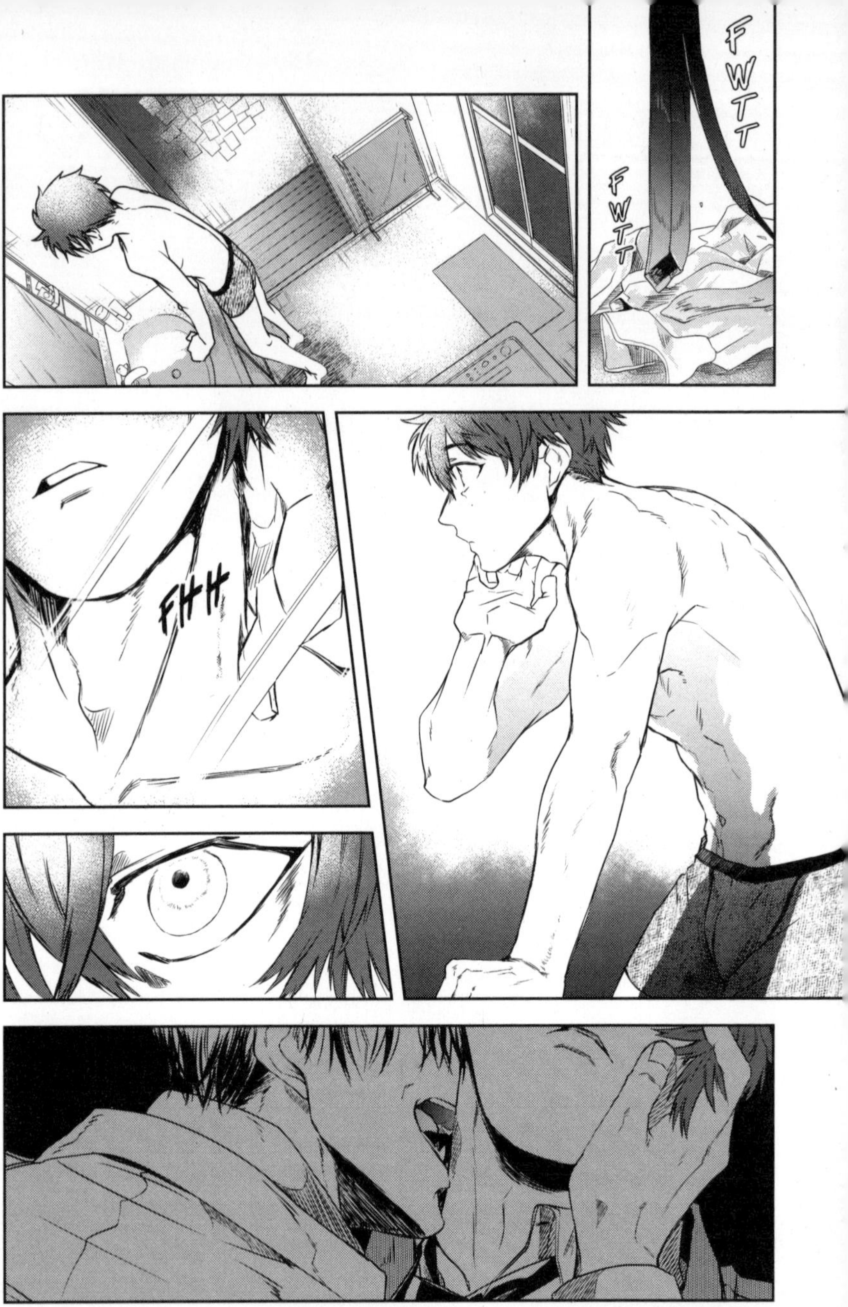
FWTT
FWTT
FHH

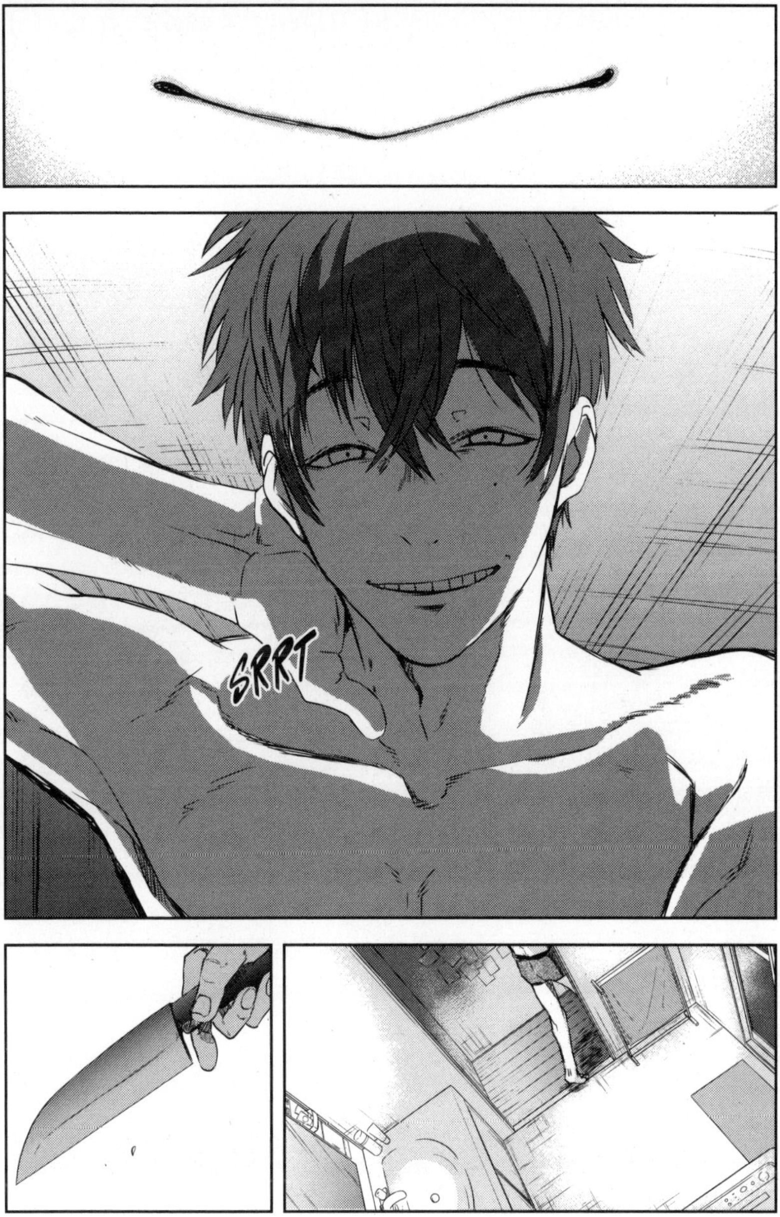
SRRT

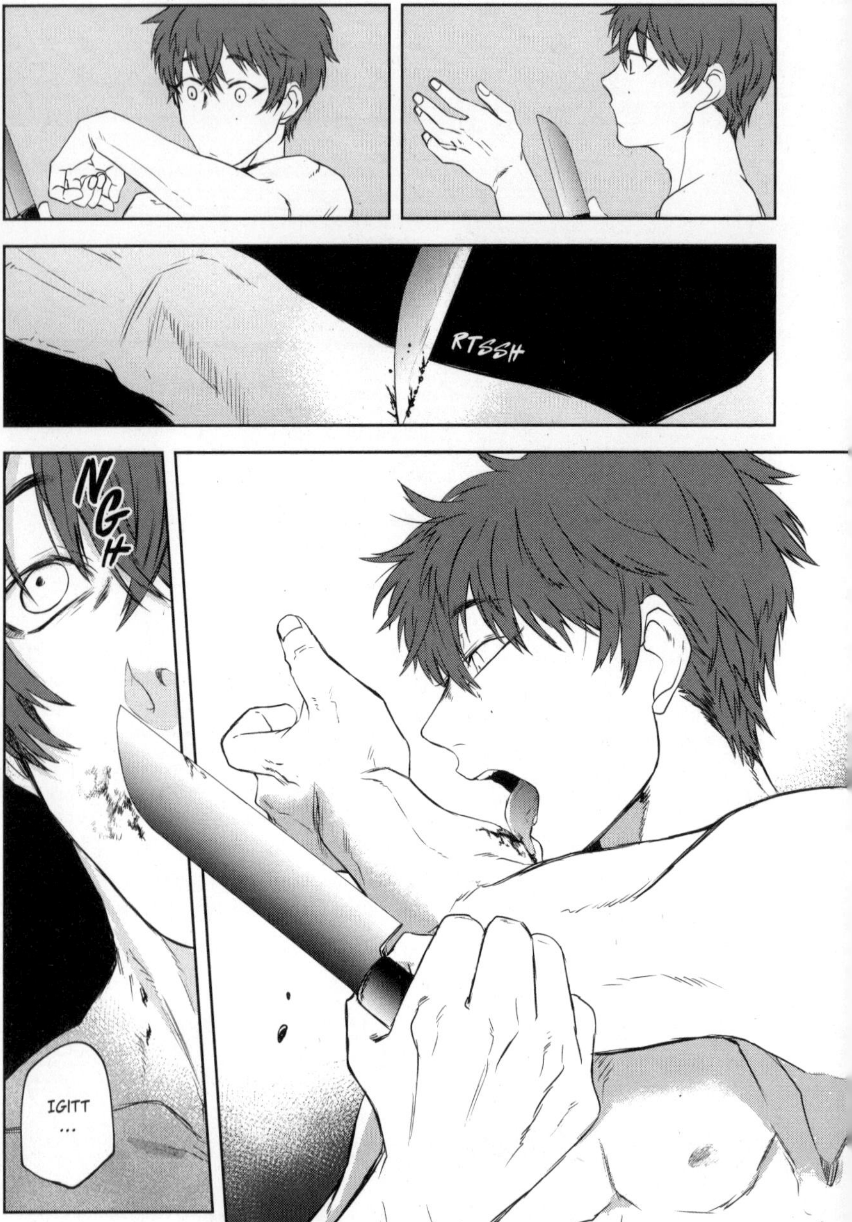

RTSSH
NGH
IGITT
...

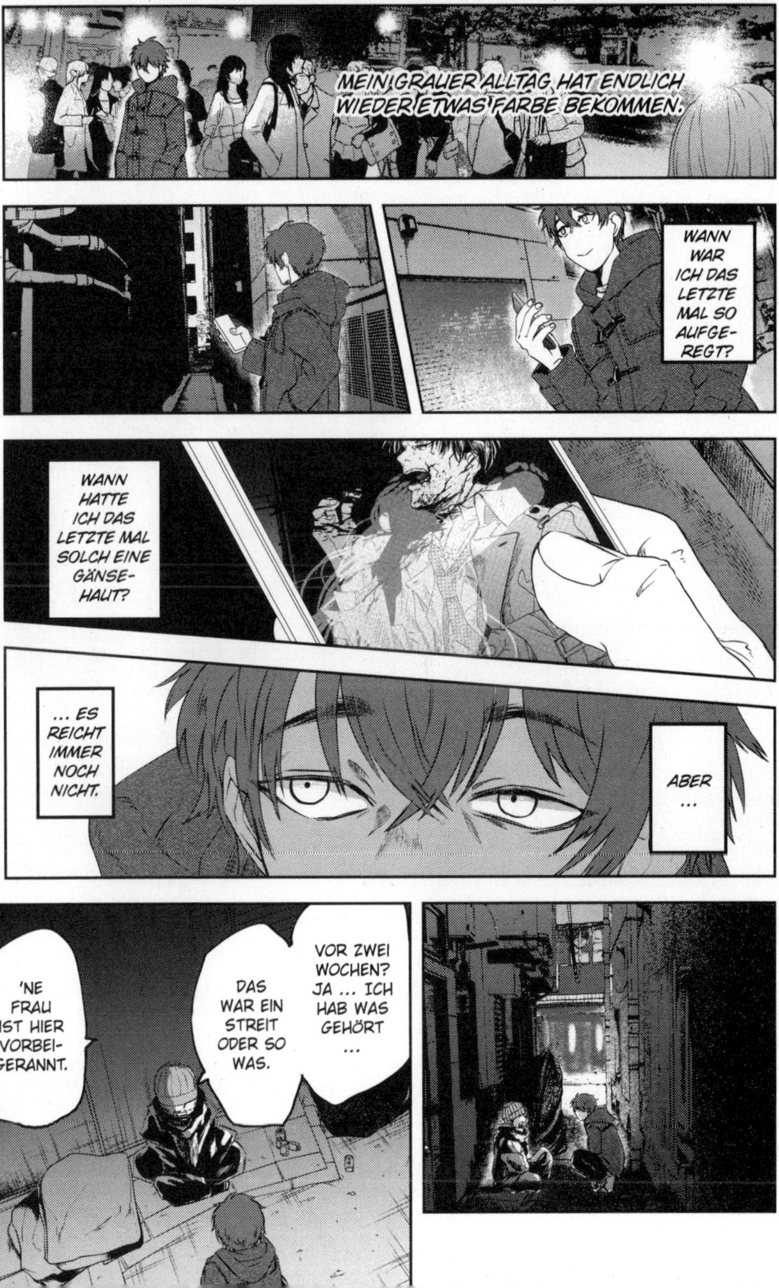
MEIN GRAUER ALLTAG HAT ENDLICH WIEDER ETWAS FARBE BEKOMMEN.
WANN WAR ICH DAS LETZTE MAL SO AUFGE-REGT?
WANN HATTE ICH DAS LETZTE MAL SOLCH EINE GÄNSE-HAUT?
ABER …
… ES REICHT IMMER NOCH NICHT.
VOR ZWEI WOCHEN? JA … ICH HAB WAS GEHÖRT …
DAS WAR EIN STREIT ODER SO WAS.
'NE FRAU IST HIER VORBEI-GERANNT.

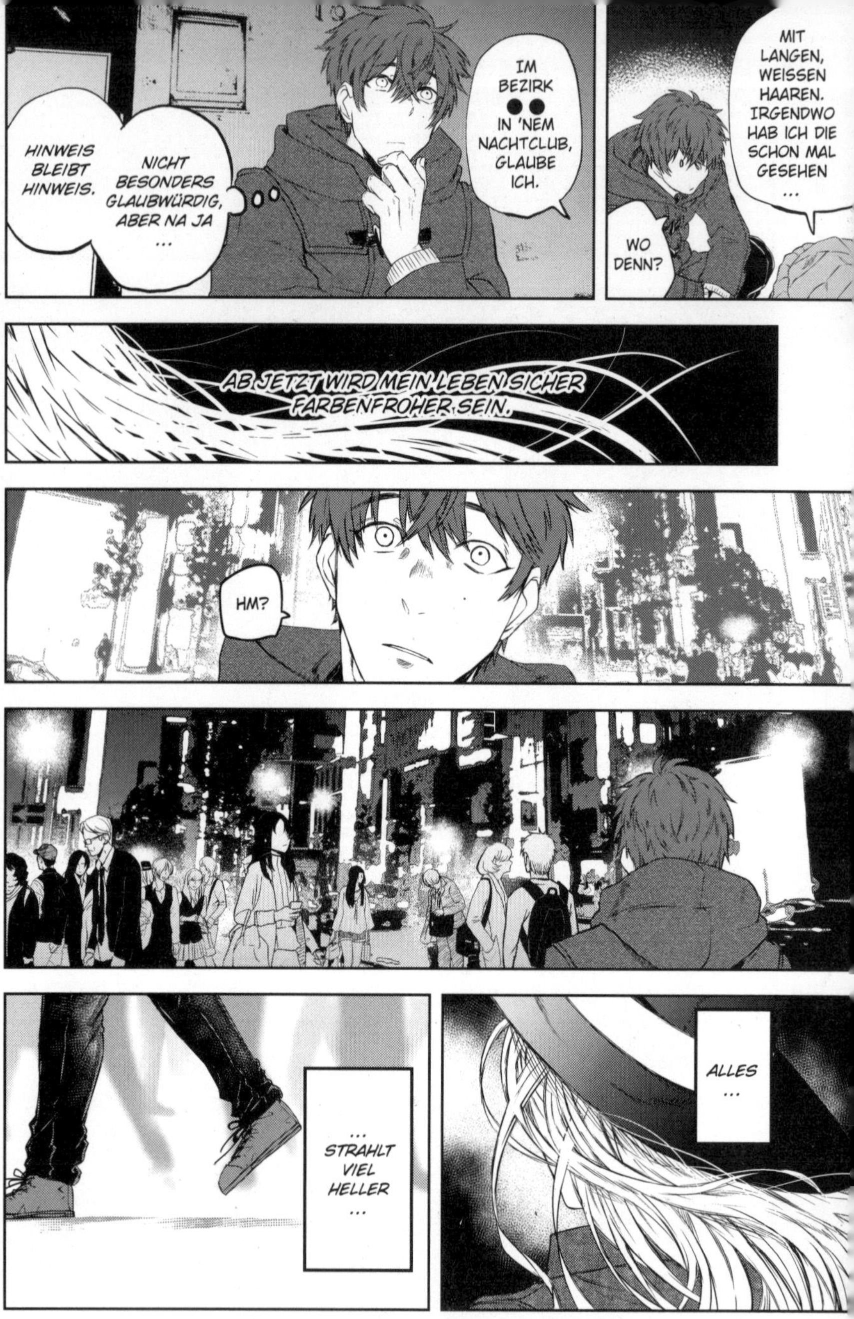

MIT LANGEN, WEISSEN HAAREN. IRGENDWO HAB ICH DIE SCHON MAL GESEHEN …
WO DENN?
IM BEZIRK ●● IN 'NEM NACHTCLUB, GLAUBE ICH.
NICHT BESONDERS GLAUBWÜRDIG, ABER NA JA …
HINWEIS BLEIBT HINWEIS.
AB JETZT WIRD MEIN LEBEN SICHER FARBENFROHER SEIN.
HM?
ALLES …
… STRAHLT VIEL HELLER …

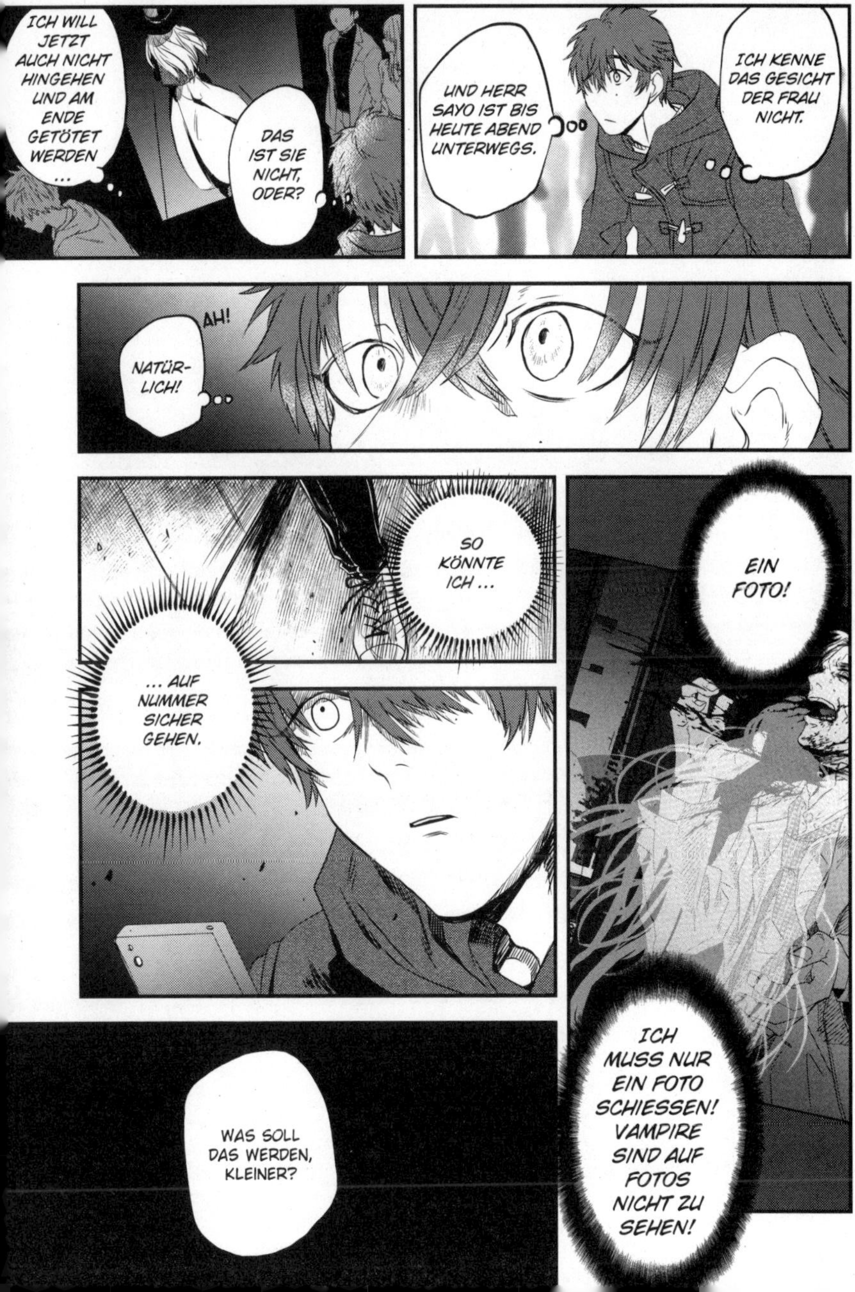
ICH KENNE DAS GESICHT DER FRAU NICHT.
UND HERR SAYO IST BIS HEUTE ABEND UNTERWEGS.
DAS IST SIE NICHT, ODER?
ICH WILL JETZT AUCH NICHT HINGEHEN UND AM ENDE GETÖTET WERDEN …
AH!
NATÜRLICH!
EIN FOTO!
SO KÖNNTE ICH …
… AUF NUMMER SICHER GEHEN.
ICH MUSS NUR EIN FOTO SCHIESSEN! VAMPIRE SIND AUF FOTOS NICHT ZU SEHEN!
WAS SOLL DAS WERDEN, KLEINER?

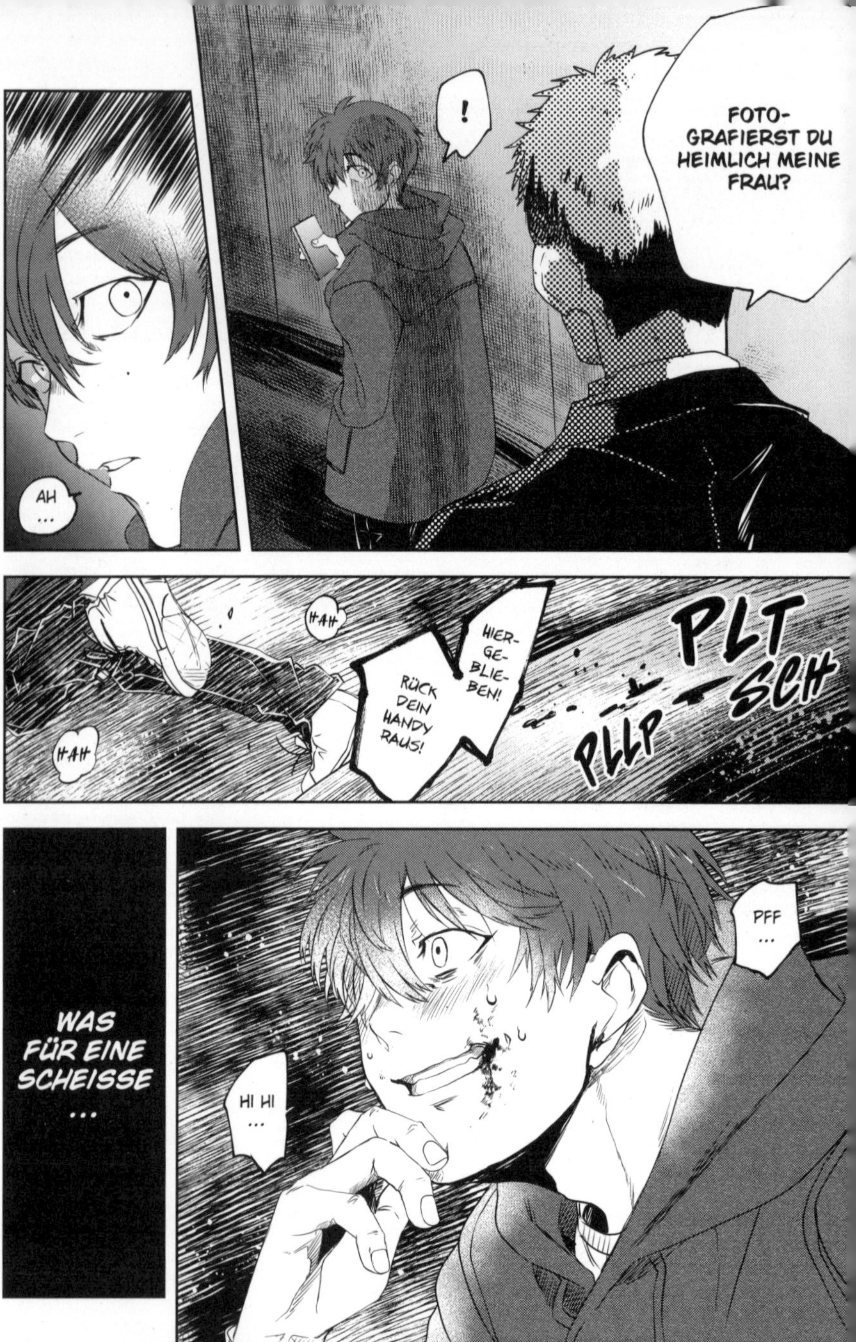
FOTO-
GRAFIERST DU
HEIMLICH MEINE
FRAU?
!
AH
...
PLT
PLLP
SCH
HIER-
GE-
BLIE-
BEN!
RÜCK
DEIN
HANDY
RAUS!
HAH
HAH
PFF
...
WAS
FÜR EINE
SCHEISSE
...
HI HI
...

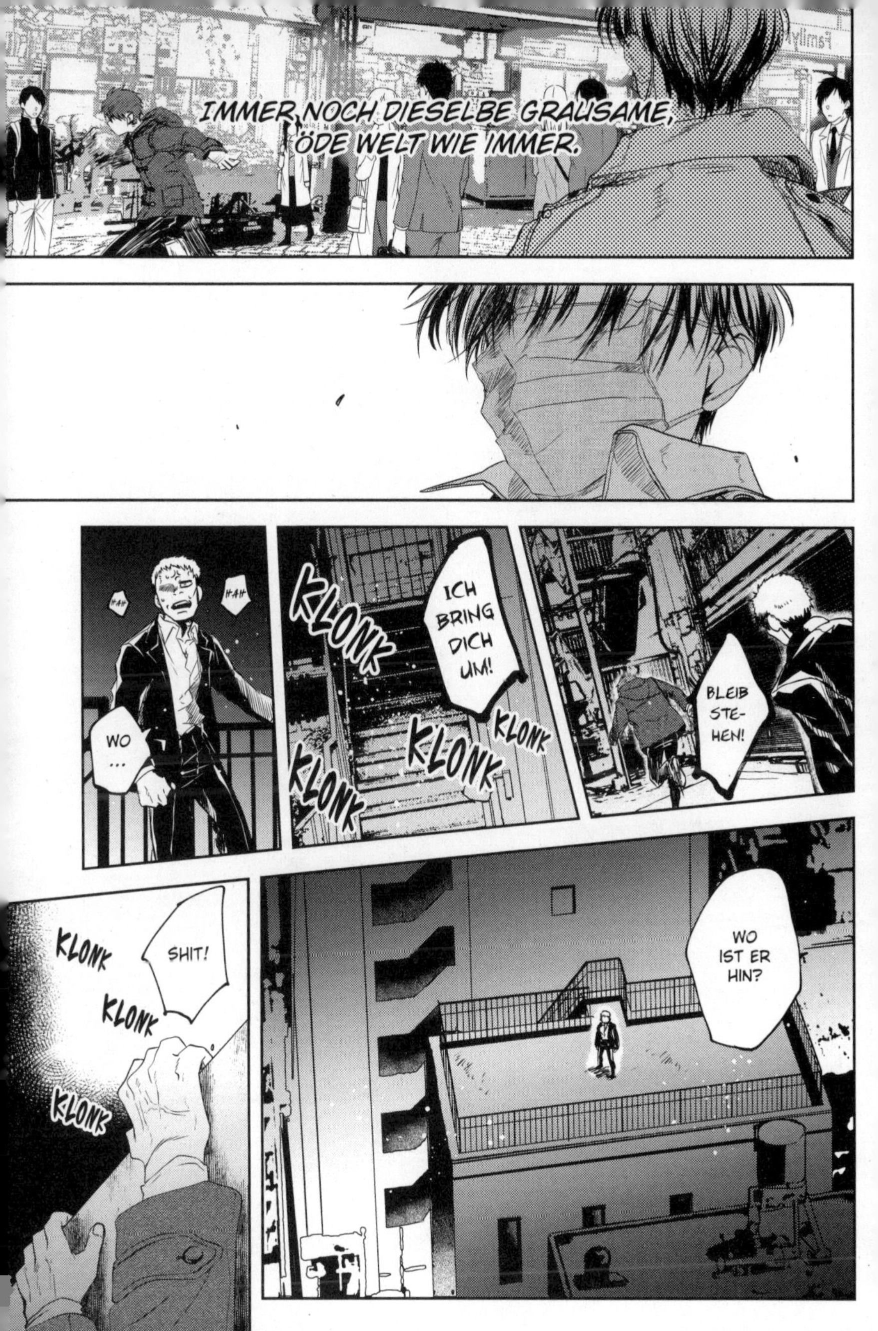
IMMER NOCH DIESELBE GRAUSAME, ÖDE WELT WIE IMMER.
BLEIB STE-HEN!
ICH BRING DICH UM!
KLONK
KLONK
KLONK
KLONK
HAH
HAH
WO ...
WO IST ER HIN?
SHIT!
KLONK
KLONK
KLONK

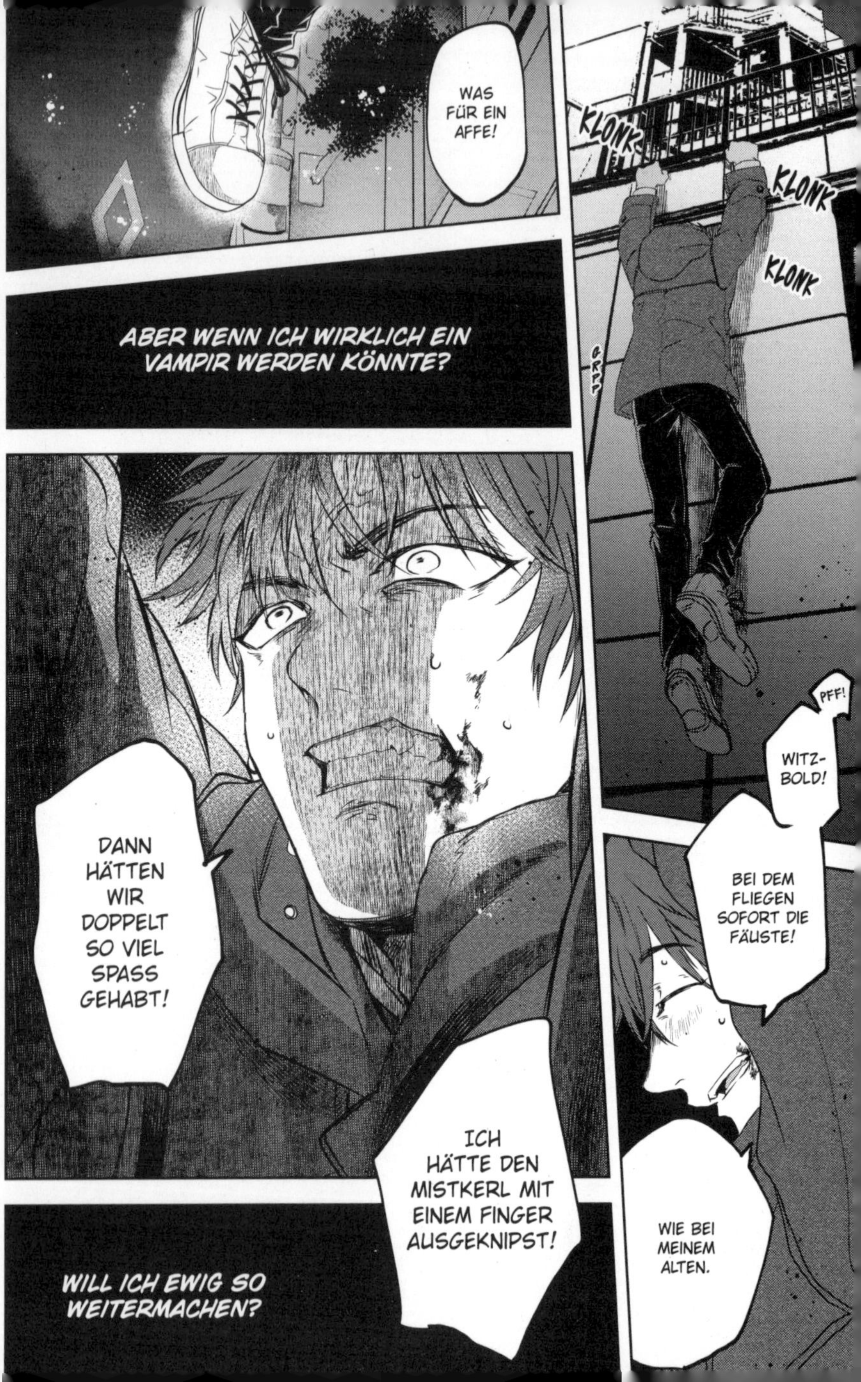
KLONK
KLONK
KLONK
GRPP
WAS FÜR EIN AFFE!
ABER WENN ICH WIRKLICH EIN VAMPIR WERDEN KÖNNTE?
PFF!
WITZBOLD!
BEI DEM FLIEGEN SOFORT DIE FÄUSTE!
WIE BEI MEINEM ALTEN.
DANN HÄTTEN WIR DOPPELT SO VIEL SPASS GEHABT!
ICH HÄTTE DEN MISTKERL MIT EINEM FINGER AUSGEKNIPST!
WILL ICH EWIG SO WEITERMACHEN?

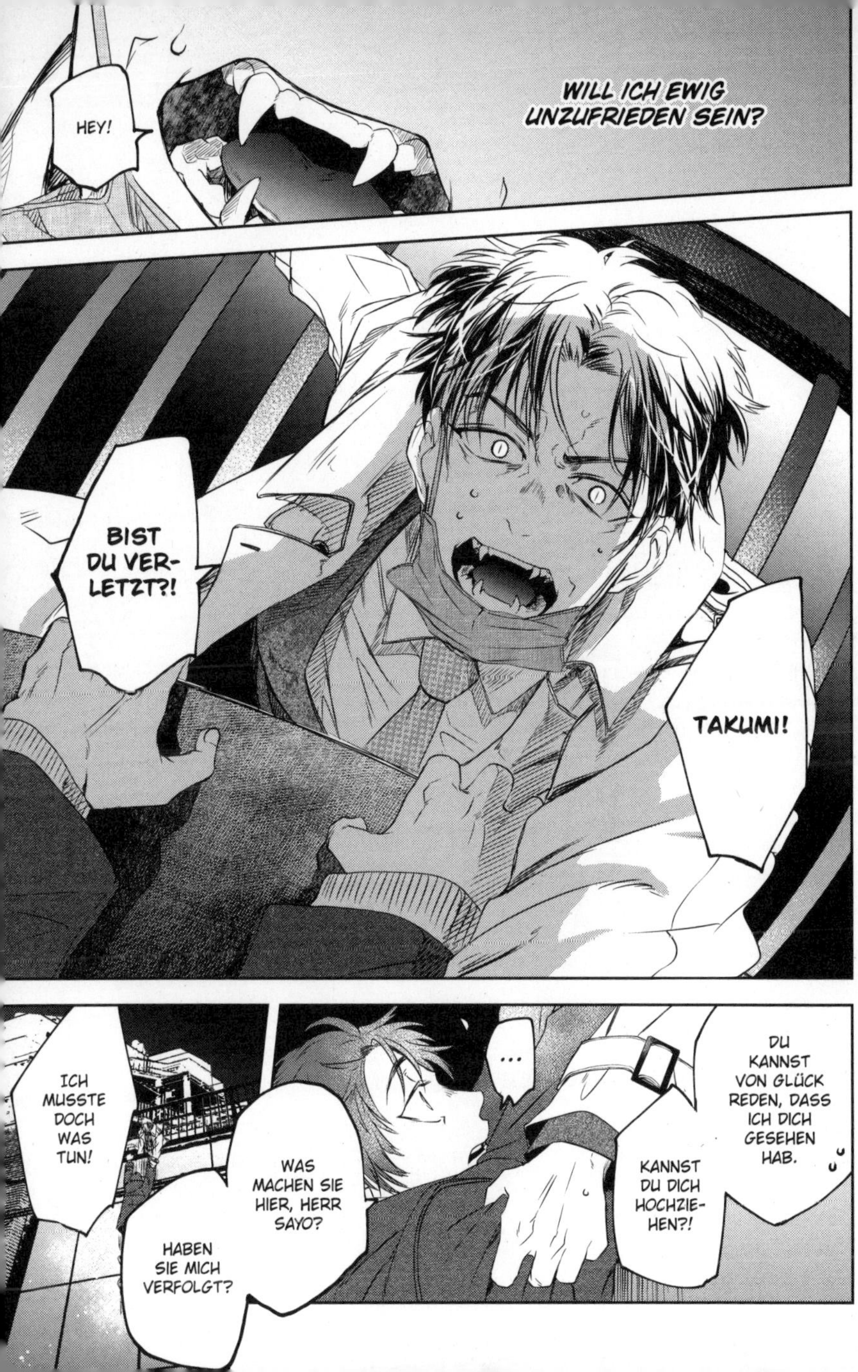
WILL ICH EWIG UNZUFRIEDEN SEIN?
HEY!
TAKUMI!
BIST DU VER-LETZT?!
DU KANNST VON GLÜCK REDEN, DASS ICH DICH GESEHEN HAB.
KANNST DU DICH HOCHZIE-HEN?!
...
WAS MACHEN SIE HIER, HERR SAYO?
HABEN SIE MICH VERFOLGT?
ICH MUSSTE DOCH WAS TUN!

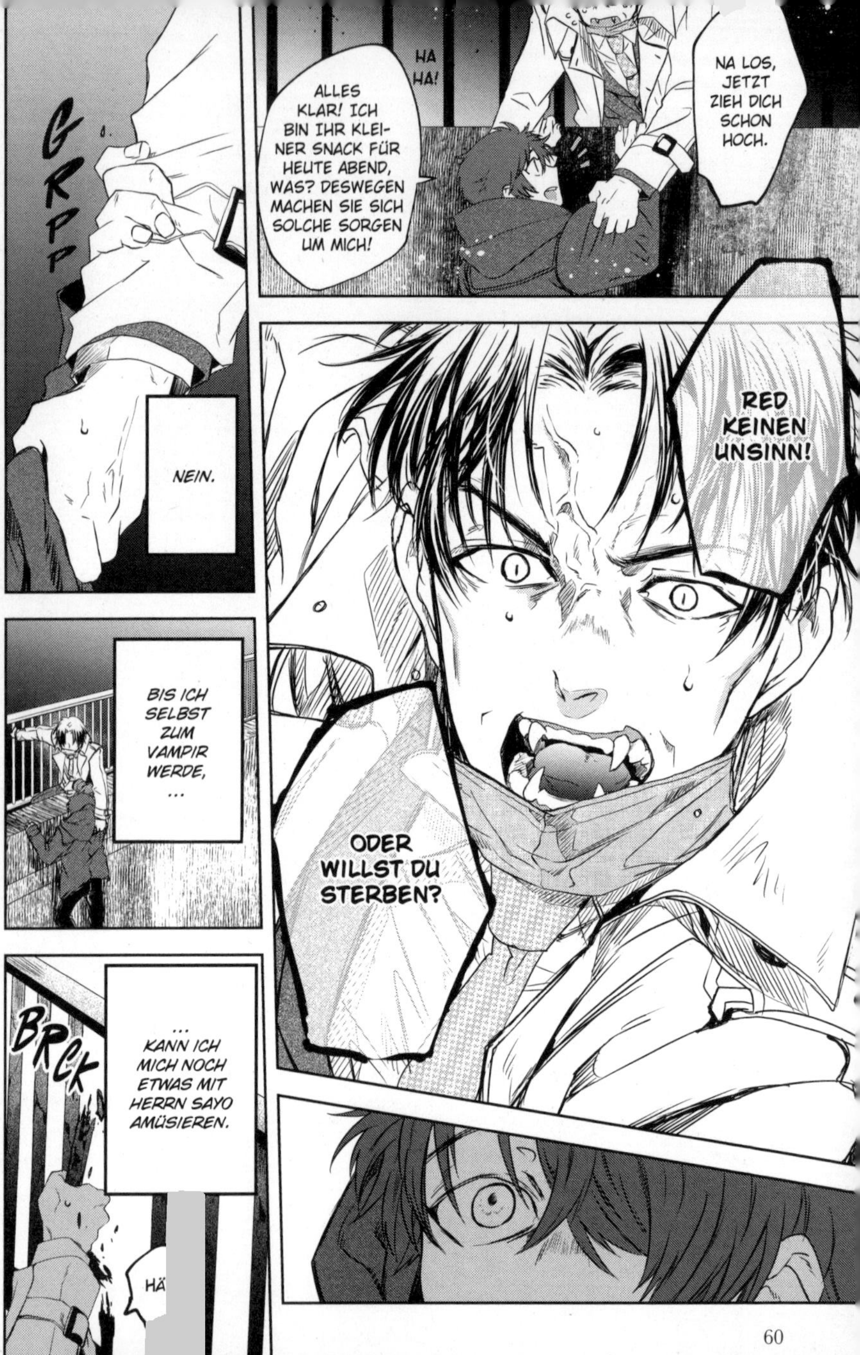

NA LOS, JETZT ZIEH DICH SCHON HOCH.
HA HA!
ALLES KLAR! ICH BIN IHR KLEI-NER SNACK FÜR HEUTE ABEND, WAS? DESWEGEN MACHEN SIE SICH SOLCHE SORGEN UM MICH!
GRPP
NEIN.
RED KEINEN UNSINN!
ODER WILLST DU STERBEN?
BIS ICH SELBST ZUM VAMPIR WERDE, ...
... KANN ICH MICH NOCH ETWAS MIT HERRN SAYO AMÜSIEREN.
BRCK
HÄ

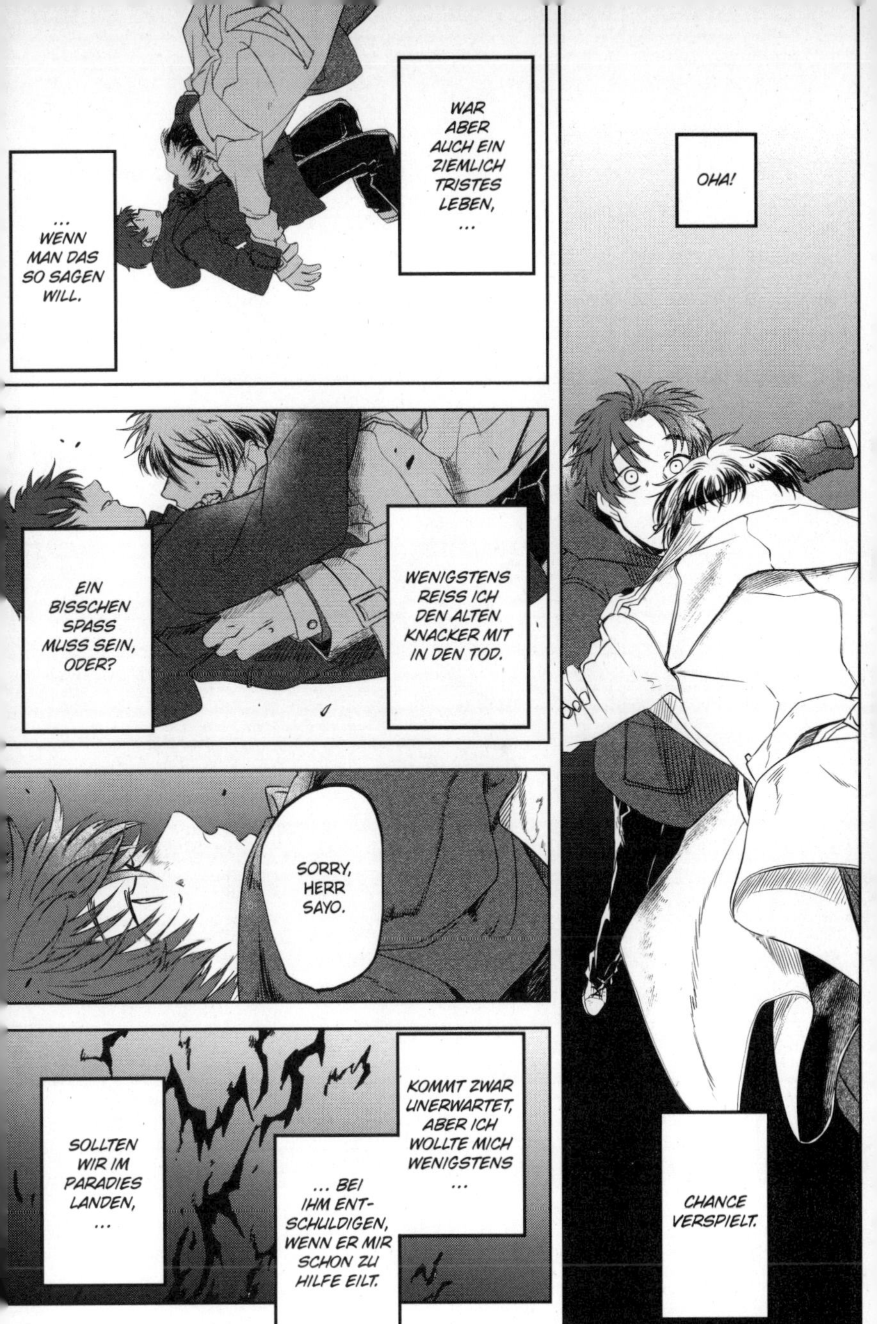
WAR ABER AUCH EIN ZIEMLICH TRISTES LEBEN, ...
... WENN MAN DAS SO SAGEN WILL.
WENIGSTENS REISS ICH DEN ALTEN KNACKER MIT IN DEN TOD.
EIN BISSCHEN SPASS MUSS SEIN, ODER?
SORRY, HERR SAYO.
KOMMT ZWAR UNERWARTET, ABER ICH WOLLTE MICH WENIGSTENS ...
... BEI IHM ENT-SCHULDIGEN, WENN ER MIR SCHON ZU HILFE EILT.
SOLLTEN WIR IM PARADIES LANDEN, ...
OHA!
CHANCE VERSPIELT.

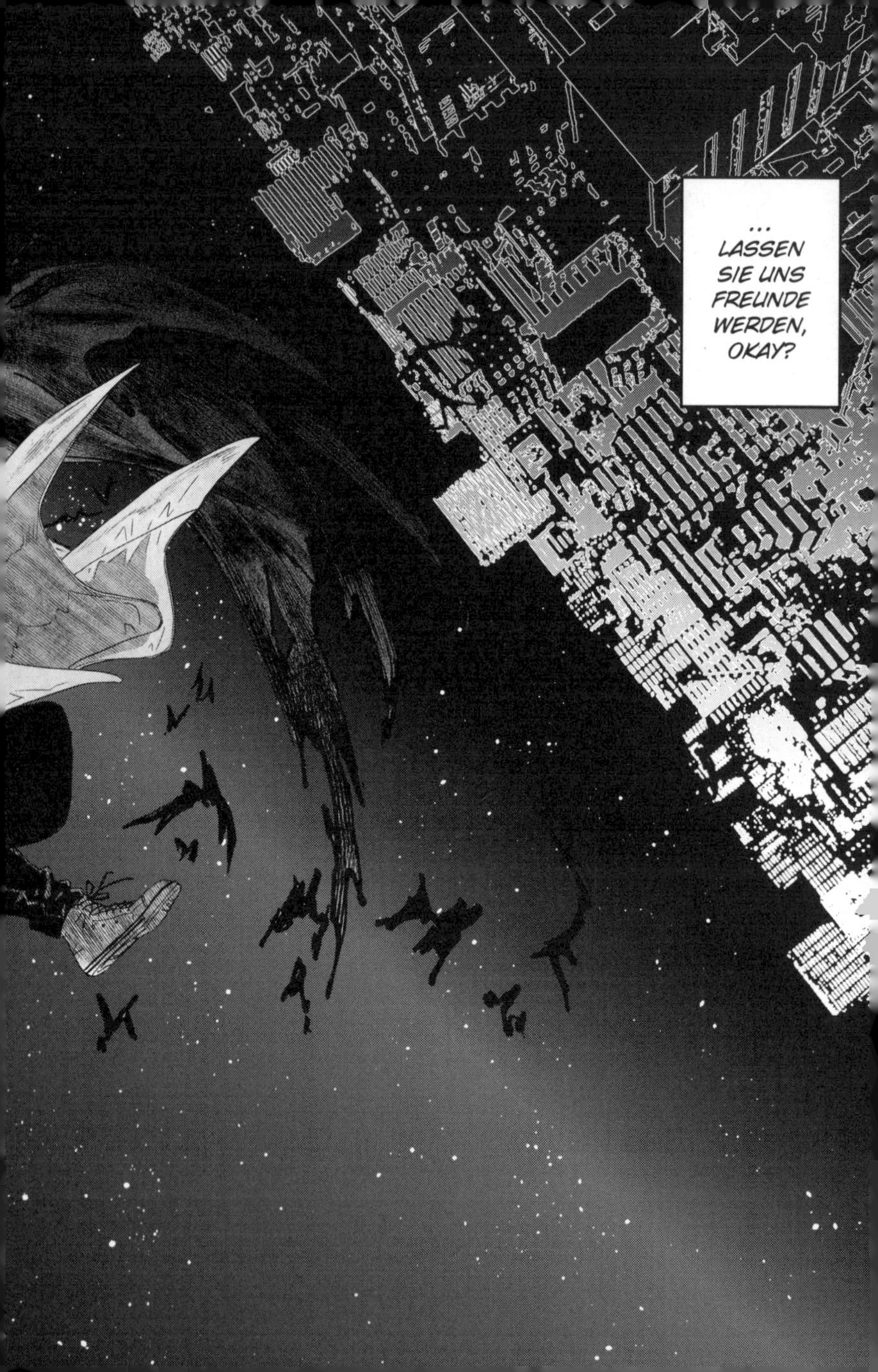
... LASSEN SIE UNS FREUNDE WERDEN, OKAY?

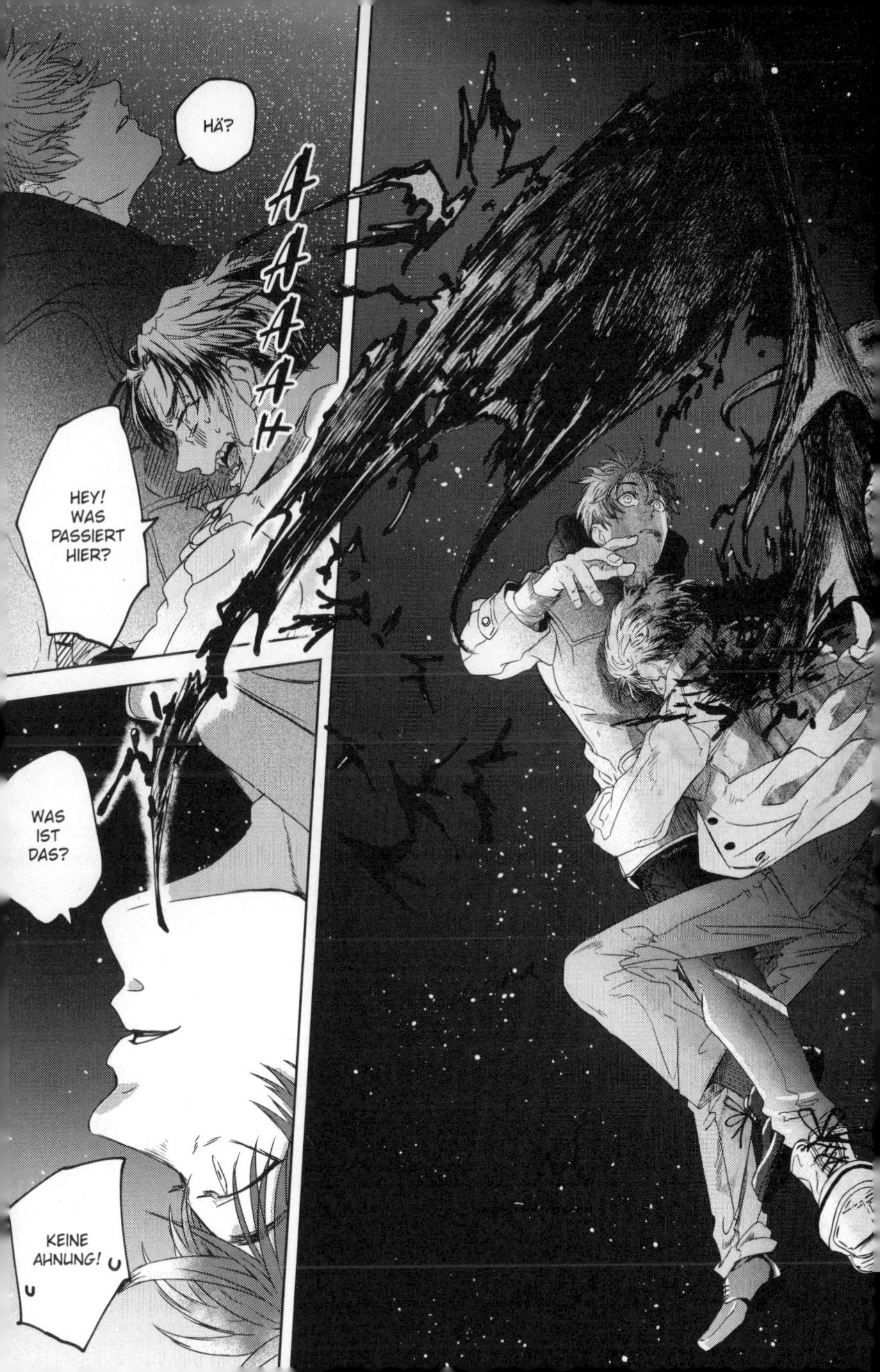
HÄ?
AAAAAH
HEY! WAS PASSIERT HIER?
WAS IST DAS?
KEINE AHNUNG!

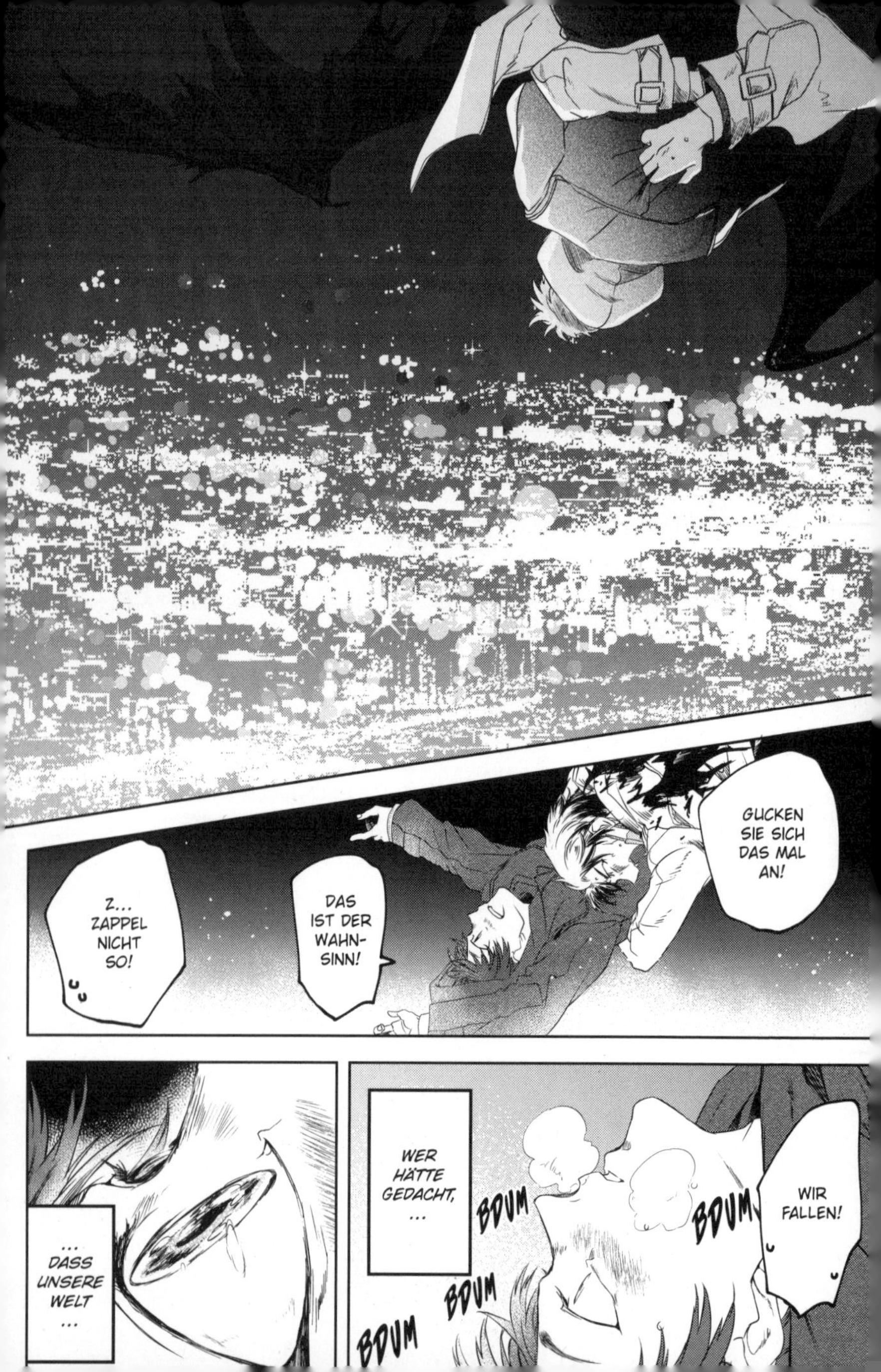
GUCKEN SIE SICH DAS MAL AN!
DAS IST DER WAHN-SINN!
Z... ZAPPEL NICHT SO!
WIR FALLEN!
BDUM
BDUM
BDUM
BDUM
WER HÄTTE GEDACHT, ...
... DASS UNSERE WELT ...

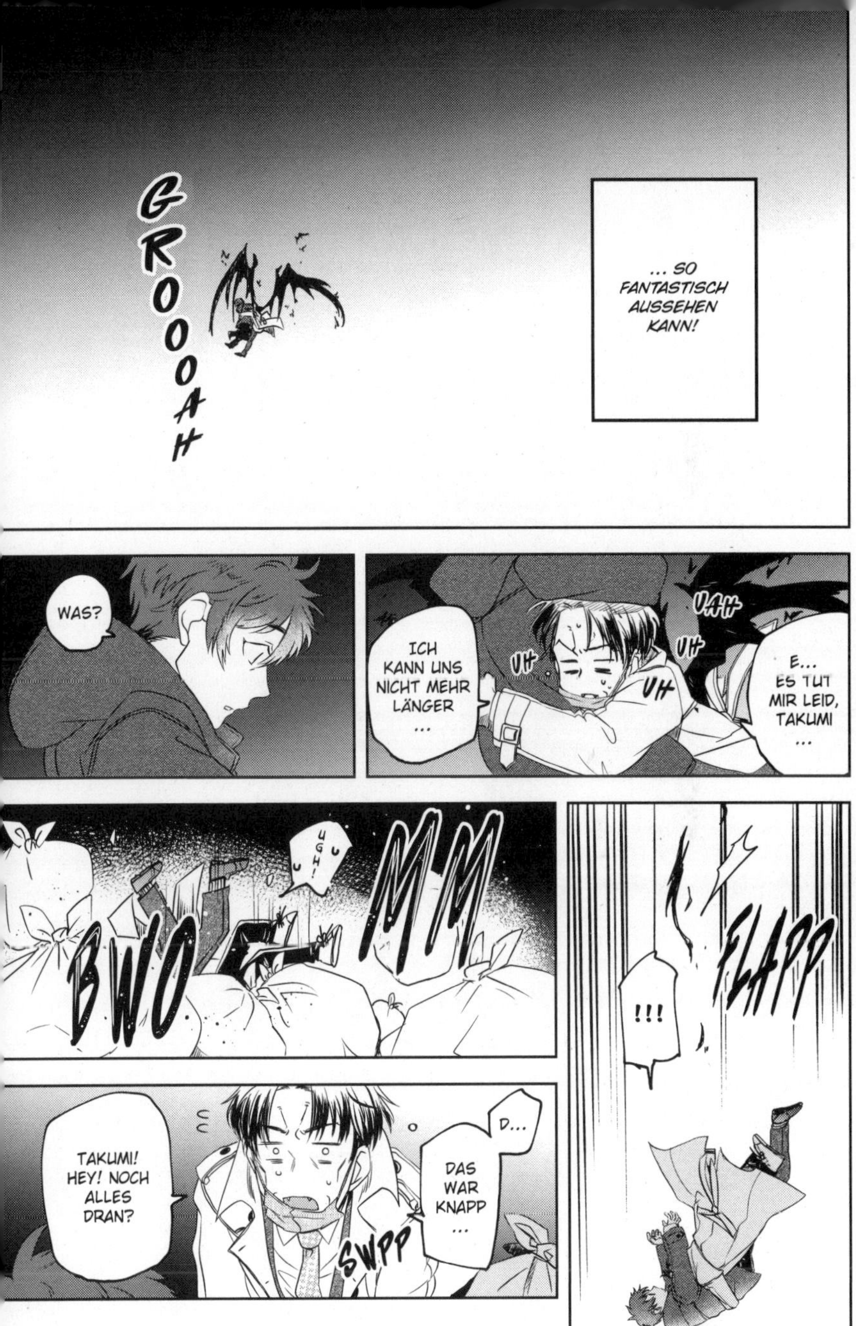
GROOOOAH
... SO FANTASTISCH AUSSEHEN KANN!
E... ES TUT MIR LEID, TAKUMI ...
UAH
UH
UH
UH
ICH KANN UNS NICHT MEHR LÄNGER ...
WAS?
FLAPP
!!!
BWOMM
UGH!
D... DAS WAR KNAPP ...
SWPP
TAKUMI! HEY! NOCH ALLES DRAN?

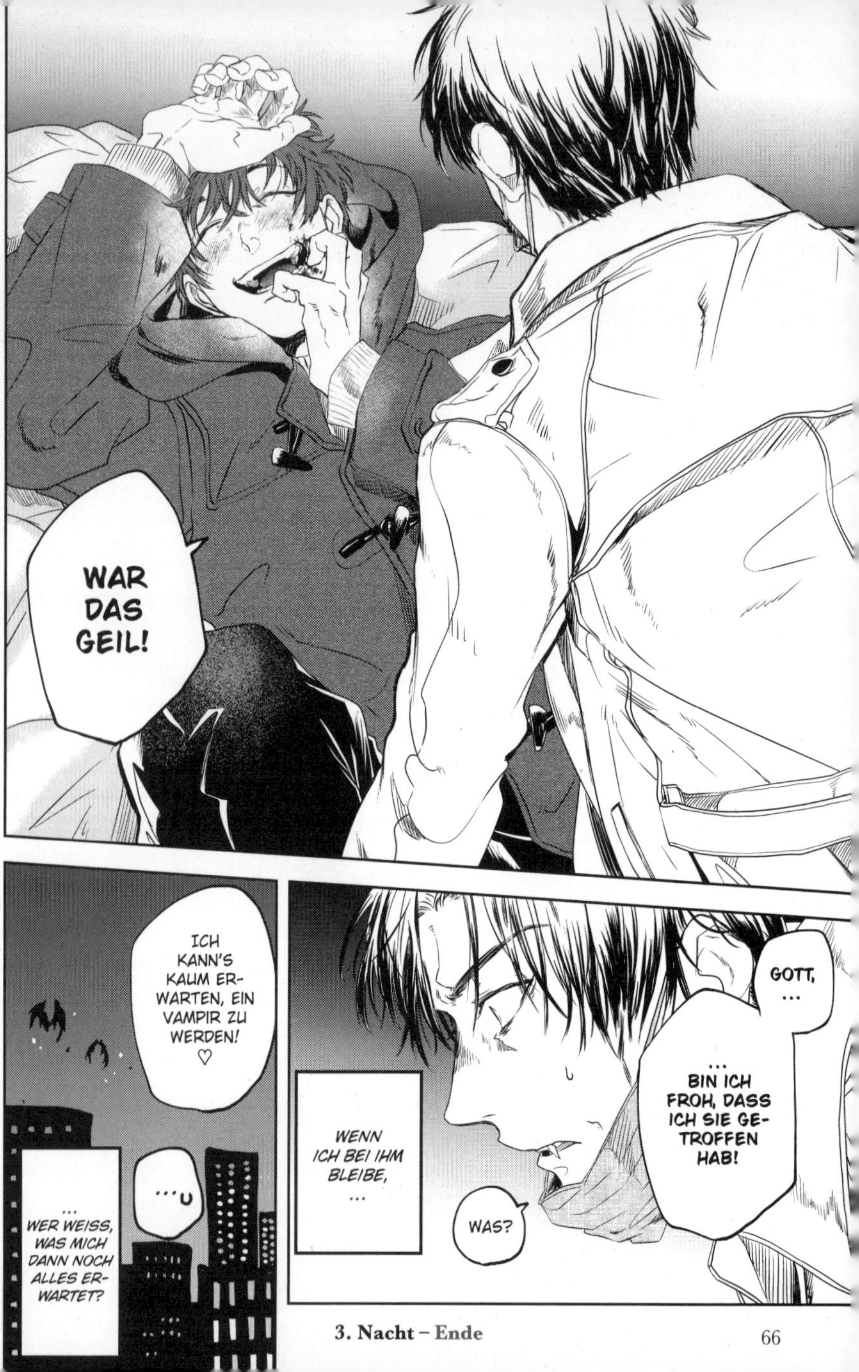
WAR DAS GEIL!
GOTT, …
… BIN ICH FROH, DASS ICH SIE GETROFFEN HAB!
WAS?
WENN ICH BEI IHM BLEIBE, …
ICH KANN'S KAUM ERWARTEN, EIN VAMPIR ZU WERDEN! ♡
…u
… WER WEISS, WAS MICH DANN NOCH ALLES ERWARTET?

3. Nacht – Ende

4. Nacht: Der ganz normale Alltag eines Monsters

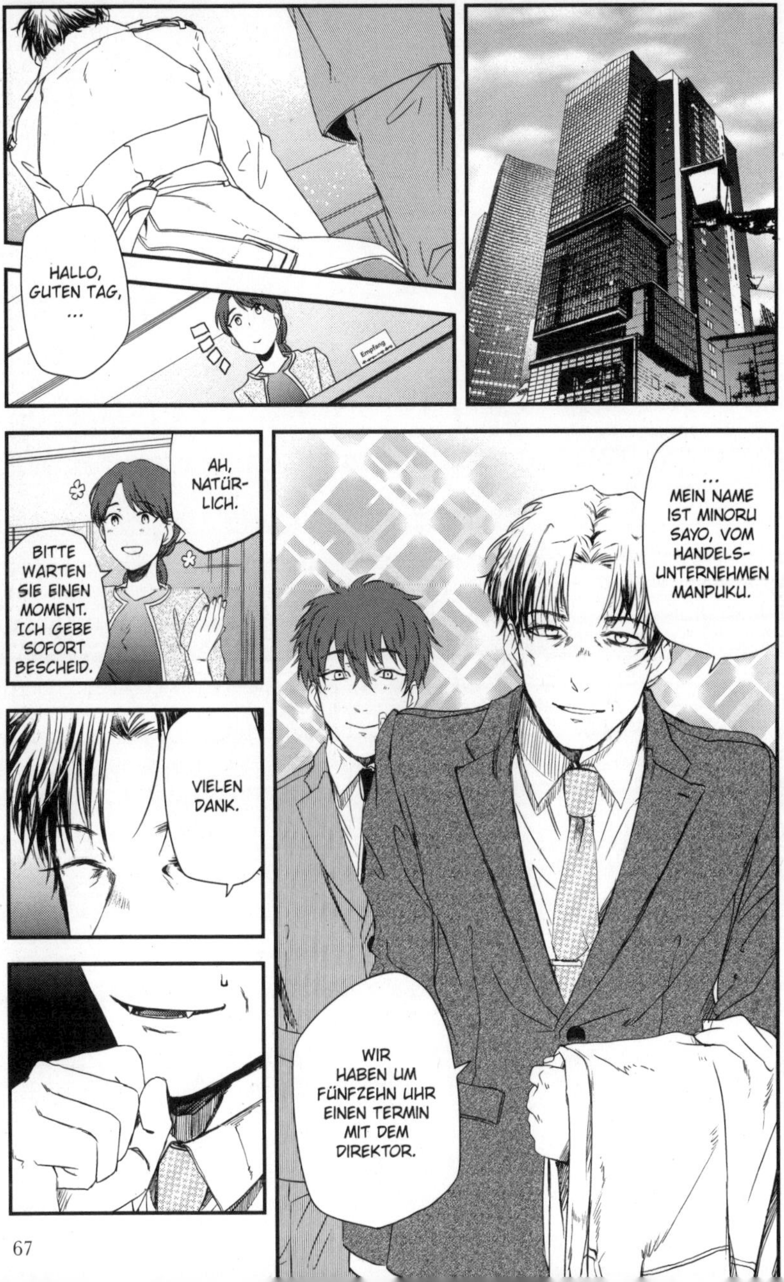

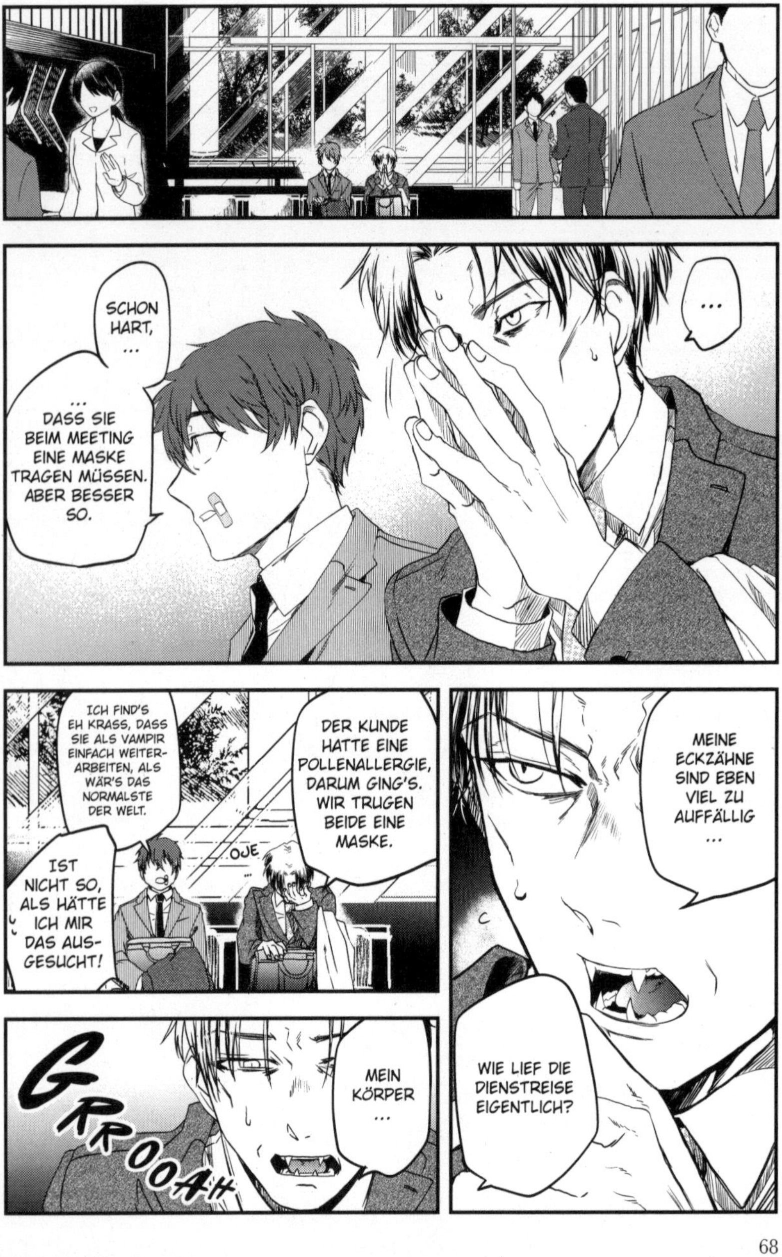
...
SCHON HART, ...
... DASS SIE BEIM MEETING EINE MASKE TRAGEN MÜSSEN. ABER BESSER SO.
MEINE ECKZÄHNE SIND EBEN VIEL ZU AUFFÄLLIG ...
WIE LIEF DIE DIENSTREISE EIGENTLICH?
DER KUNDE HATTE EINE POLLENALLERGIE, DARUM GING'S. WIR TRUGEN BEIDE EINE MASKE.
ICH FIND'S EH KRASS, DASS SIE ALS VAMPIR EINFACH WEITER-ARBEITEN, ALS WÄR'S DAS NORMALSTE DER WELT.
OJE ...
IST NICHT SO, ALS HÄTTE ICH MIR DAS AUS-GESUCHT!
MEIN KÖRPER ...
GRROOAH

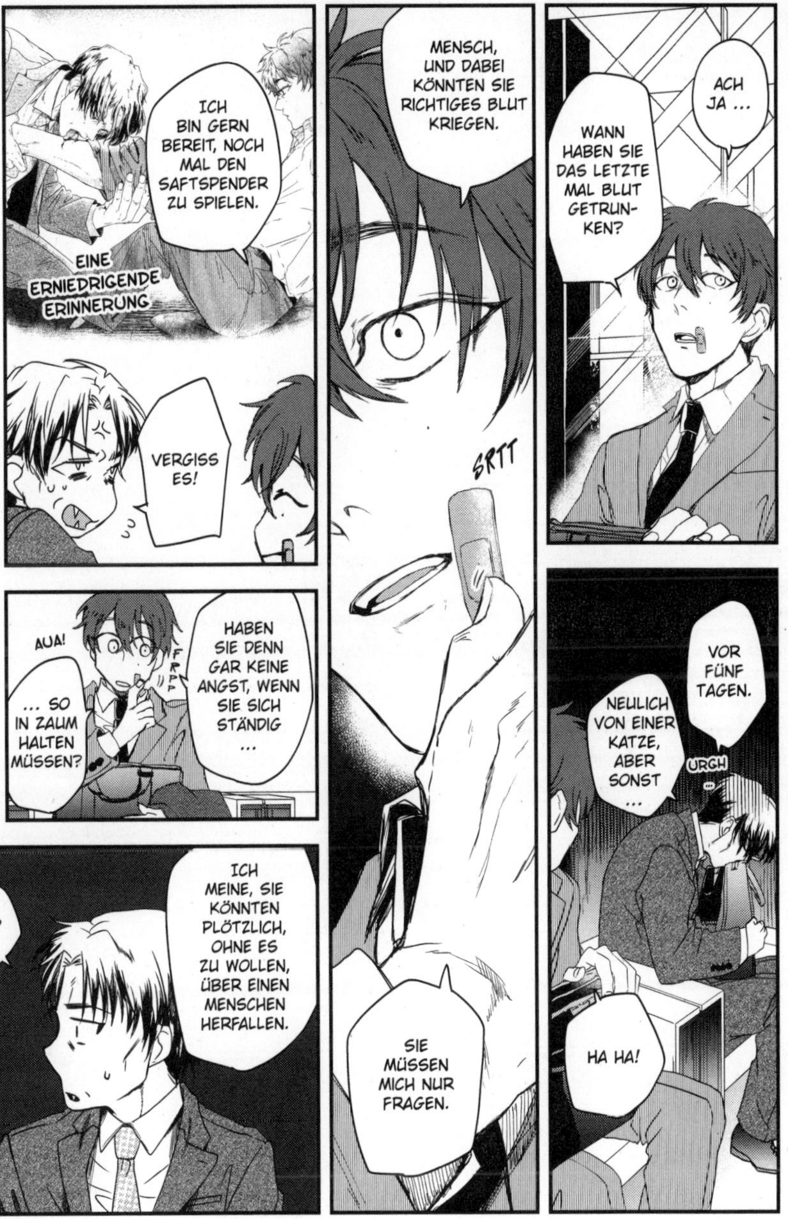
ACH JA ...
WANN HABEN SIE DAS LETZTE MAL BLUT GETRUNKEN?
VOR FÜNF TAGEN.
NEULICH VON EINER KATZE, ABER SONST ...
URGH ...
HA HA!
MENSCH, UND DABEI KÖNNTEN SIE RICHTIGES BLUT KRIEGEN.
SRTT
SIE MÜSSEN MICH NUR FRAGEN.
ICH BIN GERN BEREIT, NOCH MAL DEN SAFTSPENDER ZU SPIELEN.
EINE ERNIEDRIGENDE ERINNERUNG
VERGISS ES!
HABEN SIE DENN GAR KEINE ANGST, WENN SIE SICH STÄNDIG ...
FRPP
AUA!
... SO IN ZAUM HALTEN MÜSSEN?
ICH MEINE, SIE KÖNNTEN PLÖTZLICH, OHNE ES ZU WOLLEN, ÜBER EINEN MENSCHEN HERFALLEN.
ICH?

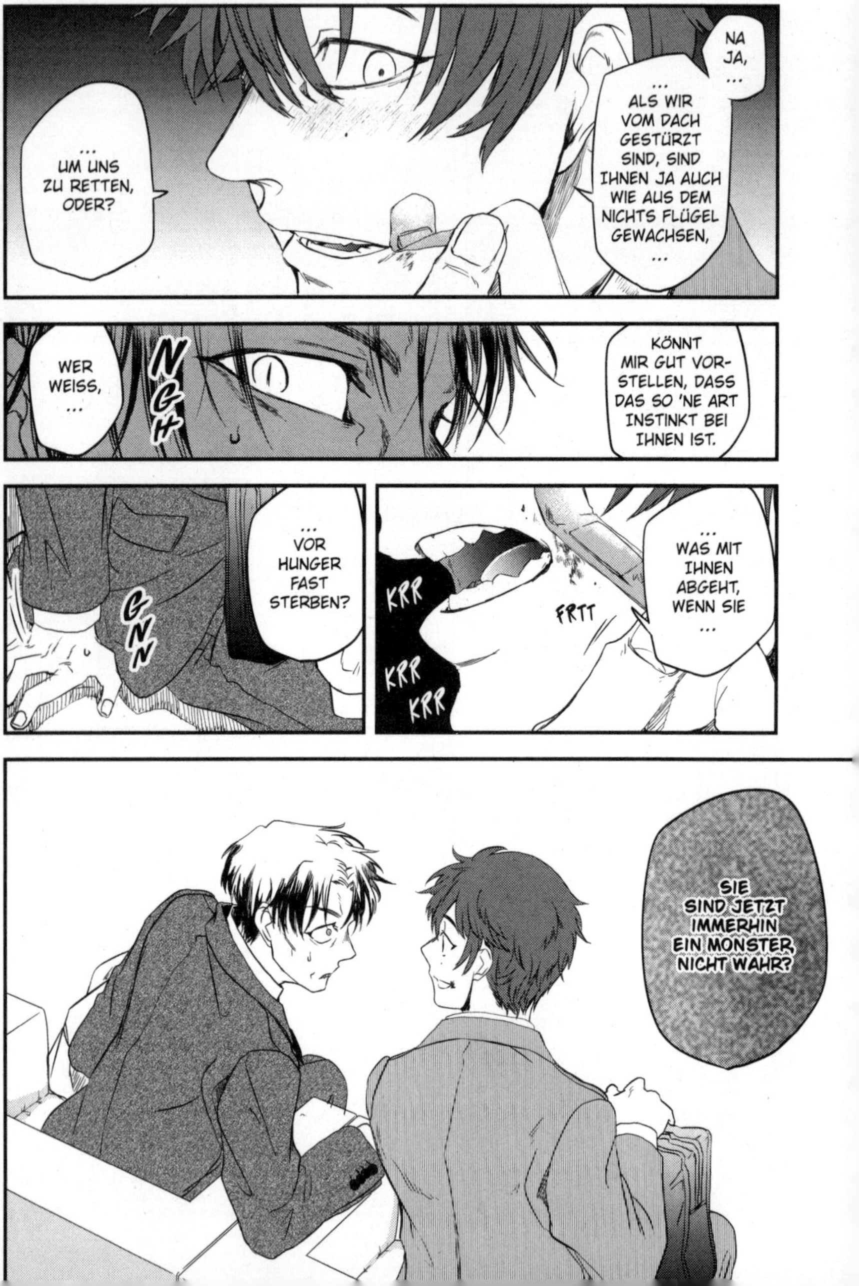
NA JA, ...
... ALS WIR VOM DACH GESTÜRZT SIND, SIND IHNEN JA AUCH WIE AUS DEM NICHTS FLÜGEL GEWACHSEN, ...
... UM UNS ZU RETTEN, ODER?
KÖNNT MIR GUT VORSTELLEN, DASS DAS SO 'NE ART INSTINKT BEI IHNEN IST.
NGH
WER WEISS, ...
... WAS MIT IHNEN ABGEHT, WENN SIE ...
FRTT
KRR
KRR
KRR
... VOR HUNGER FAST STERBEN?
GNN
SIE SIND JETZT IMMERHIN EIN MONSTER, NICHT WAHR?

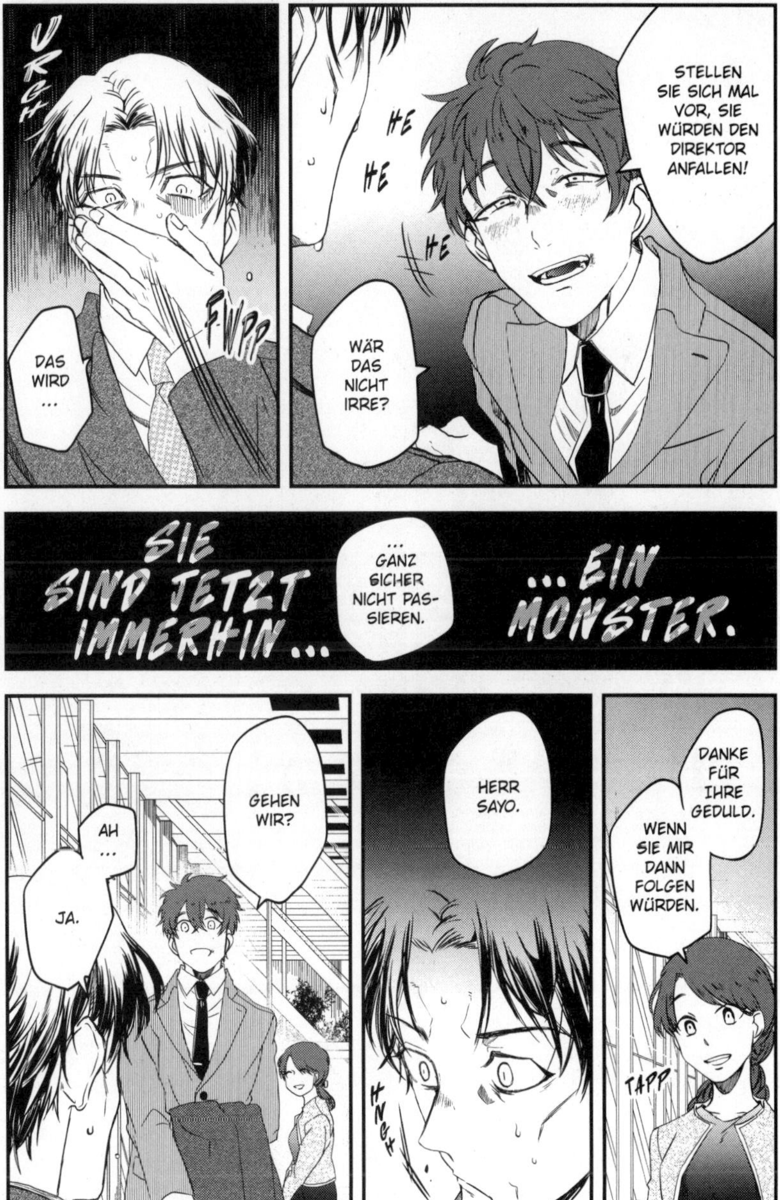
STELLEN SIE SICH MAL VOR, SIE WÜRDEN DEN DIREKTOR ANFALLEN!
HE HE HE
WÄR DAS NICHT IRRE?
URGH
FWPP
DAS WIRD ...
SIE SIND JETZT IMMERHIN ...
... GANZ SICHER NICHT PASSIEREN.
... EIN MONSTER.
DANKE FÜR IHRE GEDULD.
WENN SIE MIR DANN FOLGEN WÜRDEN.
TAPP
HERR SAYO.
HNGH
GEHEN WIR?
AH ...
JA.

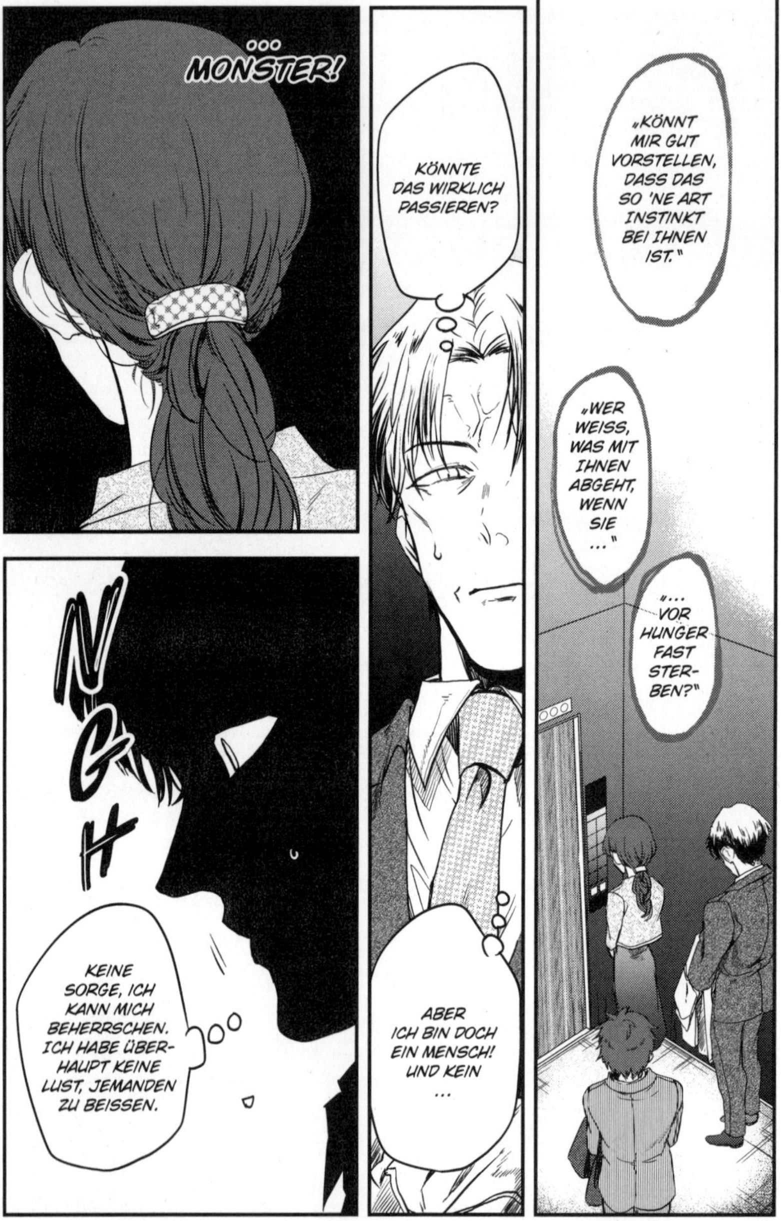
„KÖNNT MIR GUT VORSTELLEN, DASS DAS SO 'NE ART INSTINKT BEI IHNEN IST.“
„WER WEISS, WAS MIT IHNEN ABGEHT, WENN SIE ...“
„... VOR HUNGER FAST STERBEN?“
KÖNNTE DAS WIRKLICH PASSIEREN?
ABER ICH BIN DOCH EIN MENSCH! UND KEIN ...
... MONSTER!
NGH
KEINE SORGE, ICH KANN MICH BEHERRSCHEN. ICH HABE ÜBERHAUPT KEINE LUST, JEMANDEN ZU BEISSEN.

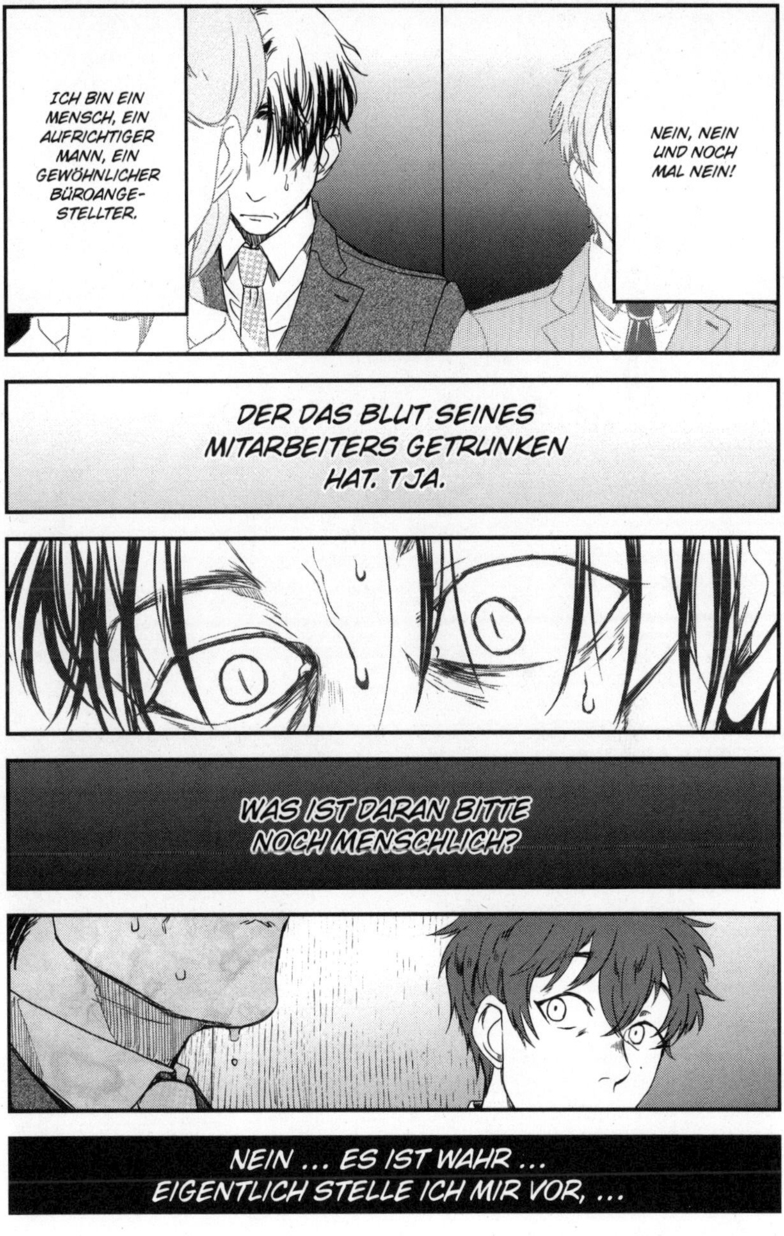
ICH BIN EIN MENSCH, EIN AUFRICHTIGER MANN, EIN GEWÖHNLICHER BÜROANGE-STELLTER.
NEIN, NEIN UND NOCH MAL NEIN!
DER DAS BLUT SEINES MITARBEITERS GETRUNKEN HAT. TJA.
WAS IST DARAN BITTE NOCH MENSCHLICH?
NEIN … ES IST WAHR … EIGENTLICH STELLE ICH MIR VOR, …

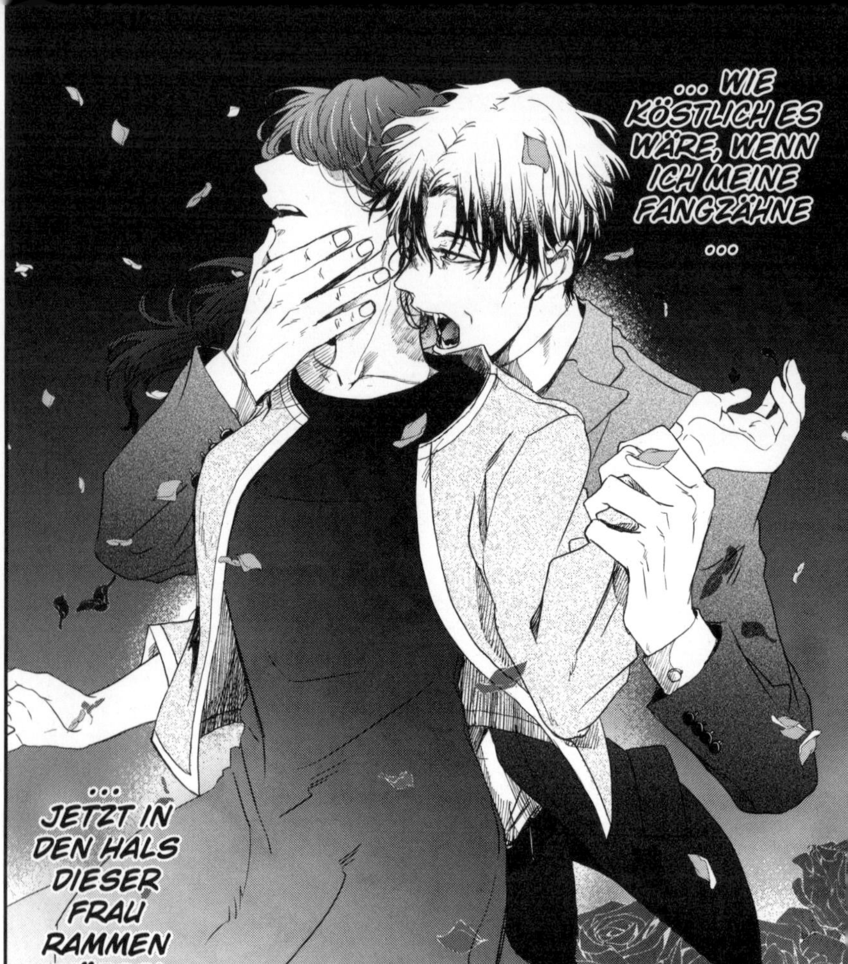
... WIE KÖSTLICH ES WÄRE, WENN ICH MEINE FANGZÄHNE ...
... JETZT IN DEN HALS DIESER FRAU RAMMEN WÜRDE!

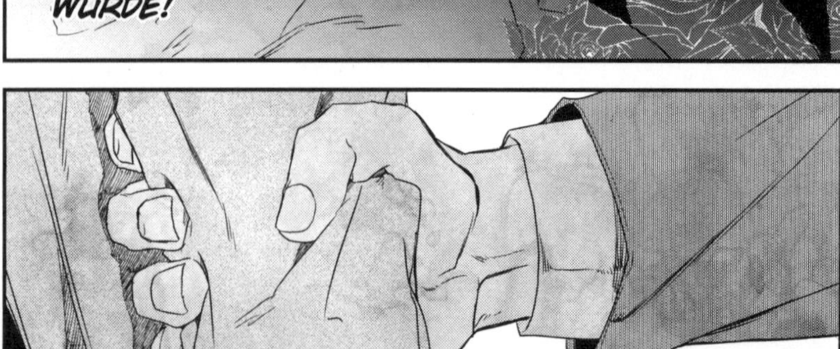

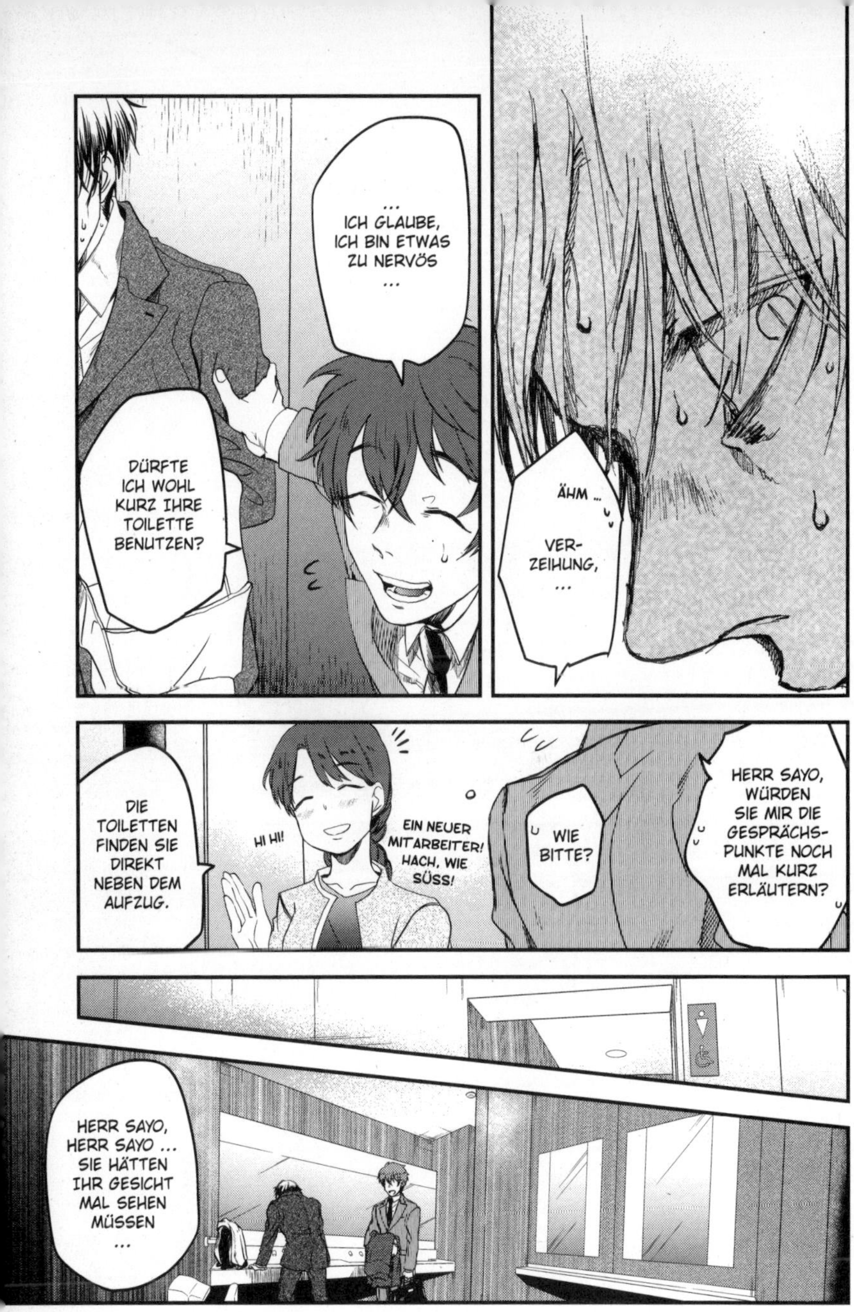
ÄHM …
VER-ZEIHUNG, …
… ICH GLAUBE, ICH BIN ETWAS ZU NERVÖS …
DÜRFTE ICH WOHL KURZ IHRE TOILETTE BENUTZEN?
HERR SAYO, WÜRDEN SIE MIR DIE GESPRÄCHS-PUNKTE NOCH MAL KURZ ERLÄUTERN?
WIE BITTE?
EIN NEUER MITARBEITER! HACH, WIE SÜSS!
HI HI!
DIE TOILETTEN FINDEN SIE DIREKT NEBEN DEM AUFZUG.
HERR SAYO, HERR SAYO … SIE HÄTTEN IHR GESICHT MAL SEHEN MÜSSEN …

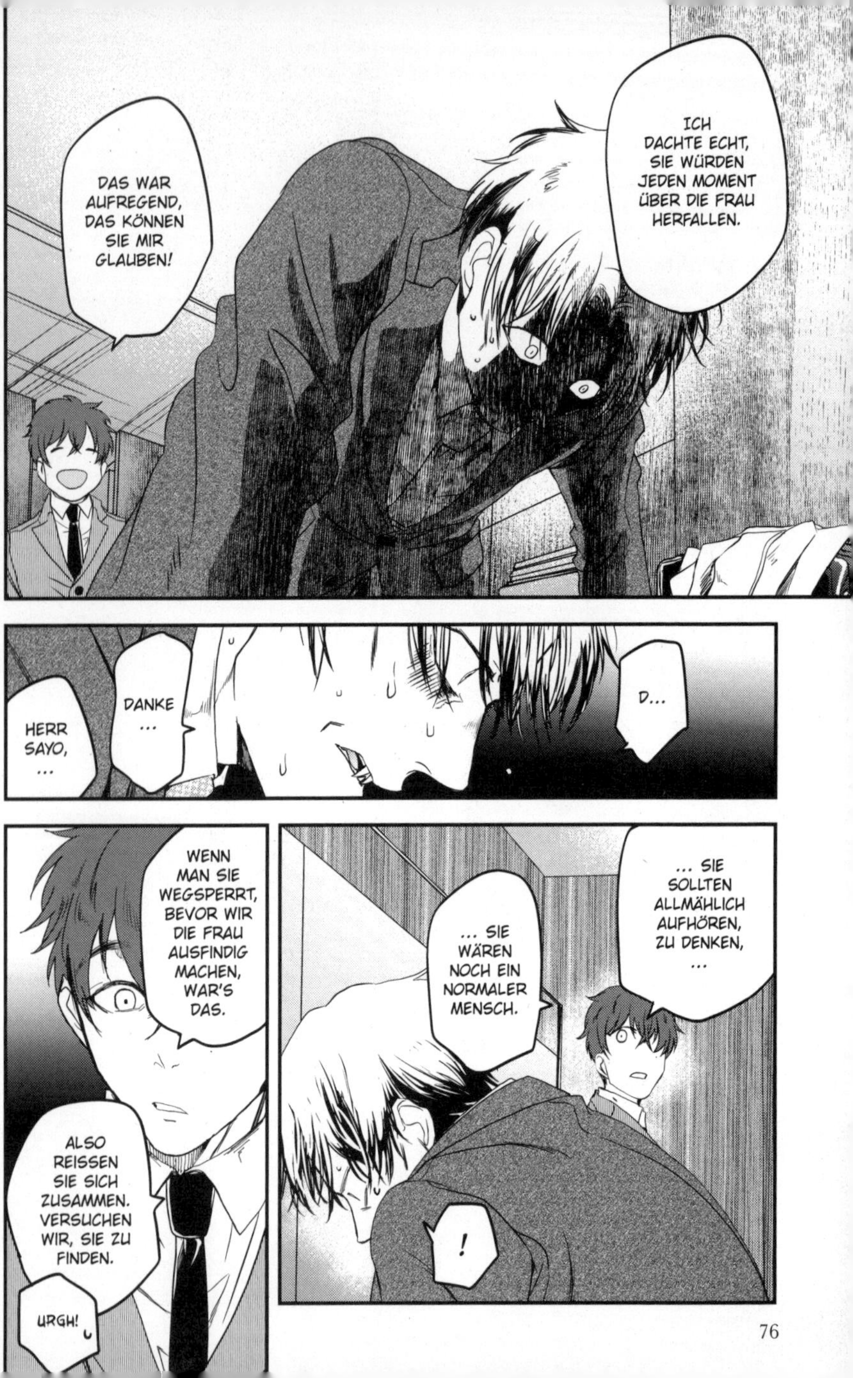
ICH DACHTE ECHT, SIE WÜRDEN JEDEN MOMENT ÜBER DIE FRAU HERFALLEN.
DAS WAR AUFREGEND, DAS KÖNNEN SIE MIR GLAUBEN!
D...
DANKE ...
HERR SAYO, ...
... SIE SOLLTEN ALLMÄHLICH AUFHÖREN, ZU DENKEN, ...
... SIE WÄREN NOCH EIN NORMALER MENSCH.
!
WENN MAN SIE WEGSPERRT, BEVOR WIR DIE FRAU AUSFINDIG MACHEN, WAR'S DAS.
ALSO REISSEN SIE SICH ZUSAMMEN. VERSUCHEN WIR, SIE ZU FINDEN.
URGH!

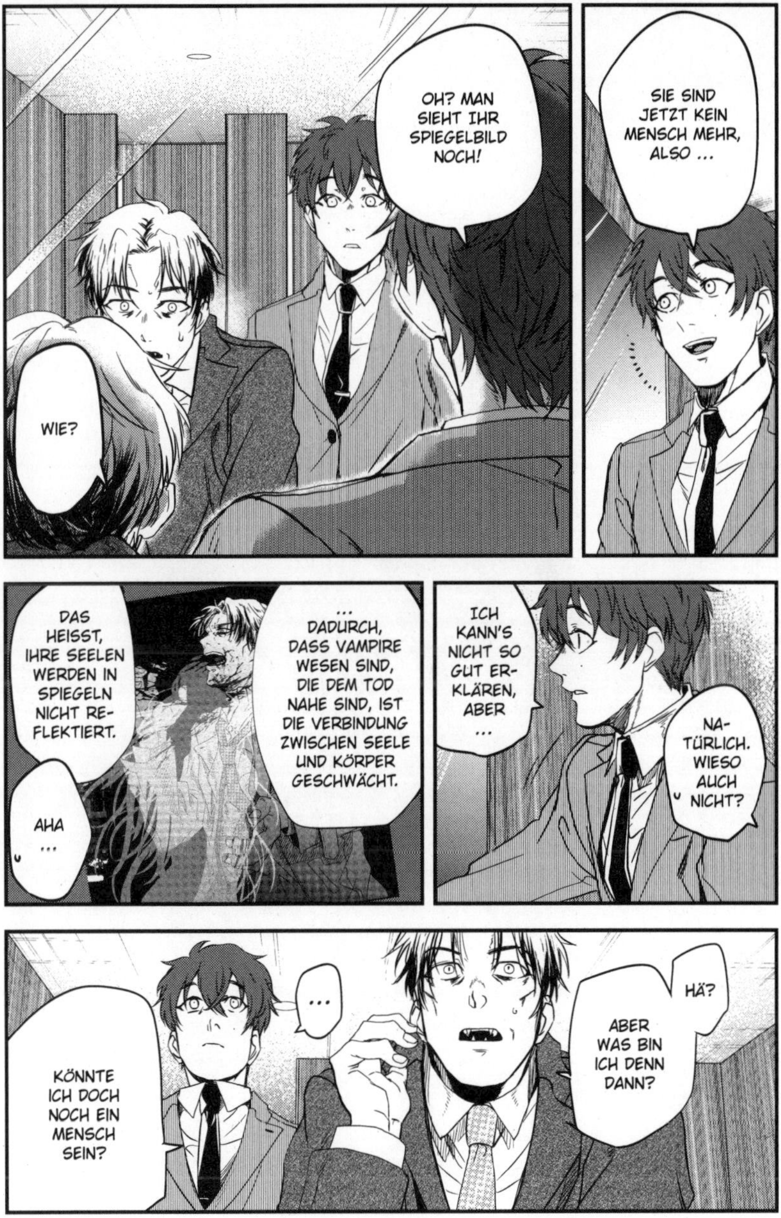
SIE SIND JETZT KEIN MENSCH MEHR, ALSO …
OH? MAN SIEHT IHR SPIEGELBILD NOCH!
WIE?
NATÜRLICH. WIESO AUCH NICHT?
ICH KANN'S NICHT SO GUT ERKLÄREN, ABER …
… DADURCH, DASS VAMPIRE WESEN SIND, DIE DEM TOD NAHE SIND, IST DIE VERBINDUNG ZWISCHEN SEELE UND KÖRPER GESCHWÄCHT.
DAS HEISST, IHRE SEELEN WERDEN IN SPIEGELN NICHT REFLEKTIERT.
AHA …
HÄ?
ABER WAS BIN ICH DENN DANN?
…
KÖNNTE ICH DOCH NOCH EIN MENSCH SEIN?

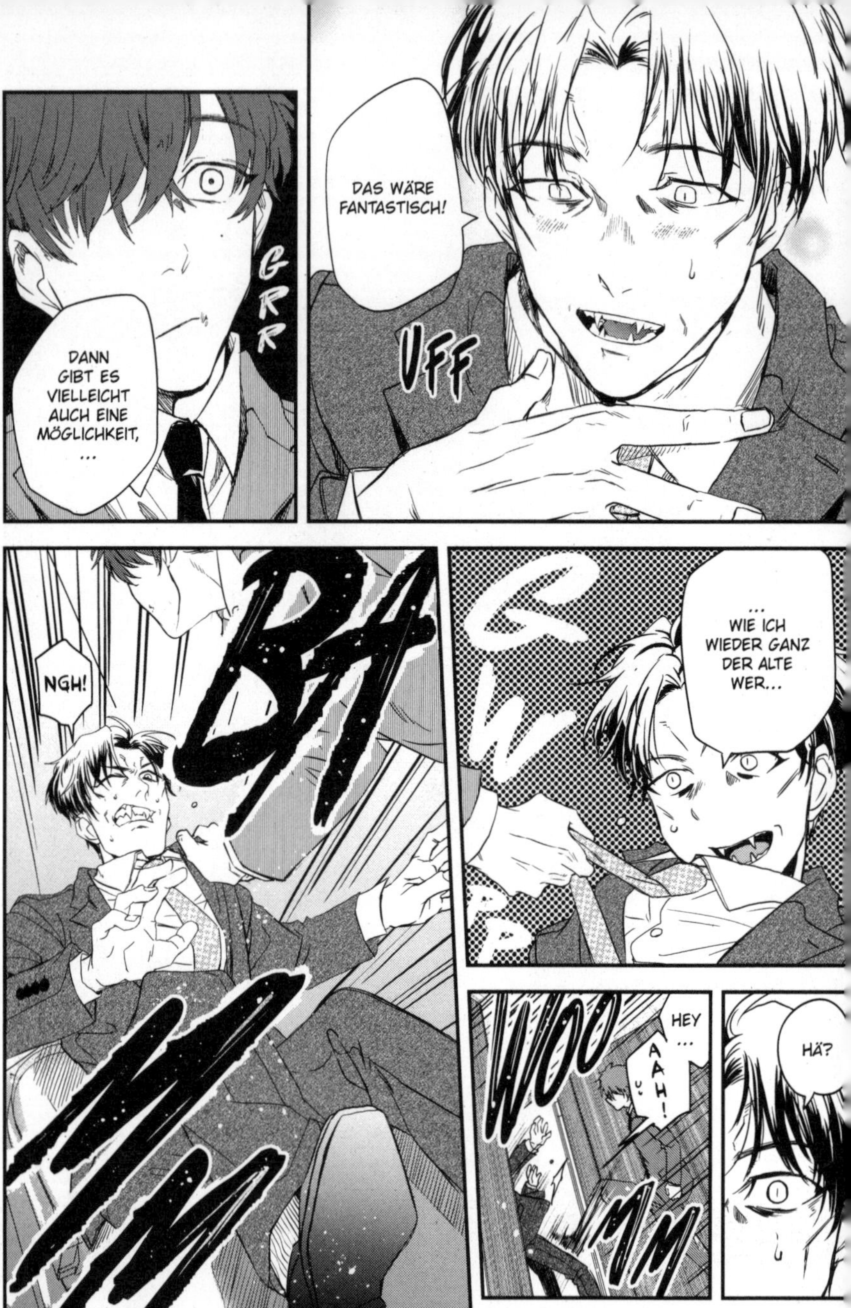
DAS WÄRE FANTASTISCH!
UFF
GRR
DANN GIBT ES VIELLEICHT AUCH EINE MÖGLICHKEIT, ...
... WIE ICH WIEDER GANZ DER ALTE WER...
NGH!
HÄ?
HEY ...
AAH!

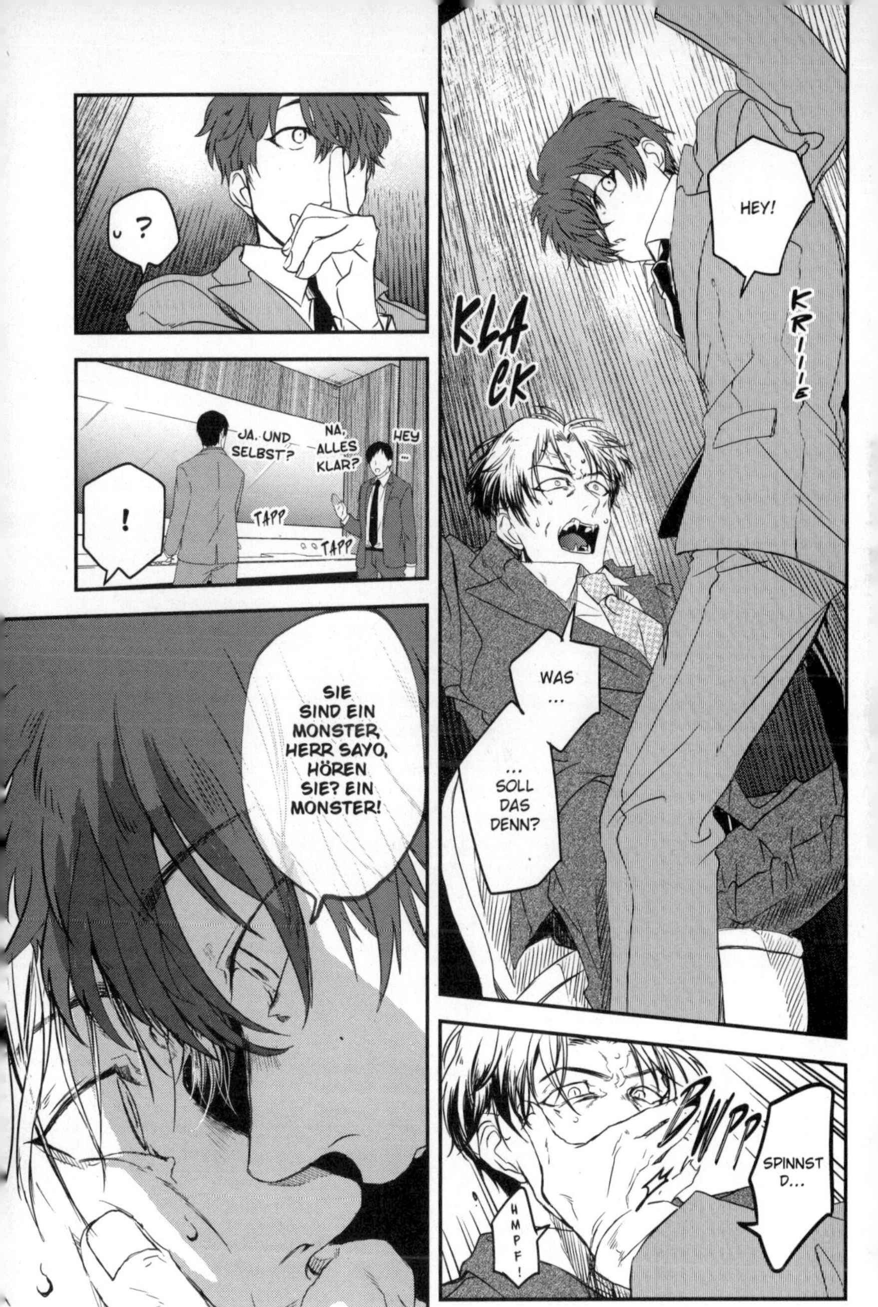
HEY!
KRIIIE
KLACK
WAS ...
... SOLL DAS DENN?
...?
HEY ...
NA, ALLES KLAR?
JA. UND SELBST?
TAPP
TAPP
!
SPINNST D...
BWPP
HMPF!
SIE SIND EIN MONSTER, HERR SAYO, HÖREN SIE? EIN MONSTER!

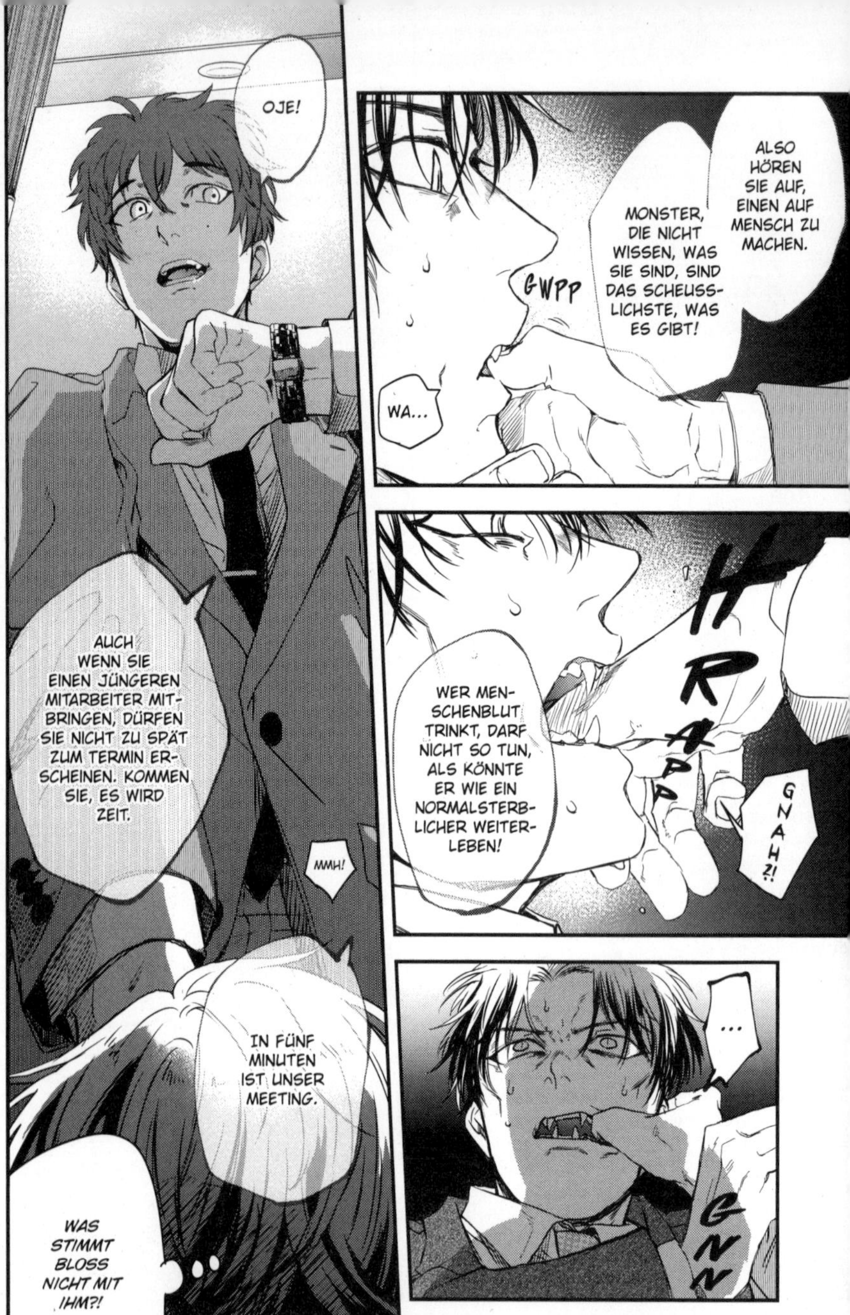
ALSO HÖREN SIE AUF, EINEN AUF MENSCH ZU MACHEN.
MONSTER, DIE NICHT WISSEN, WAS SIE SIND, SIND DAS SCHEUSS-LICHSTE, WAS ES GIBT!
GWPP
WA...
H
WER MEN-SCHENBLUT TRINKT, DARF NICHT SO TUN, ALS KÖNNTE ER WIE EIN NORMALSTERB-LICHER WEITER-LEBEN!
RAPP
GNAH?!
...
GNN
OJE!
AUCH WENN SIE EINEN JÜNGEREN MITARBEITER MIT-BRINGEN, DÜRFEN SIE NICHT ZU SPÄT ZUM TERMIN ER-SCHEINEN. KOMMEN SIE, ES WIRD ZEIT.
MMH!
IN FÜNF MINUTEN IST UNSER MEETING.
WAS STIMMT BLOSS NICHT MIT IHM?!

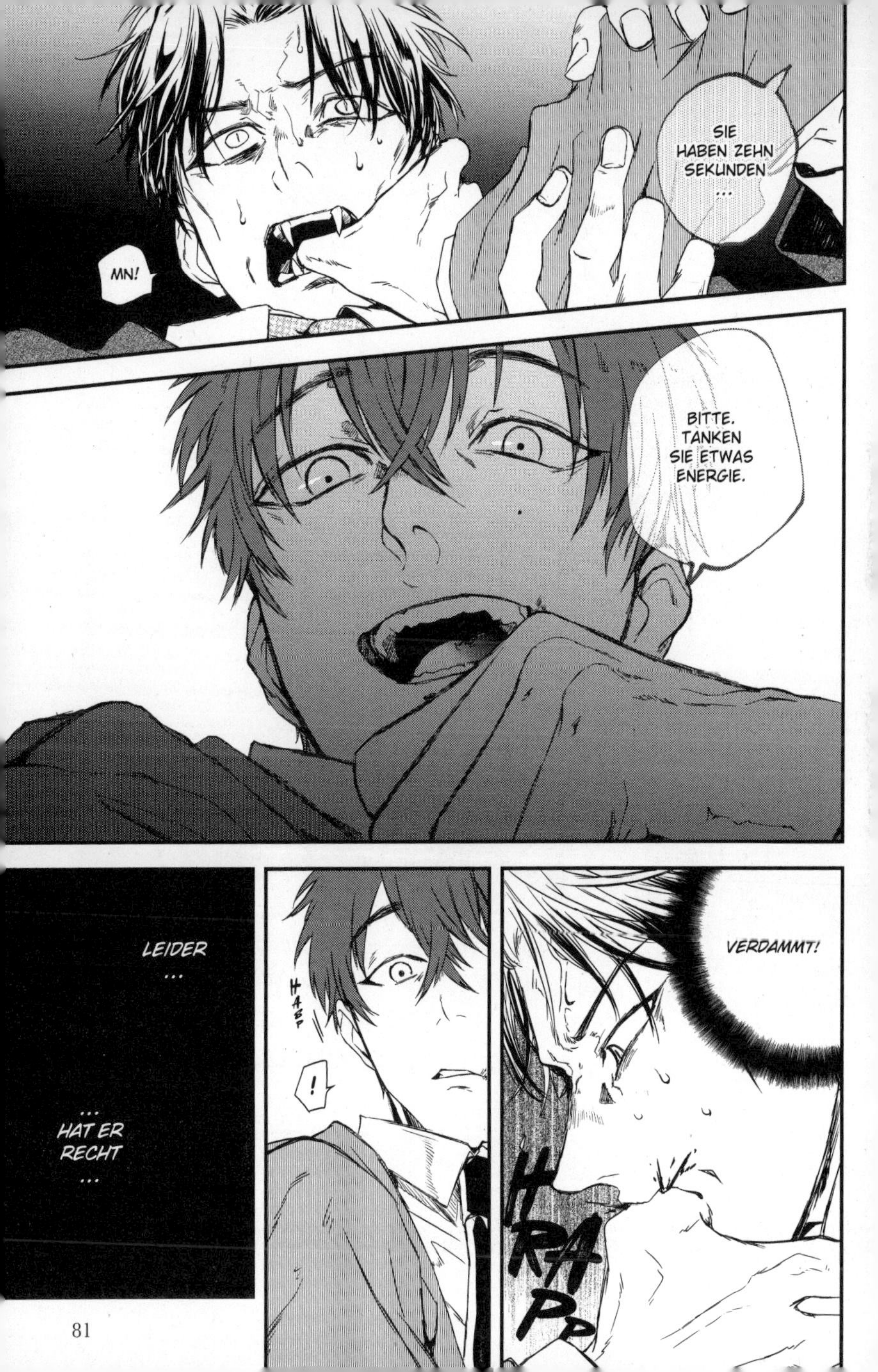
SIE HABEN ZEHN SEKUNDEN ...
MN!
BITTE. TANKEN SIE ETWAS ENERGIE.
VERDAMMT!
HRAPP
HASP
!
LEIDER ...
... HAT ER RECHT ...

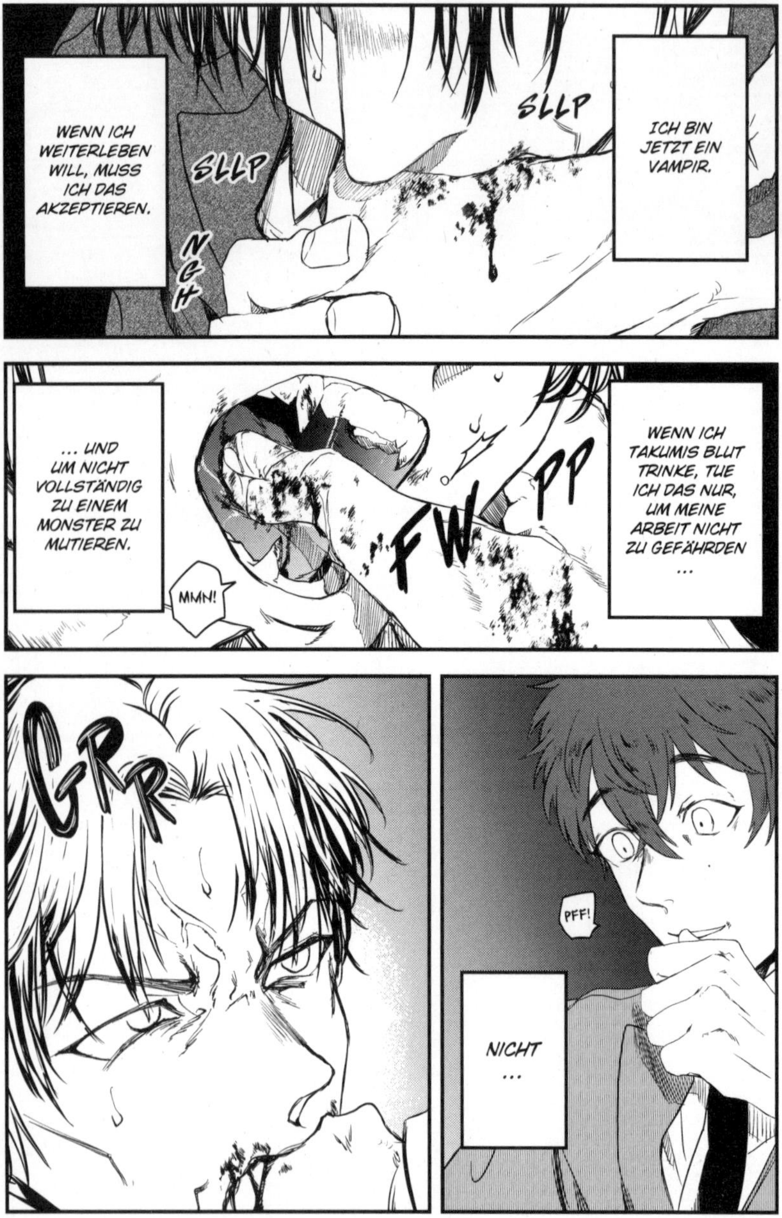
SLLP
ICH BIN JETZT EIN VAMPIR.
SLLP
WENN ICH WEITERLEBEN WILL, MUSS ICH DAS AKZEPTIEREN.
NGH
WENN ICH TAKUMIS BLUT TRINKE, TUE ICH DAS NUR, UM MEINE ARBEIT NICHT ZU GEFÄHRDEN …
FWPP
… UND UM NICHT VOLLSTÄNDIG ZU EINEM MONSTER ZU MUTIEREN.
MMN!
PFF!
NICHT …
GRR

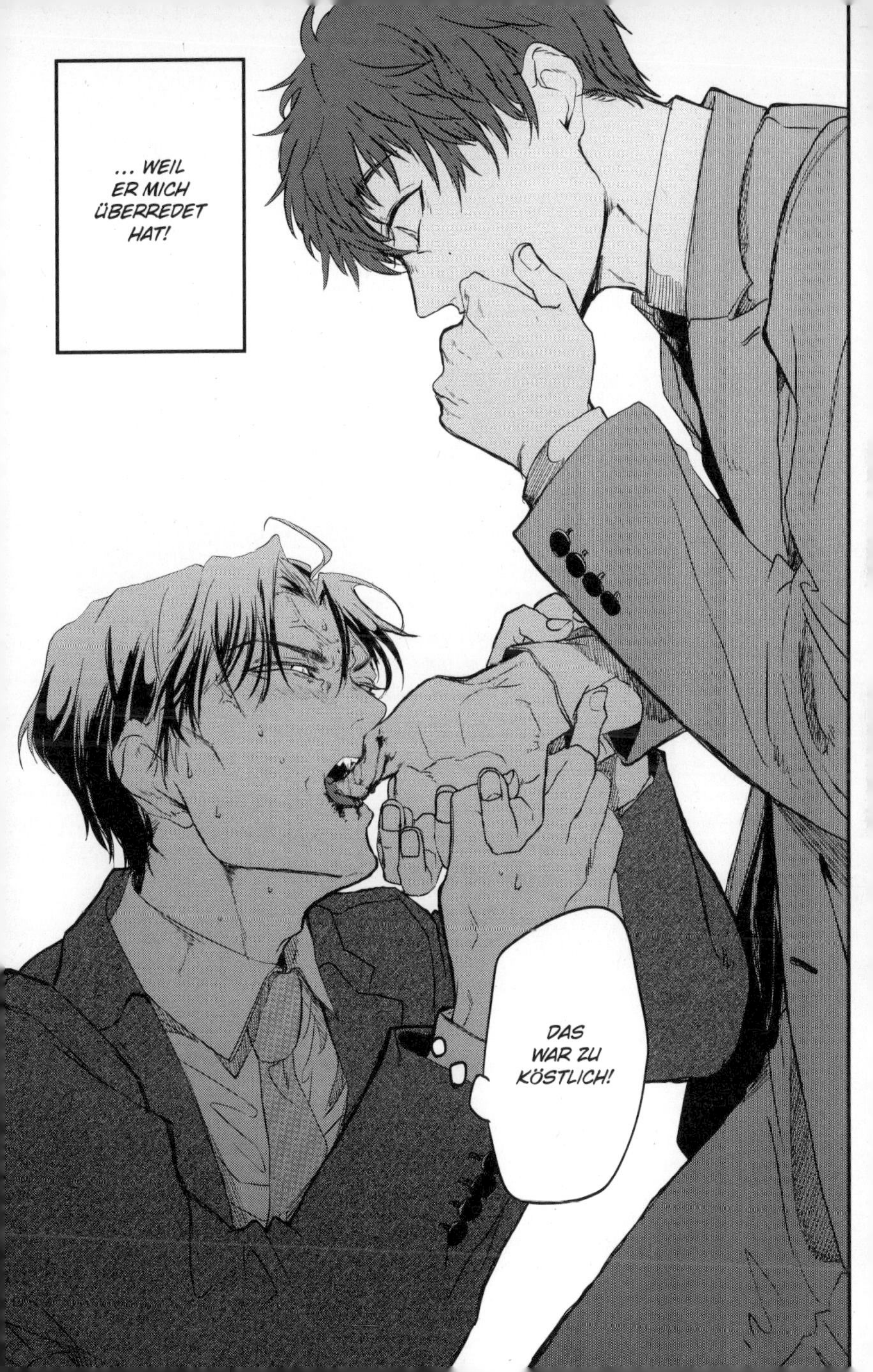
... WEIL ER MICH ÜBERREDET HAT!
DAS WAR ZU KÖSTLICH!

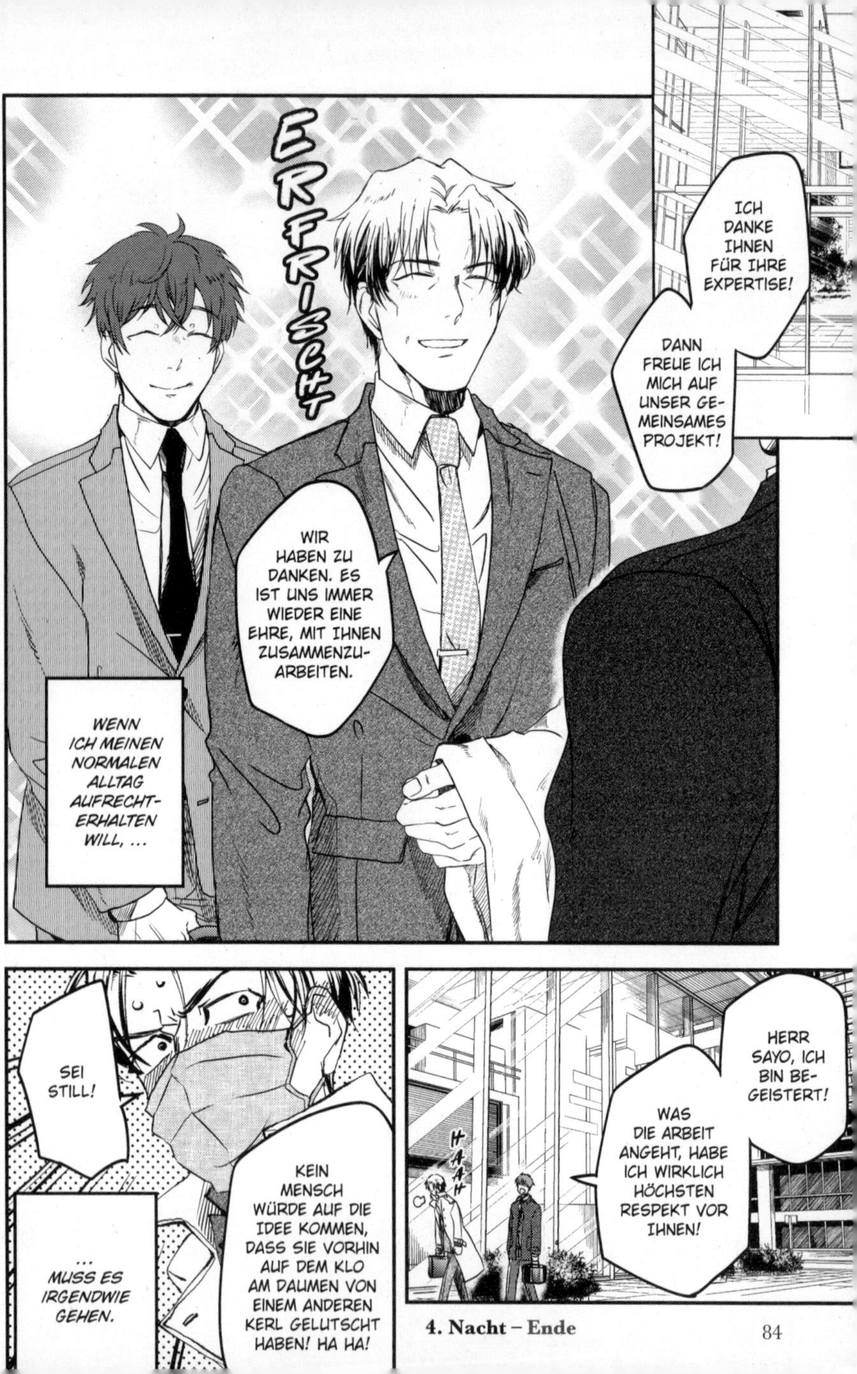
ICH DANKE IHNEN FÜR IHRE EXPERTISE!
DANN FREUE ICH MICH AUF UNSER GE-MEINSAMES PROJEKT!
ERFRISCHT
WIR HABEN ZU DANKEN. ES IST UNS IMMER WIEDER EINE EHRE, MIT IHNEN ZUSAMMENZU-ARBEITEN.
WENN ICH MEINEN NORMALEN ALLTAG AUFRECHT-ERHALTEN WILL, ...
HERR SAYO, ICH BIN BE-GEISTERT!
WAS DIE ARBEIT ANGEHT, HABE ICH WIRKLICH HÖCHSTEN RESPEKT VOR IHNEN!
HAAH
KEIN MENSCH WÜRDE AUF DIE IDEE KOMMEN, DASS SIE VORHIN AUF DEM KLO AM DAUMEN VON EINEM ANDEREN KERL GELUTSCHT HABEN! HA HA!
SEI STILL!
... MUSS ES IRGENDWIE GEHEN.

4. Nacht – Ende

5. Nacht: Der Preis für ein Lächeln

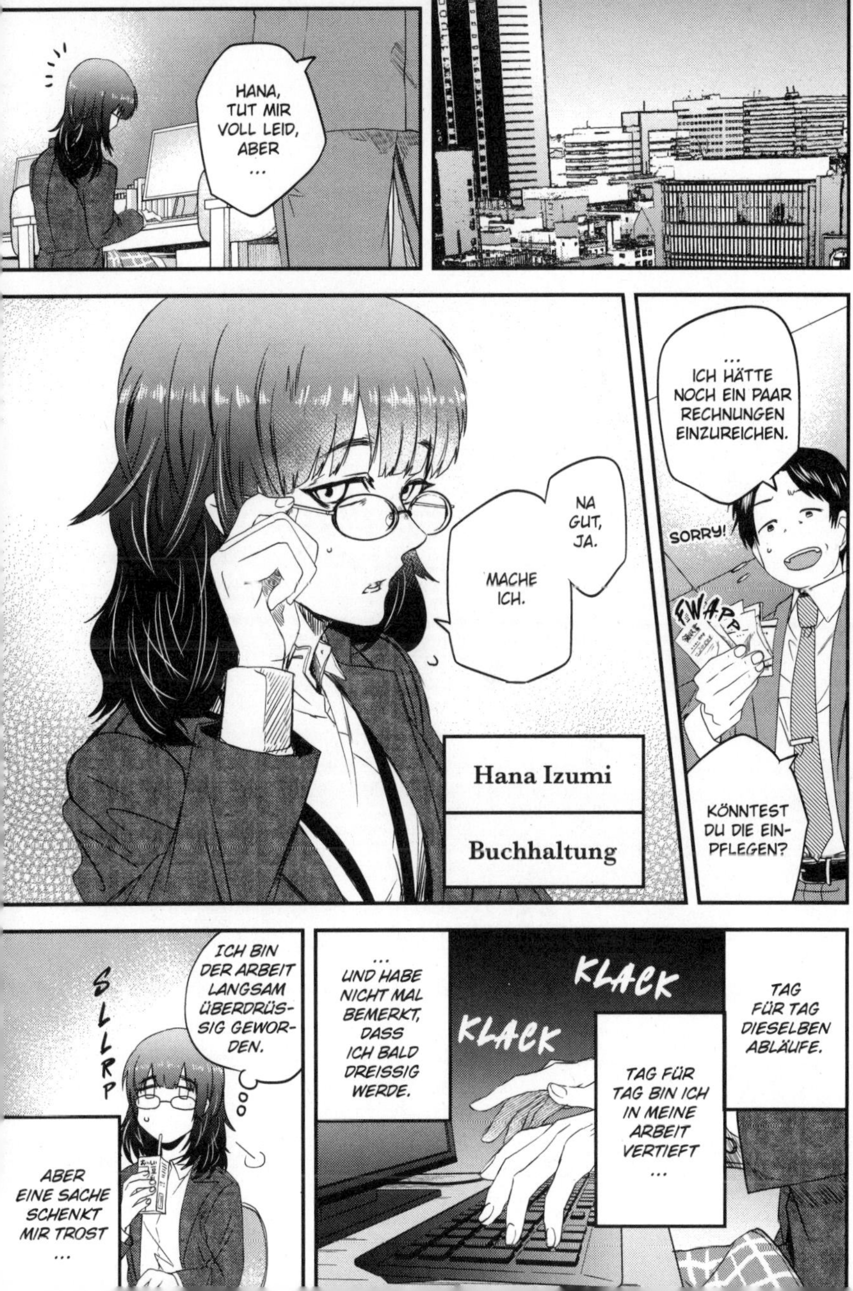

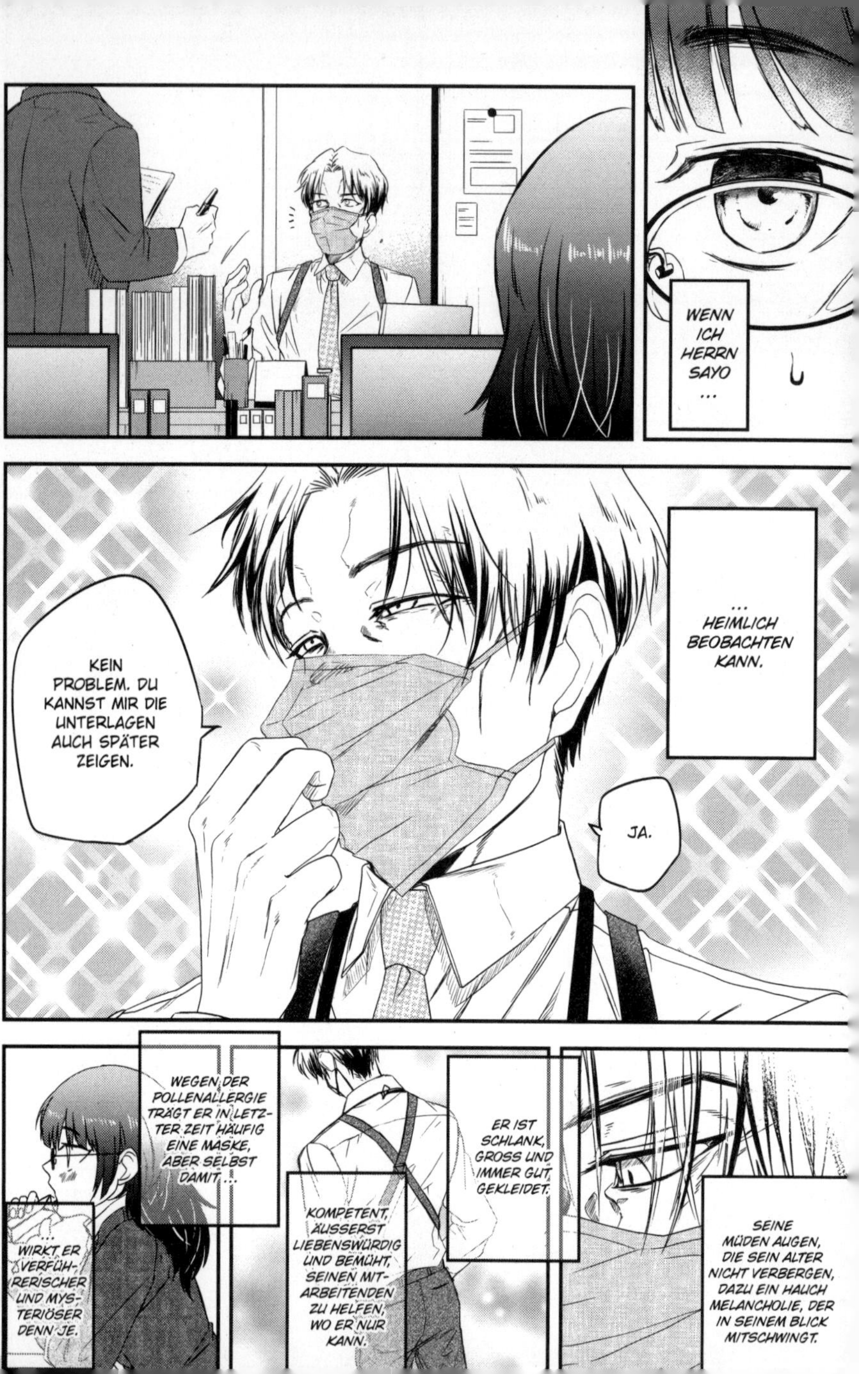

WENN ICH HERRN SAYO …
… HEIMLICH BEOBACHTEN KANN.
KEIN PROBLEM. DU KANNST MIR DIE UNTERLAGEN AUCH SPÄTER ZEIGEN.
JA.
SEINE MÜDEN AUGEN, DIE SEIN ALTER NICHT VERBERGEN, DAZU EIN HAUCH MELANCHOLIE, DER IN SEINEM BLICK MITSCHWINGT.
ER IST SCHLANK, GROSS UND IMMER GUT GEKLEIDET.
KOMPETENT, ÄUSSERST LIEBENSWÜRDIG UND BEMÜHT, SEINEN MIT-ARBEITENDEN ZU HELFEN, WO ER NUR KANN.
WEGEN DER POLLENALLERGIE TRÄGT ER IN LETZ-TER ZEIT HÄUFIG EINE MASKE, ABER SELBST DAMIT …
… WIRKT ER VERFÜH-RERISCHER UND MYS-TERIÖSER DENN JE.

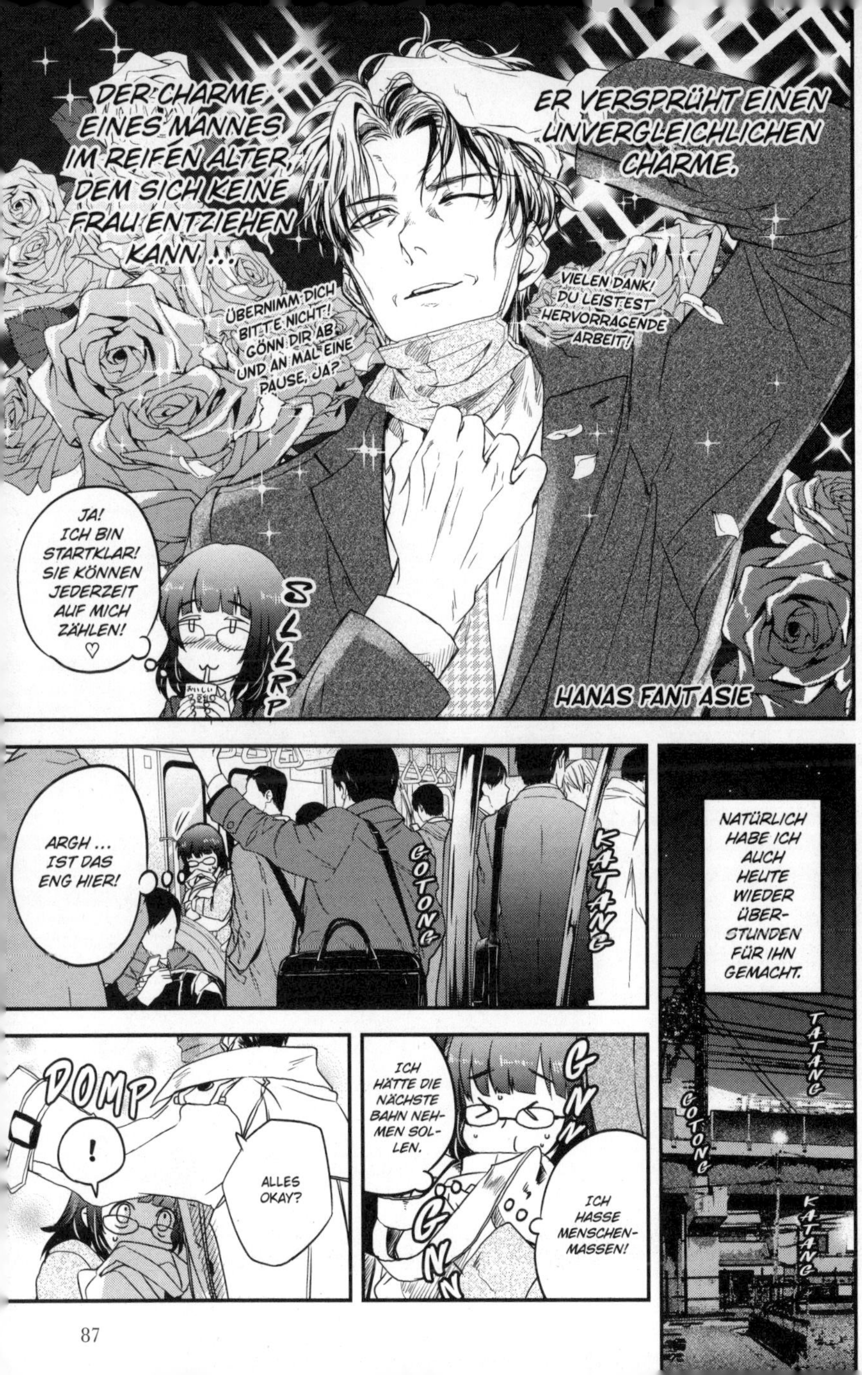
ER VERSPRÜHT EINEN UNVERGLEICHLICHEN CHARME.
DER CHARME EINES MANNES IM REIFEN ALTER, DEM SICH KEINE FRAU ENTZIEHEN KANN …
VIELEN DANK! DU LEISTEST HERVORRAGENDE ARBEIT!
ÜBERNIMM DICH BITTE NICHT! GÖNN DIR AB UND AN MAL EINE PAUSE, JA?
JA! ICH BIN STARTKLAR! SIE KÖNNEN JEDERZEIT AUF MICH ZÄHLEN! ♡
SLLRP
HANAS FANTASIE
NATÜRLICH HABE ICH AUCH HEUTE WIEDER ÜBERSTUNDEN FÜR IHN GEMACHT.
TATANG
GOTONG
KATANG
KATANG
GOTONG
ARGH … IST DAS ENG HIER!
GNN
ICH HÄTTE DIE NÄCHSTE BAHN NEHMEN SOLLEN.
GNN
ICH HASSE MENSCHENMASSEN!
DOMP
!
ALLES OKAY?

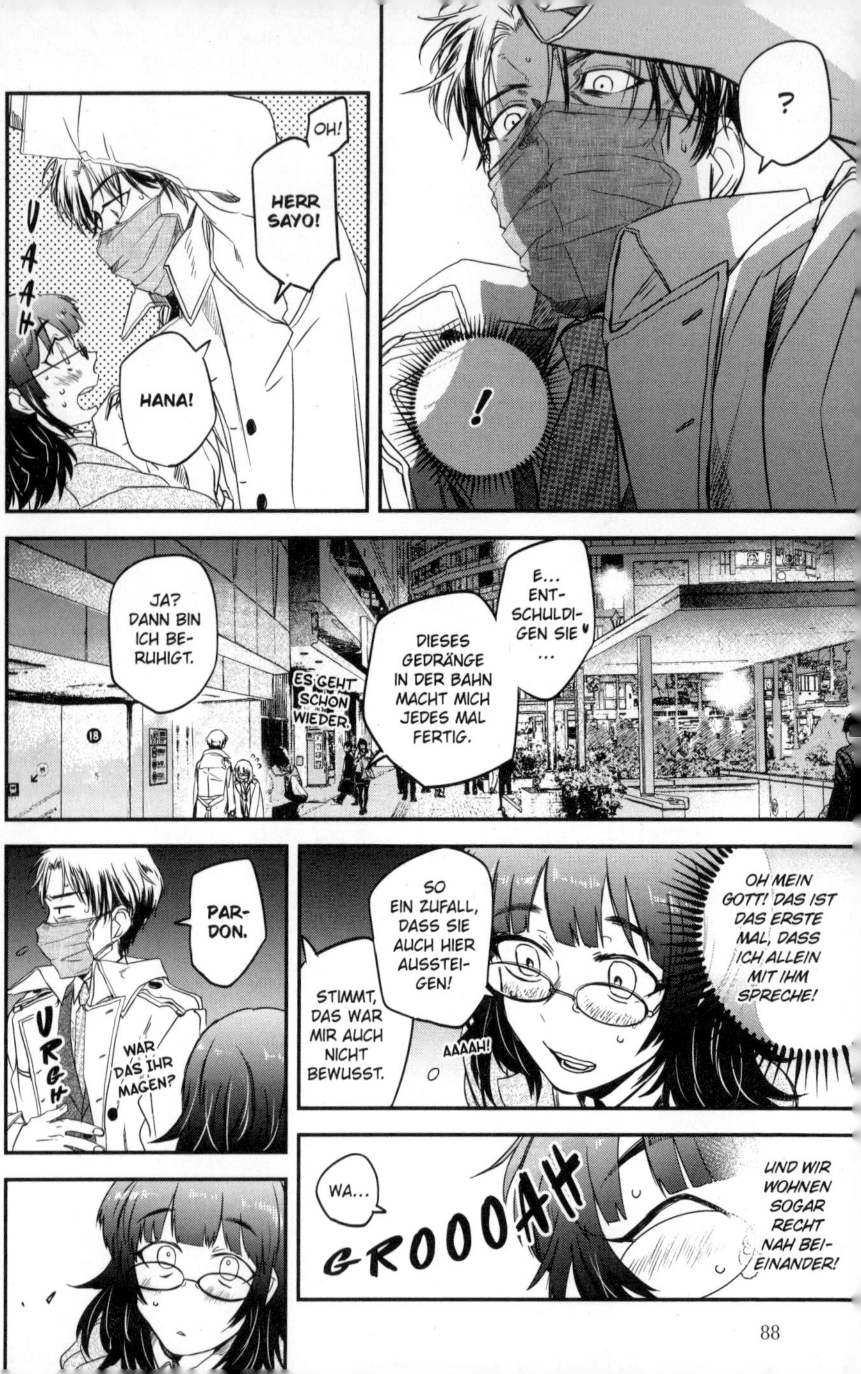
?
!
OH!
HERR SAYO!
UAAAH
HANA!
E... ENT-SCHULDI-GEN SIE ...
DIESES GEDRÄNGE IN DER BAHN MACHT MICH JEDES MAL FERTIG.
ES GEHT SCHON WIEDER.
JA? DANN BIN ICH BE-RUHIGT.
OH MEIN GOTT! DAS IST DAS ERSTE MAL, DASS ICH ALLEIN MIT IHM SPRECHE!
SO EIN ZUFALL, DASS SIE AUCH HIER AUSSTEI-GEN!
AAAAH!
STIMMT, DAS WAR MIR AUCH NICHT BEWUSST.
PAR-DON.
URGH
WAR DAS IHR MAGEN?
UND WIR WOHNEN SOGAR RECHT NAH BEI-EINANDER!
GROOOAH
WA...

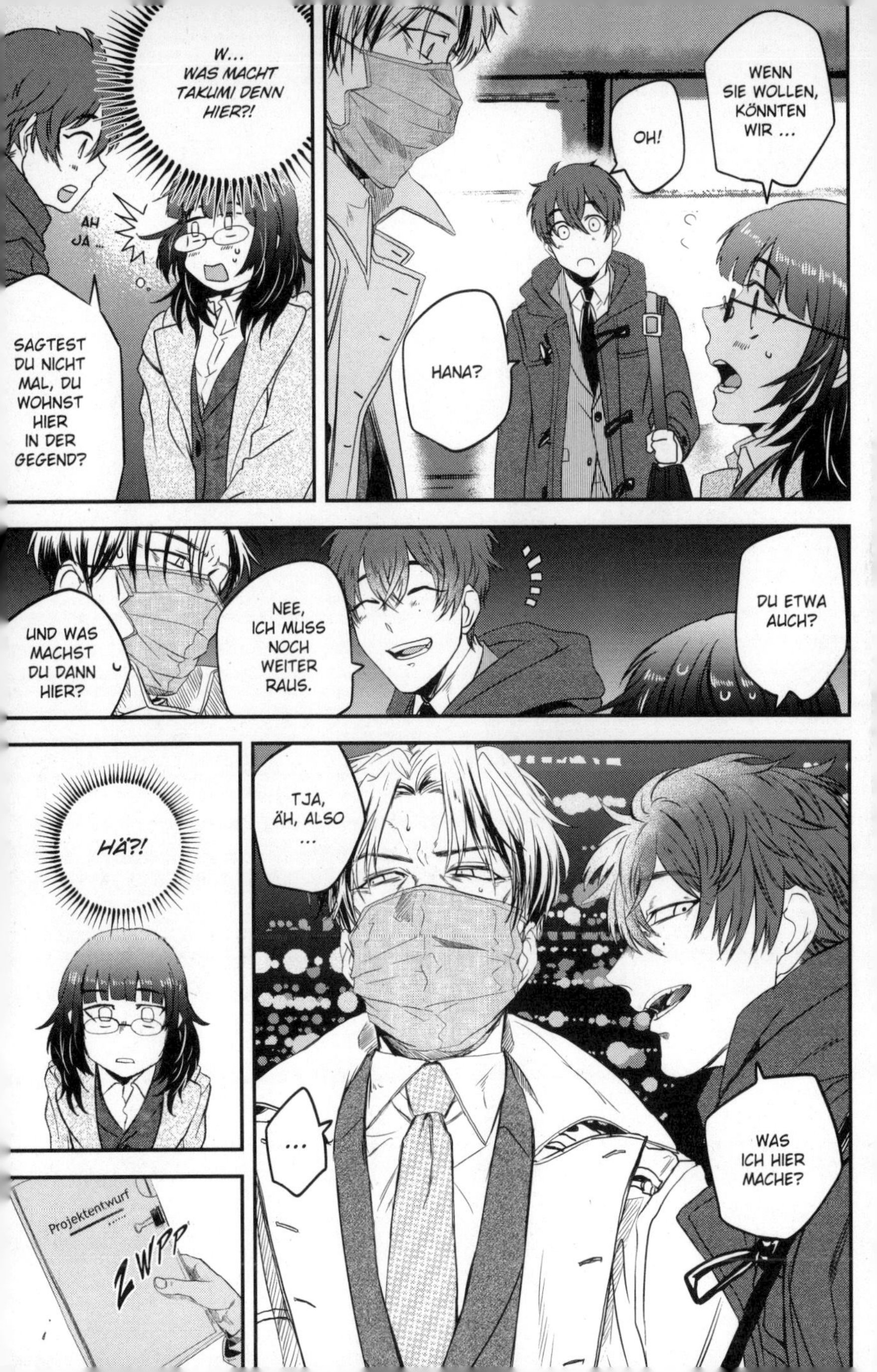
WENN SIE WOLLEN, KÖNNTEN WIR ...
OH!
HANA?
W... WAS MACHT TAKUMI DENN HIER?!
AH JA ...
SAGTEST DU NICHT MAL, DU WOHNST HIER IN DER GEGEND?
DU ETWA AUCH?
NEE, ICH MUSS NOCH WEITER RAUS.
UND WAS MACHST DU DANN HIER?
TJA, ÄH, ALSO ...
WAS ICH HIER MACHE?
...
HÄ?!
Projektentwurf
ZWPP

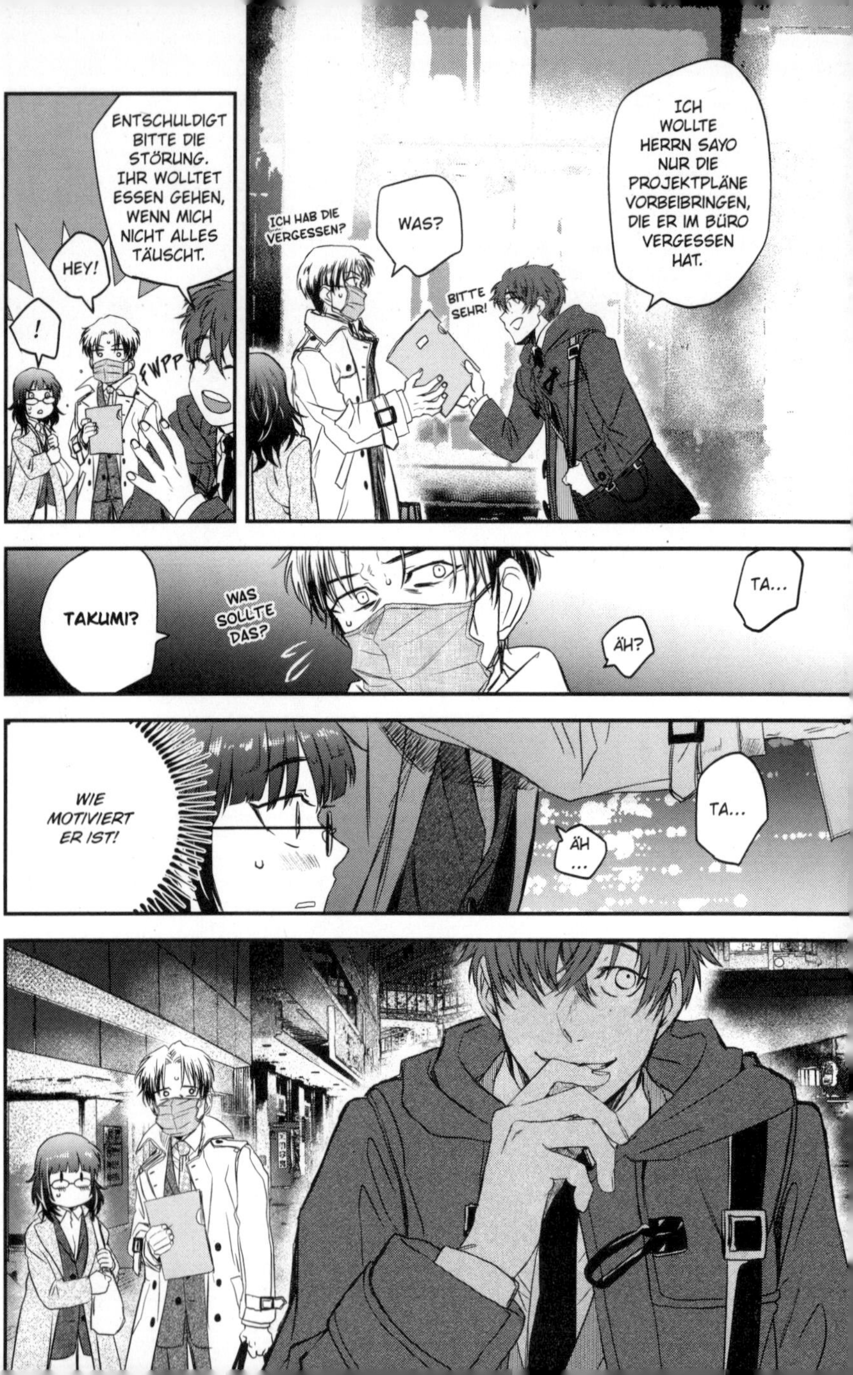
ICH WOLLTE HERRN SAYO NUR DIE PROJEKTPLÄNE VORBEIBRINGEN, DIE ER IM BÜRO VERGESSEN HAT.
BITTE SEHR!
WAS?
ICH HAB DIE VERGESSEN?
ENTSCHULDIGT BITTE DIE STÖRUNG. IHR WOLLTET ESSEN GEHEN, WENN MICH NICHT ALLES TÄUSCHT.
HEY!
!
FWPP
TA...
ÄH?
WAS SOLLTE DAS?
TAKUMI?
TA...
ÄH ...
WIE MOTIVIERT ER IST!

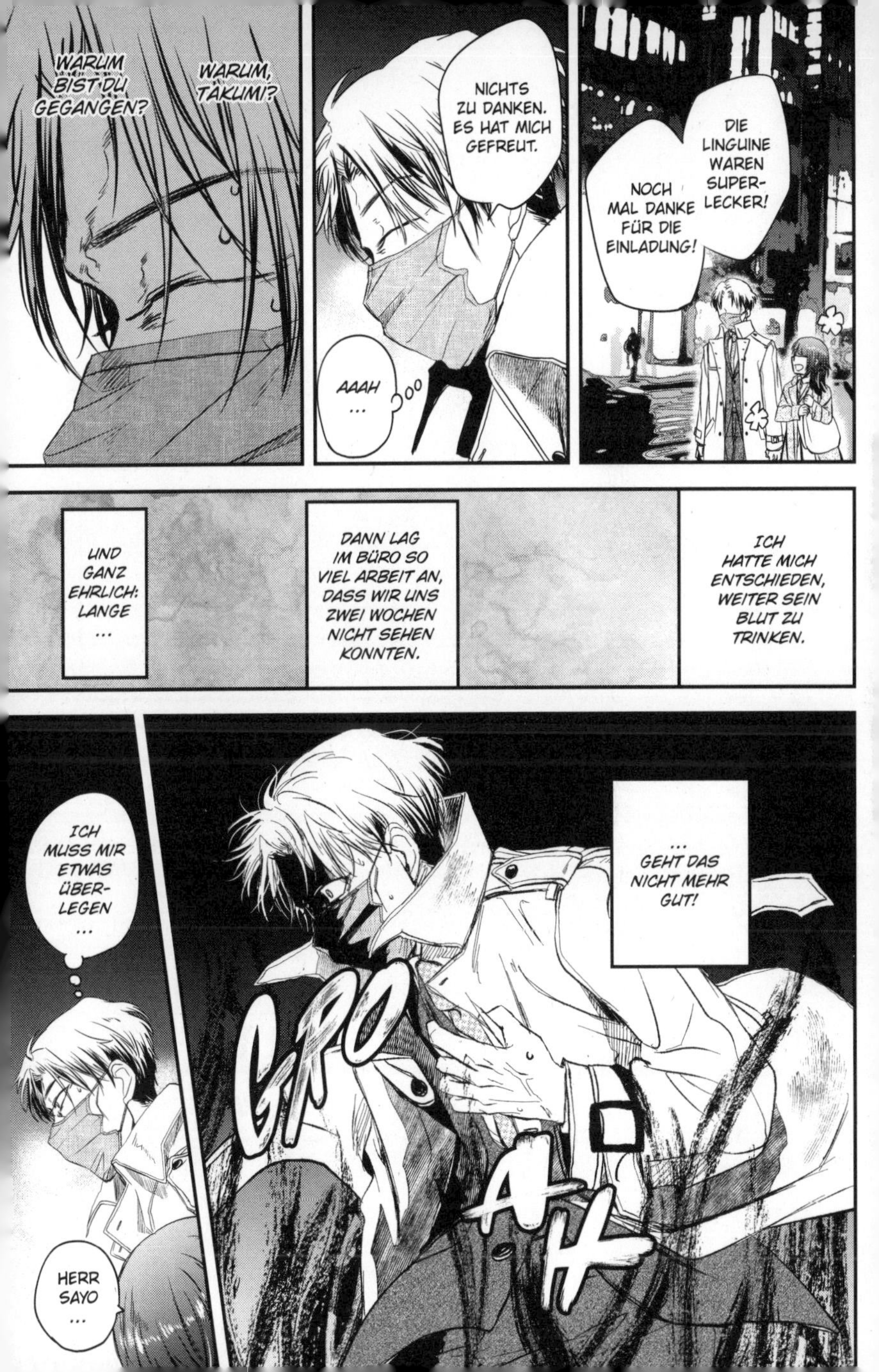
DIE LINGUINE WAREN SUPER-LECKER!
NOCH MAL DANKE FÜR DIE EINLADUNG!
NICHTS ZU DANKEN. ES HAT MICH GEFREUT.
AAAH …
WARUM, TAKUMI?
WARUM BIST DU GEGANGEN?
ICH HATTE MICH ENTSCHIEDEN, WEITER SEIN BLUT ZU TRINKEN.
DANN LAG IM BÜRO SO VIEL ARBEIT AN, DASS WIR UNS ZWEI WOCHEN NICHT SEHEN KONNTEN.
UND GANZ EHRLICH: LANGE …
… GEHT DAS NICHT MEHR GUT!
GPO
AH
ICH MUSS MIR ETWAS ÜBERLEGEN …
HERR SAYO …

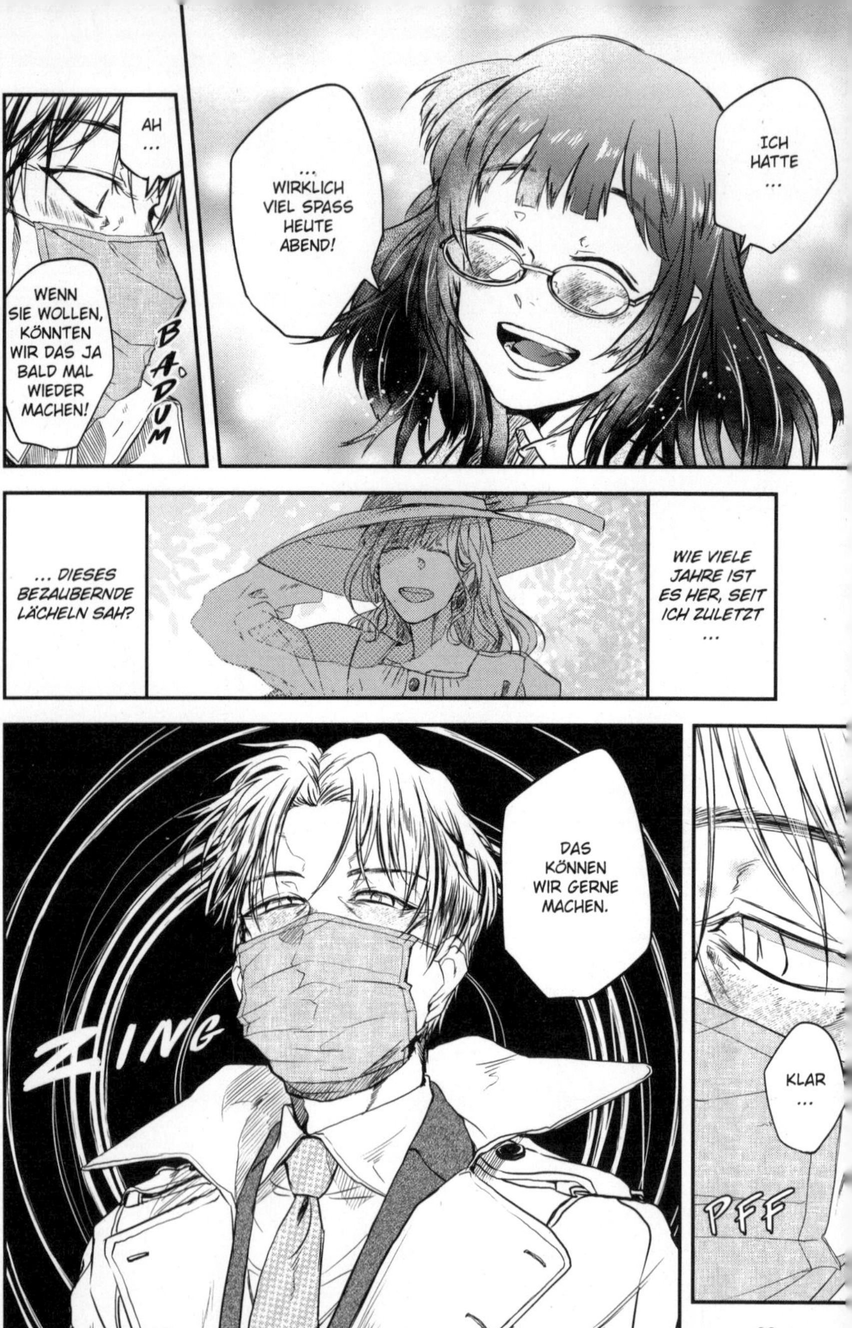
ICH HATTE ...
... WIRKLICH VIEL SPASS HEUTE ABEND!
AH ...
WENN SIE WOLLEN, KÖNNTEN WIR DAS JA BALD MAL WIEDER MACHEN!
BADUM
WIE VIELE JAHRE IST ES HER, SEIT ICH ZULETZT ...
... DIESES BEZAUBERNDE LÄCHELN SAH?
KLAR ...
PFF
DAS KÖNNEN WIR GERNE MACHEN.
ZING

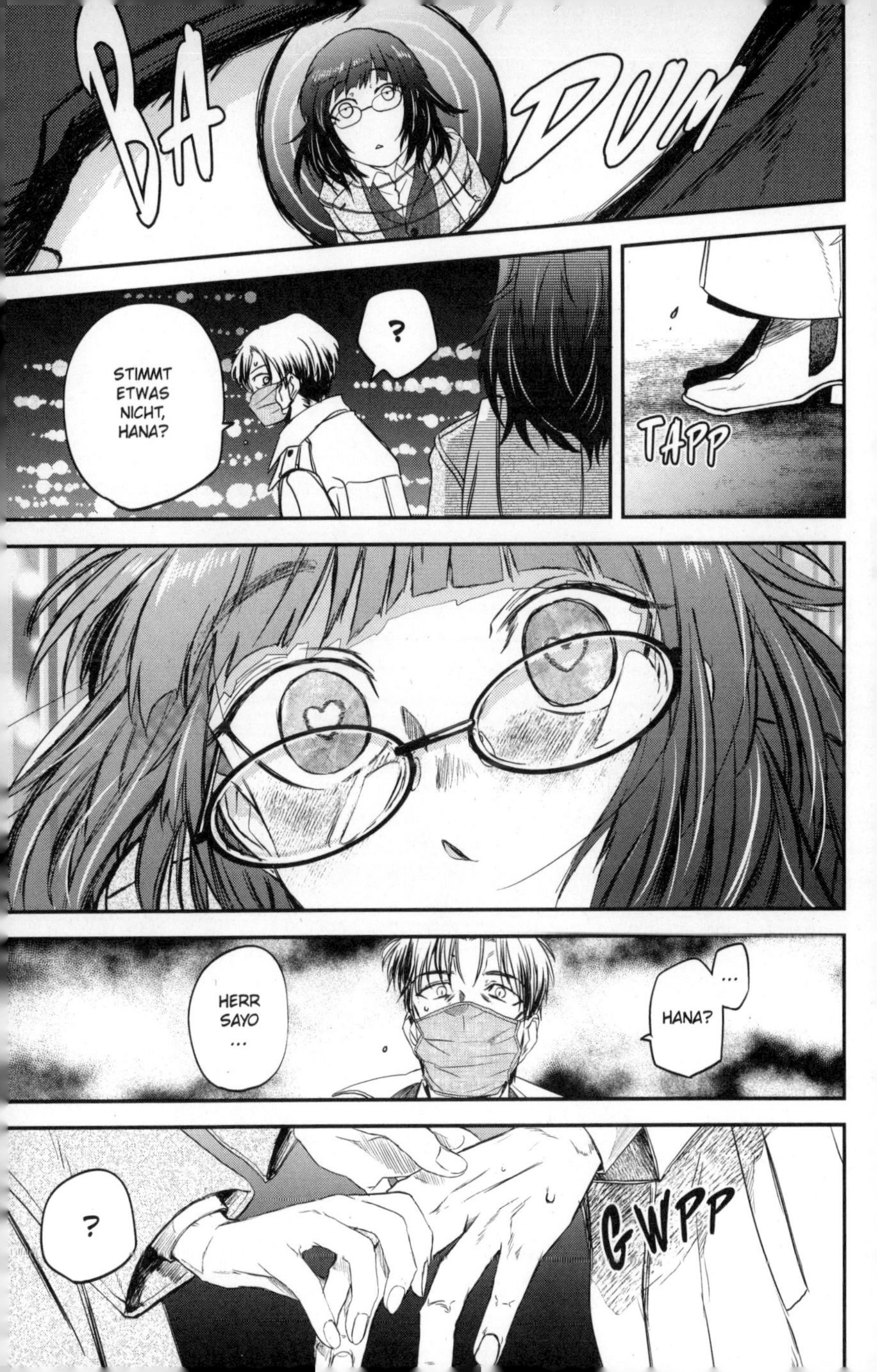
BA
DUM
TAPP
?
STIMMT ETWAS NICHT, HANA?
... HANA?
HERR SAYO ...
GWPP
?

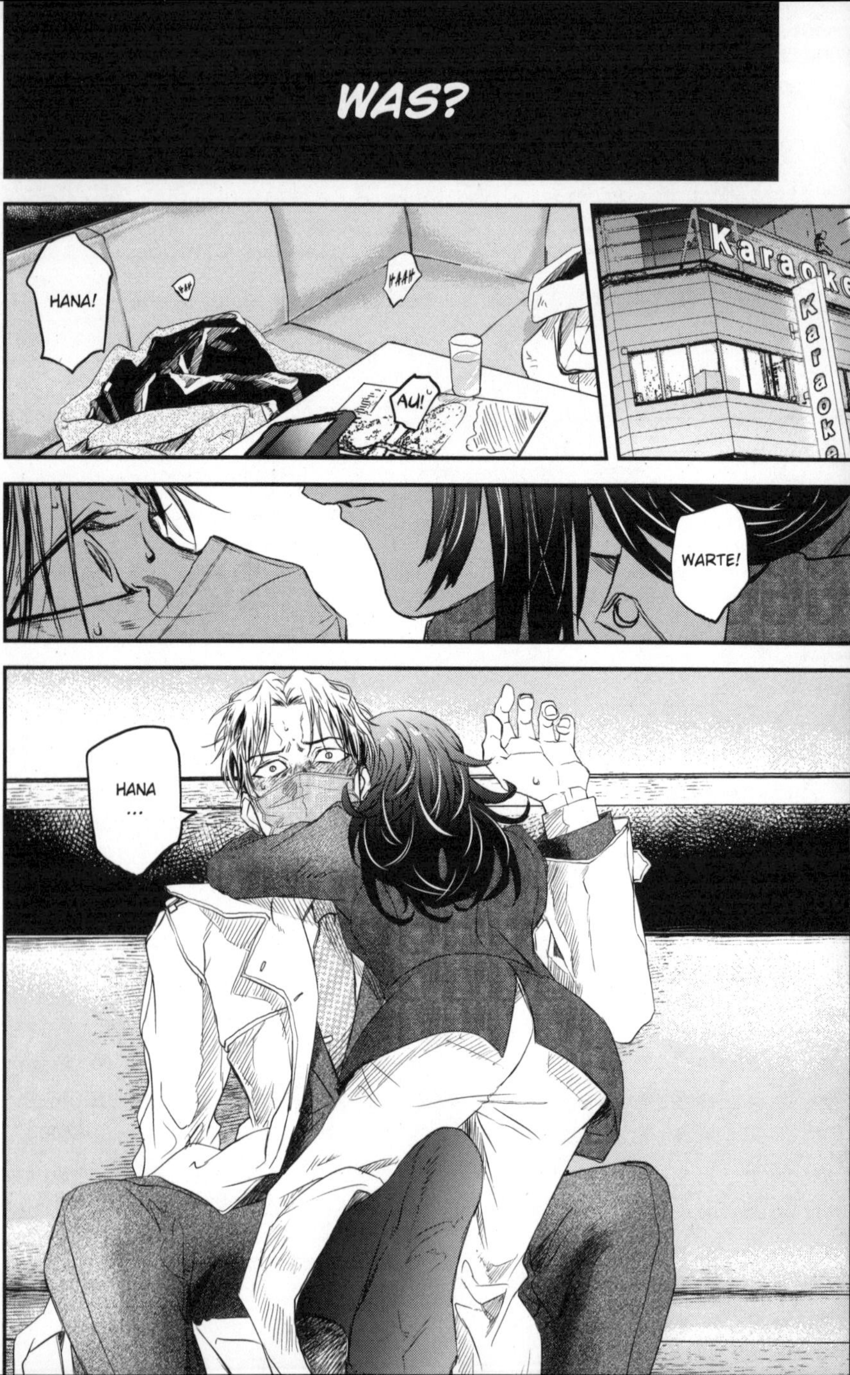
WAS?
Karaoke
Karaoke
HAAH
HAH
HANA!
AU!
WARTE!
HANA
...

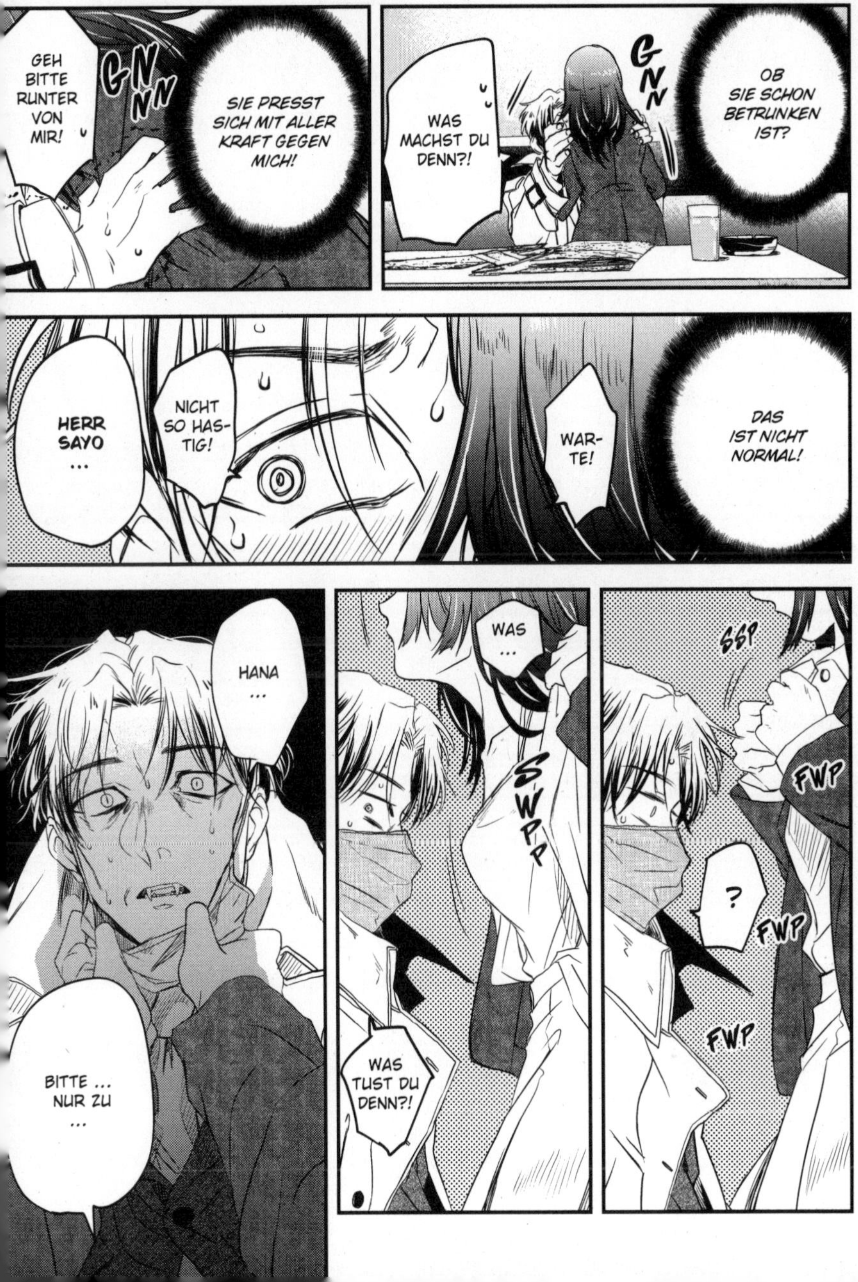

OB SIE SCHON BETRUNKEN IST?
GNN
WAS MACHST DU DENN?!
SIE PRESST SICH MIT ALLER KRAFT GEGEN MICH!
GNN
GEH BITTE RUNTER VON MIR!
DAS IST NICHT NORMAL!
WAR-TE!
NICHT SO HAS-TIG!
HERR SAYO …
SSP
FWP
?
FWP
FWP
WAS …
SWPP
WAS TUST DU DENN?!
HANA …
BITTE … NUR ZU …

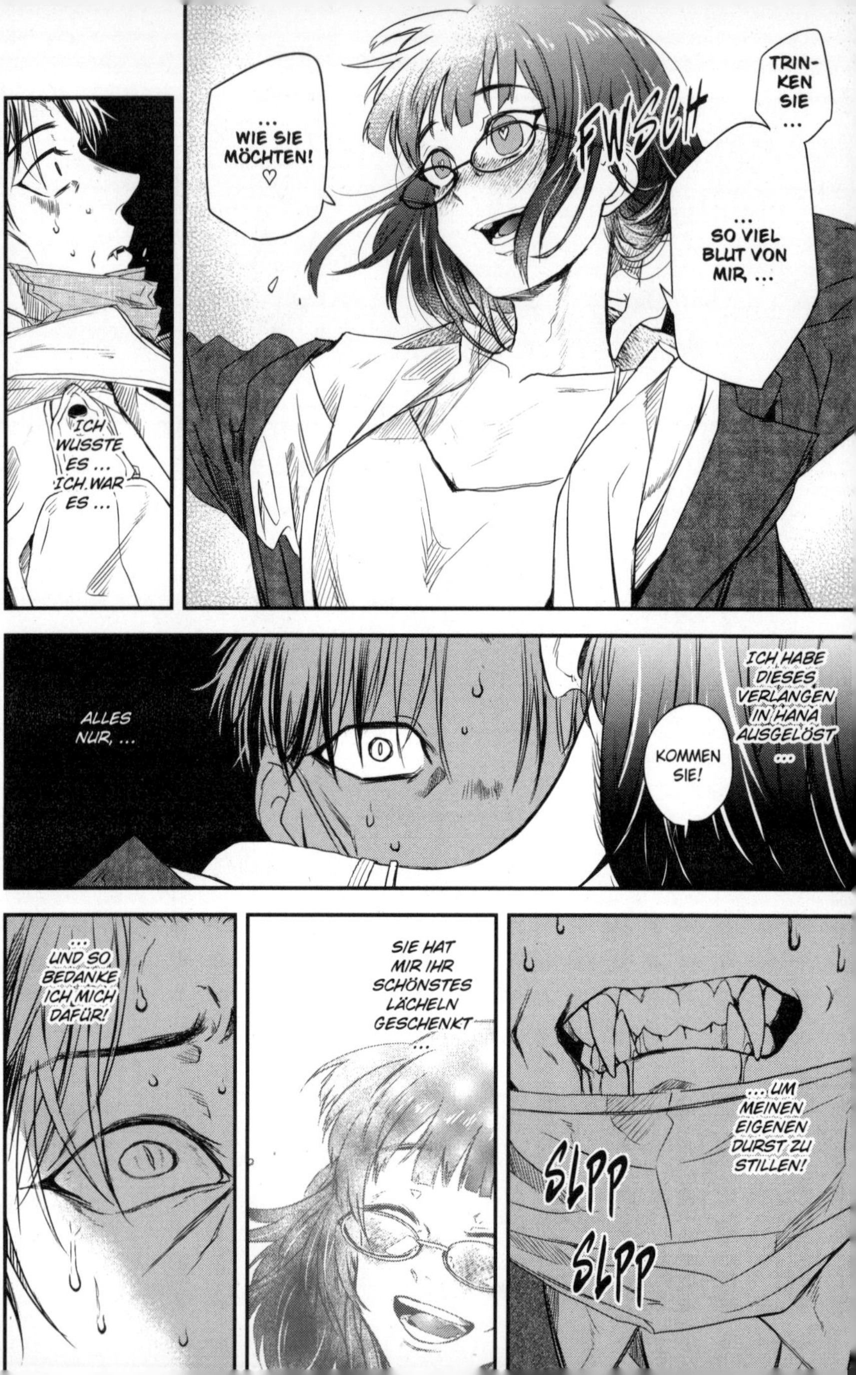
TRINKEN SIE ...
... SO VIEL BLUT VON MIR, ...
FWSCH
... WIE SIE MÖCHTEN! ♡
ICH WUSSTE ES ... ICH WAR ES ...
ICH HABE DIESES VERLANGEN IN HANA AUSGELÖST ...
KOMMEN SIE!
ALLES NUR, ...
... UM MEINEN EIGENEN DURST ZU STILLEN!
SLPP
SLPP
SIE HAT MIR IHR SCHÖNSTES LÄCHELN GESCHENKT ...
... UND SO BEDANKE ICH MICH DAFÜR!

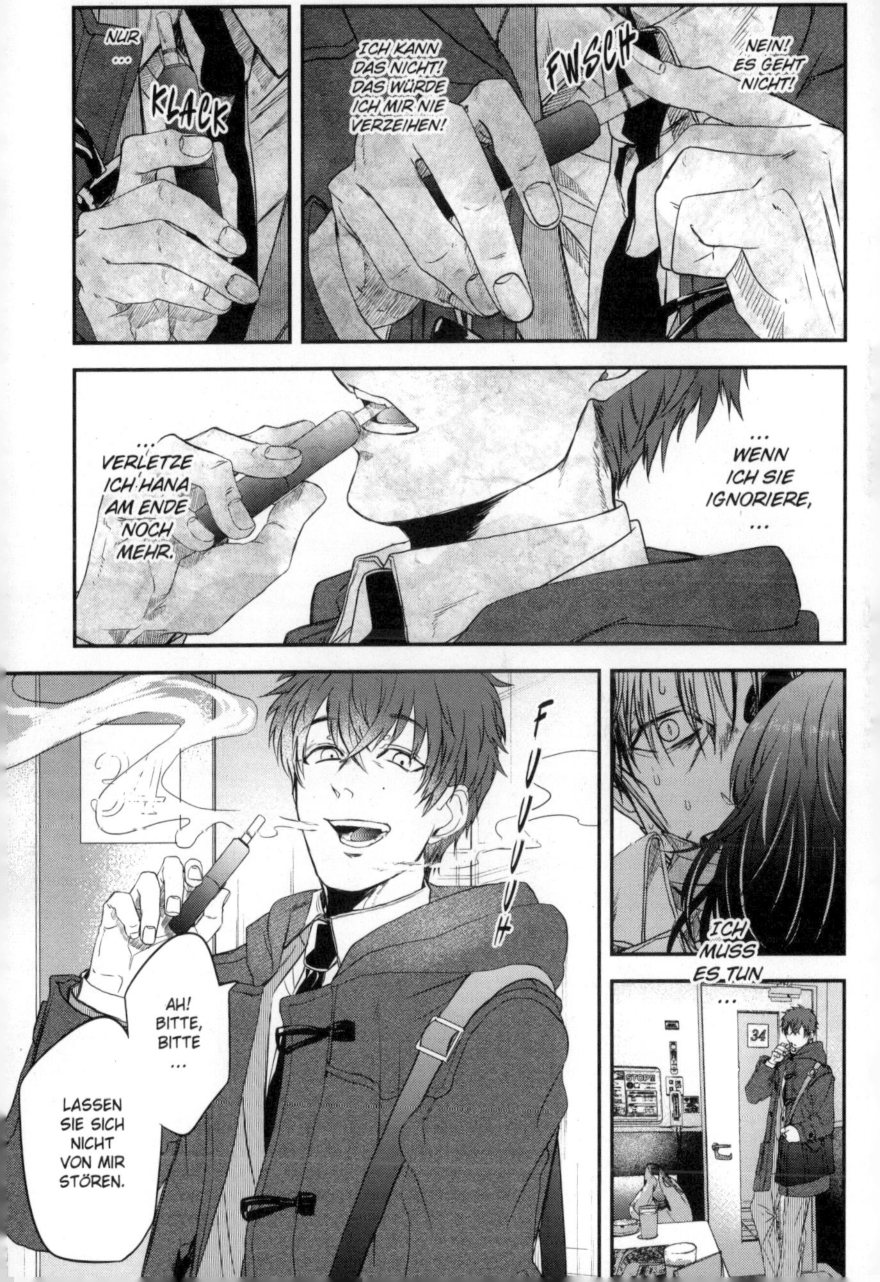
NEIN! ES GEHT NICHT!
FWSCH
ICH KANN DAS NICHT! DAS WÜRDE ICH MIR NIE VERZEIHEN!
NUR ...
KLACK
... WENN ICH SIE IGNORIERE, ...
... VERLETZE ICH HANA AM ENDE NOCH MEHR.
ICH MUSS ES TUN ...
FUUUUUH
AH! BITTE, BITTE ...
LASSEN SIE SICH NICHT VON MIR STÖREN.

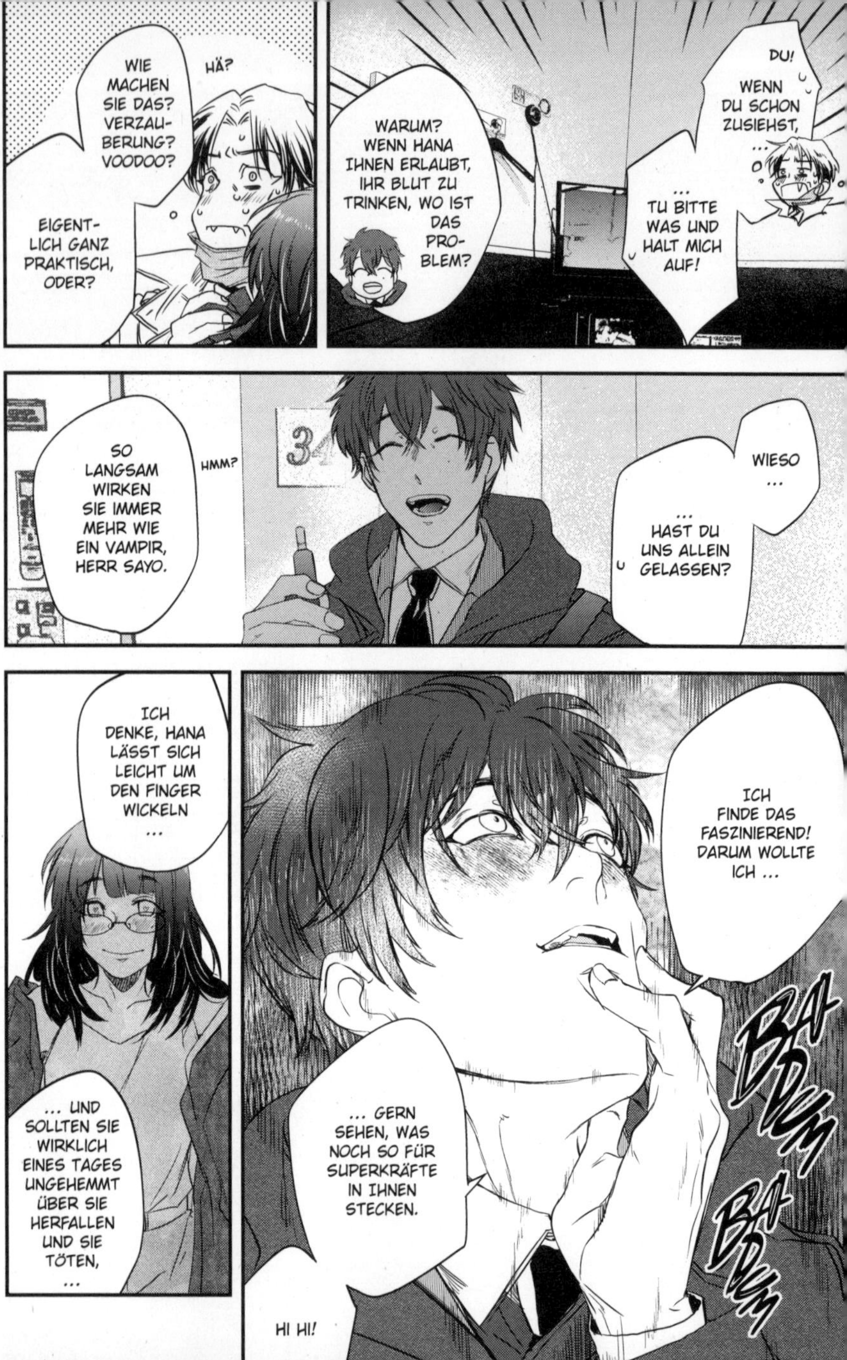
DU!
WENN DU SCHON ZUSIEHST, ...
... TU BITTE WAS UND HALT MICH AUF!
WARUM? WENN HANA IHNEN ERLAUBT, IHR BLUT ZU TRINKEN, WO IST DAS PROBLEM?
HÄ?
WIE MACHEN SIE DAS? VERZAUBERUNG? VOODOO?
EIGENTLICH GANZ PRAKTISCH, ODER?
WIESO ...
... HAST DU UNS ALLEIN GELASSEN?
HMM?
SO LANGSAM WIRKEN SIE IMMER MEHR WIE EIN VAMPIR, HERR SAYO.
ICH FINDE DAS FASZINIEREND! DARUM WOLLTE ICH ...
... GERN SEHEN, WAS NOCH SO FÜR SUPERKRÄFTE IN IHNEN STECKEN.
BA DUM
BA DUM
HI HI!
ICH DENKE, HANA LÄSST SICH LEICHT UM DEN FINGER WICKELN ...
... UND SOLLTEN SIE WIRKLICH EINES TAGES UNGEHEMMT ÜBER SIE HERFALLEN UND SIE TÖTEN, ...

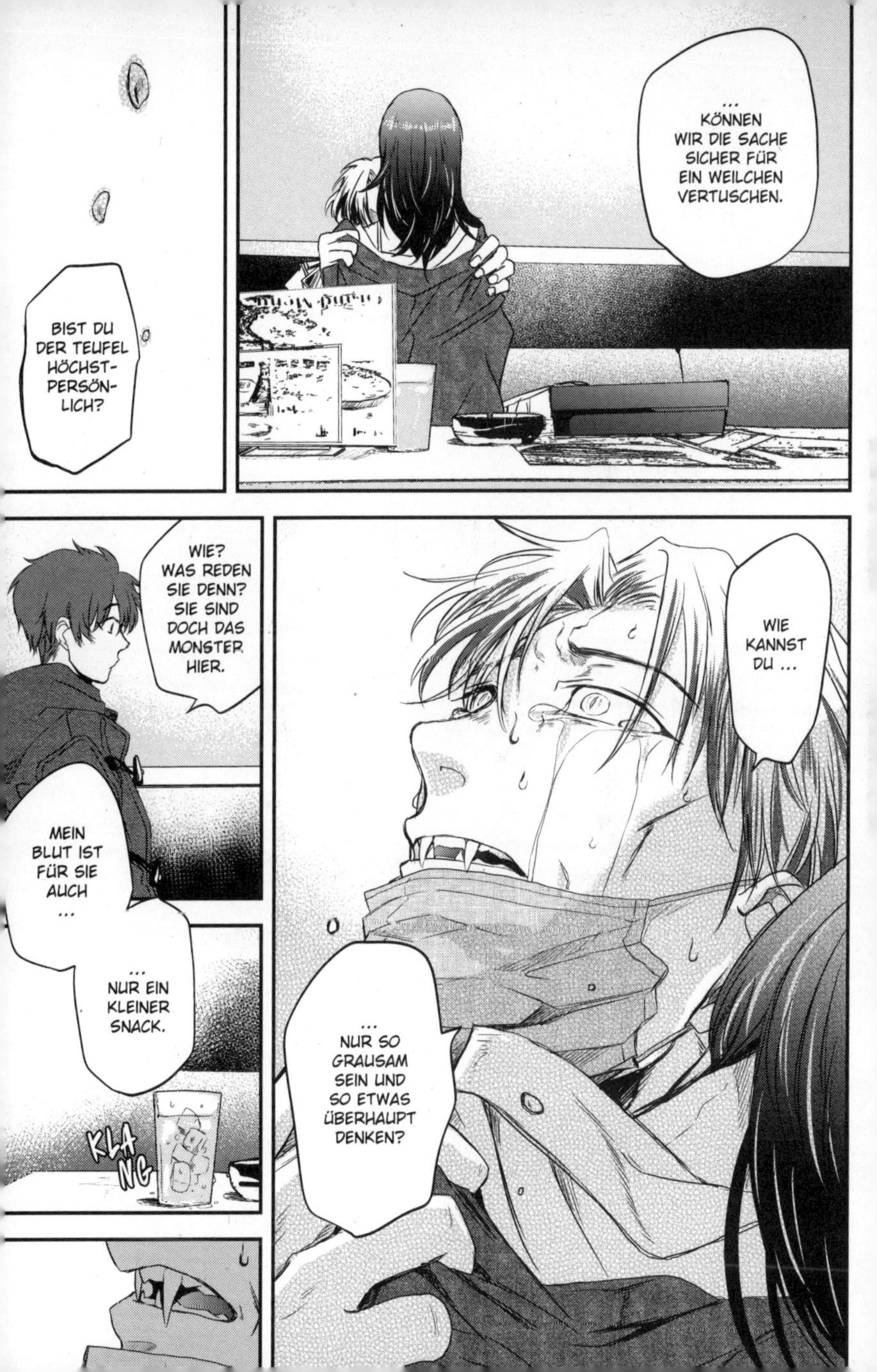
... KÖNNEN WIR DIE SACHE SICHER FÜR EIN WEILCHEN VERTUSCHEN.
BIST DU DER TEUFEL HÖCHST-PERSÖNLICH?
WIE? WAS REDEN SIE DENN? SIE SIND DOCH DAS MONSTER HIER.
MEIN BLUT IST FÜR SIE AUCH ...
... NUR EIN KLEINER SNACK.
KLANG
WIE KANNST DU ...
... NUR SO GRAUSAM SEIN UND SO ETWAS ÜBERHAUPT DENKEN?

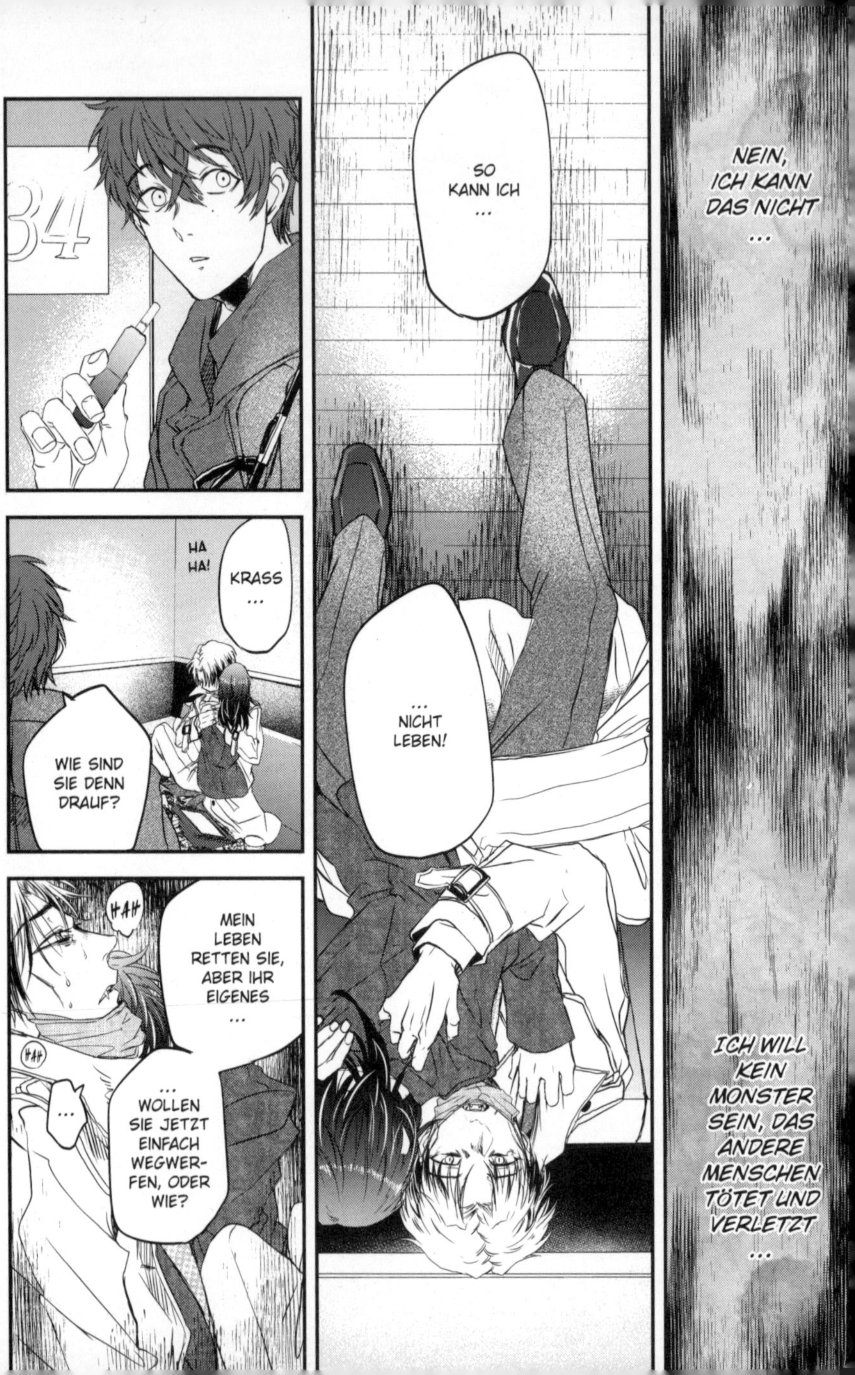
NEIN, ICH KANN DAS NICHT ...
SO KANN ICH ...
... NICHT LEBEN!
ICH WILL KEIN MONSTER SEIN, DAS ANDERE MENSCHEN TÖTET UND VERLETZT ...
HA HA!
KRASS ...
WIE SIND SIE DENN DRAUF?
HAH
MEIN LEBEN RETTEN SIE, ABER IHR EIGENES ...
HAH
...
... WOLLEN SIE JETZT EINFACH WEGWERFEN, ODER WIE?

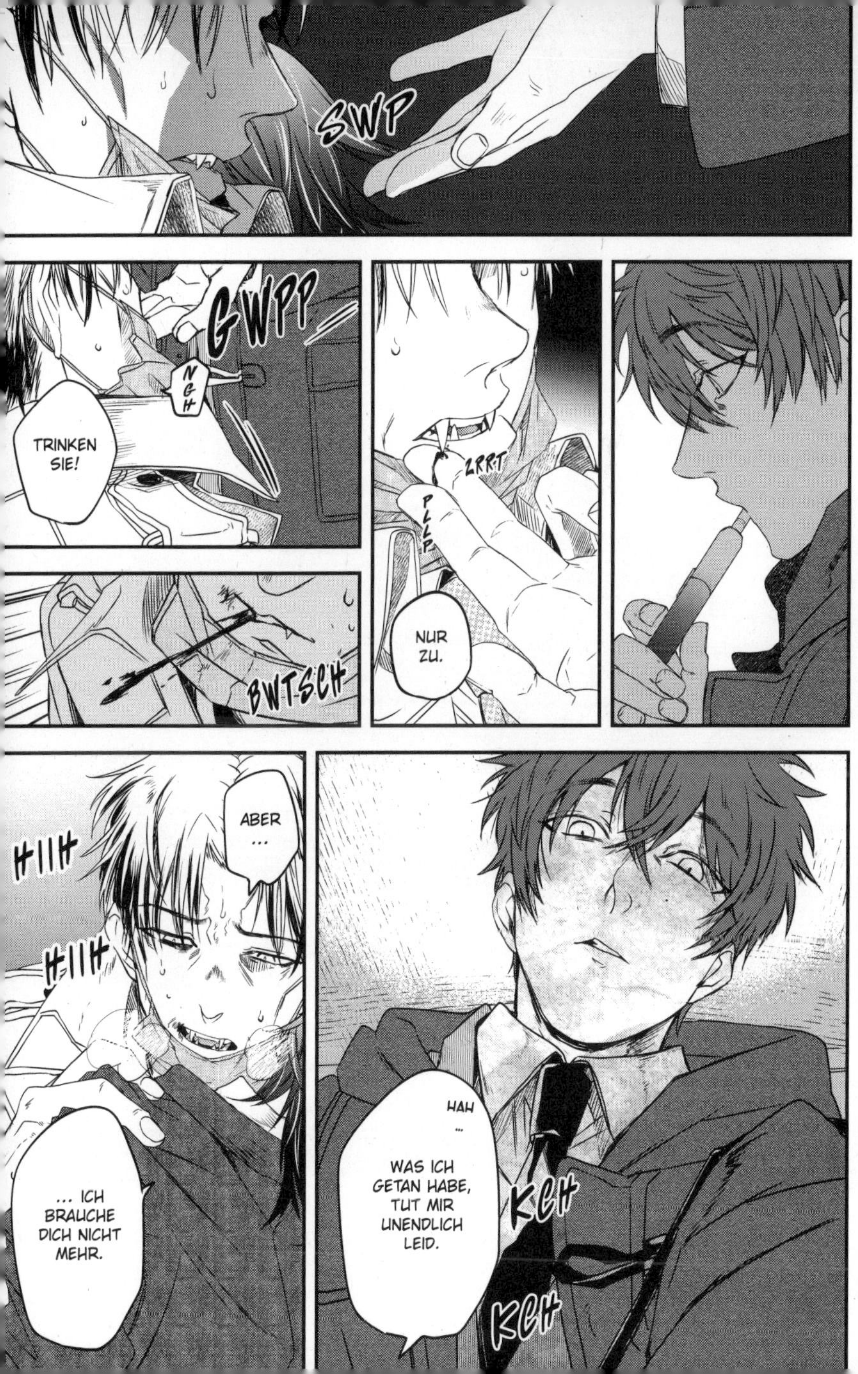
SWP
GWPP
NGH
TRINKEN SIE!
BWTSCH
ZRRT
PLLP
NUR ZU.
ABER ...
HIIH
HIIH
... ICH BRAUCHE DICH NICHT MEHR.
HAH ...
WAS ICH GETAN HABE, TUT MIR UNENDLICH LEID.
KCH
KCH

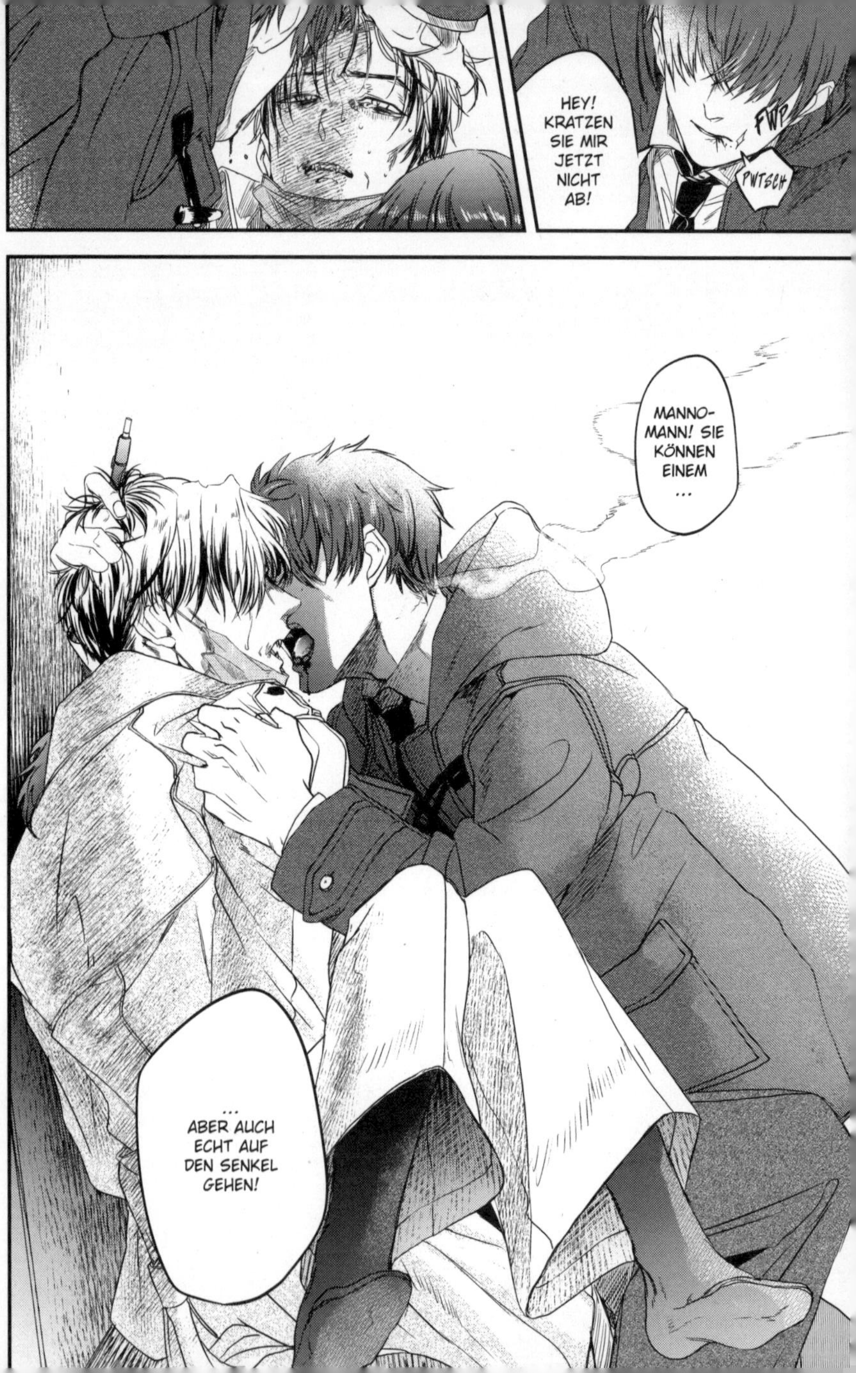

FWP
PWTSCH
HEY! KRATZEN SIE MIR JETZT NICHT AB!
MANNO-MANN! SIE KÖNNEN EINEM …
… ABER AUCH ECHT AUF DEN SENKEL GEHEN!

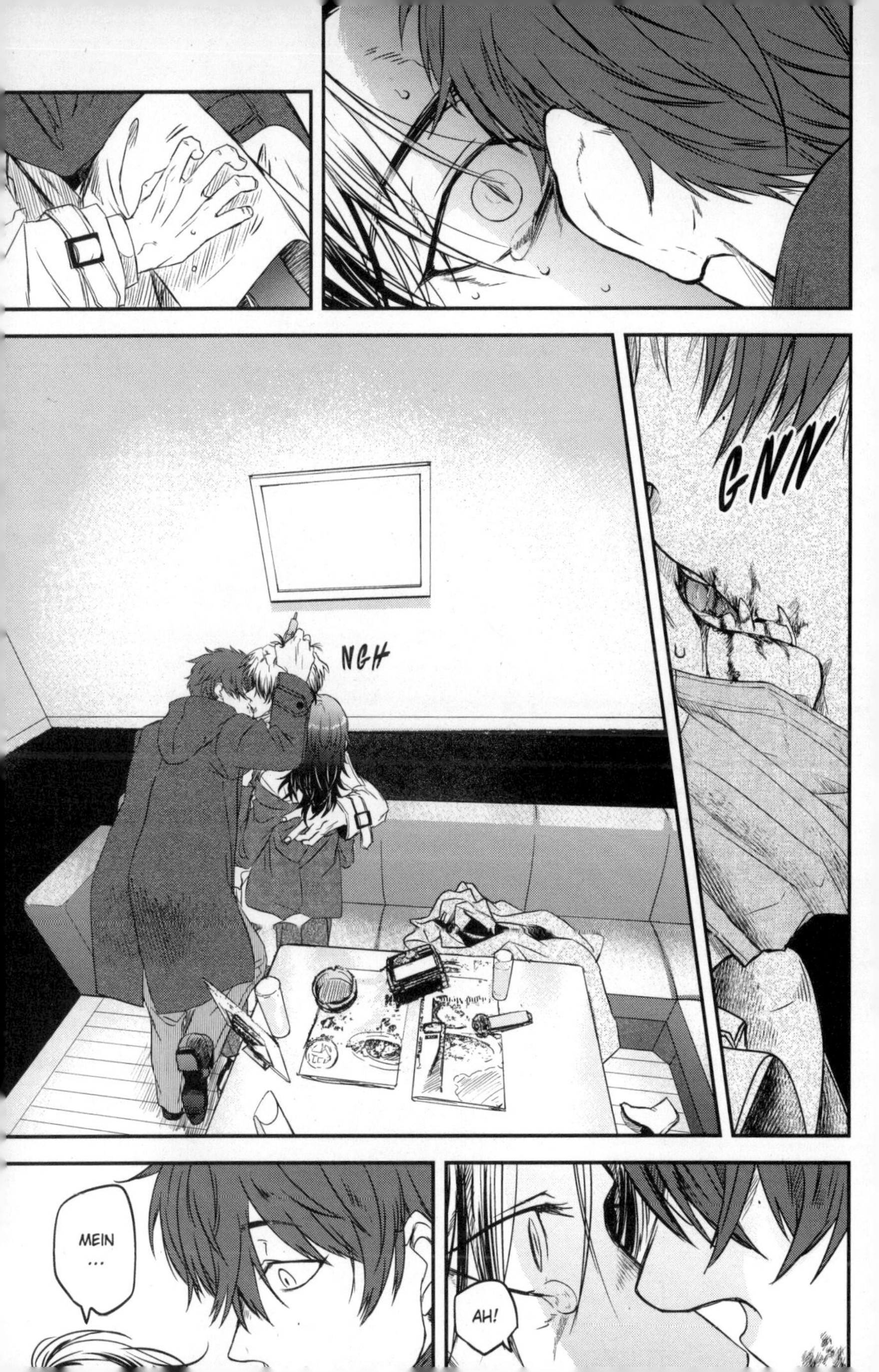

GNN
NGH
AH!
MEIN …

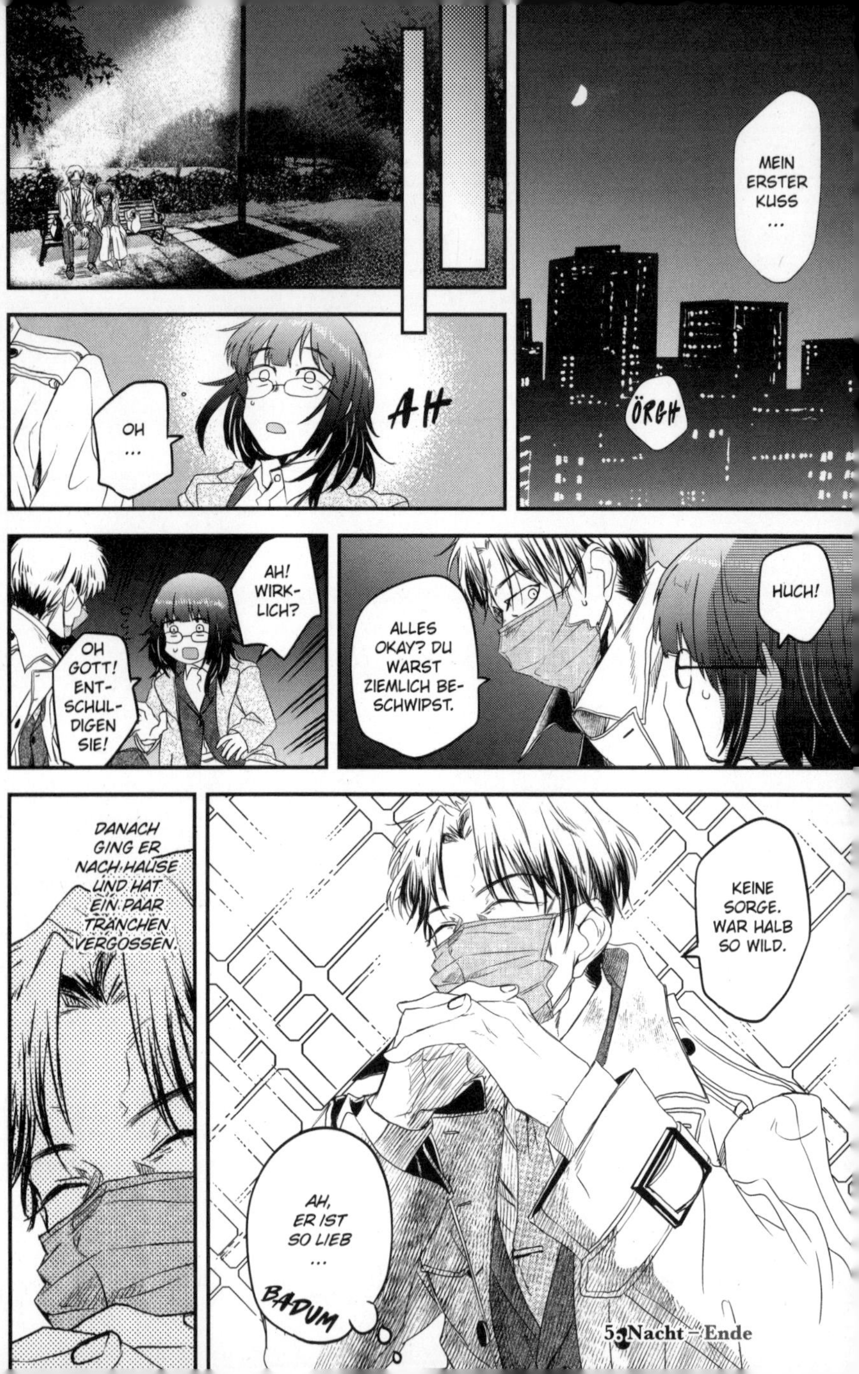
MEIN ERSTER KUSS ...
ÖRGH
AH
OH ...
HUCH!
ALLES OKAY? DU WARST ZIEMLICH BE-SCHWIPST.
AH! WIRK-LICH?
OH GOTT! ENT-SCHUL-DIGEN SIE!
KEINE SORGE. WAR HALB SO WILD.
AH, ER IST SO LIEB ...
BADUM
DANACH GING ER NACH HAUSE UND HAT EIN PAAR TRÄNCHEN VERGOSSEN.

5. Nacht – Ende

6. Nacht: Mein Vollmond

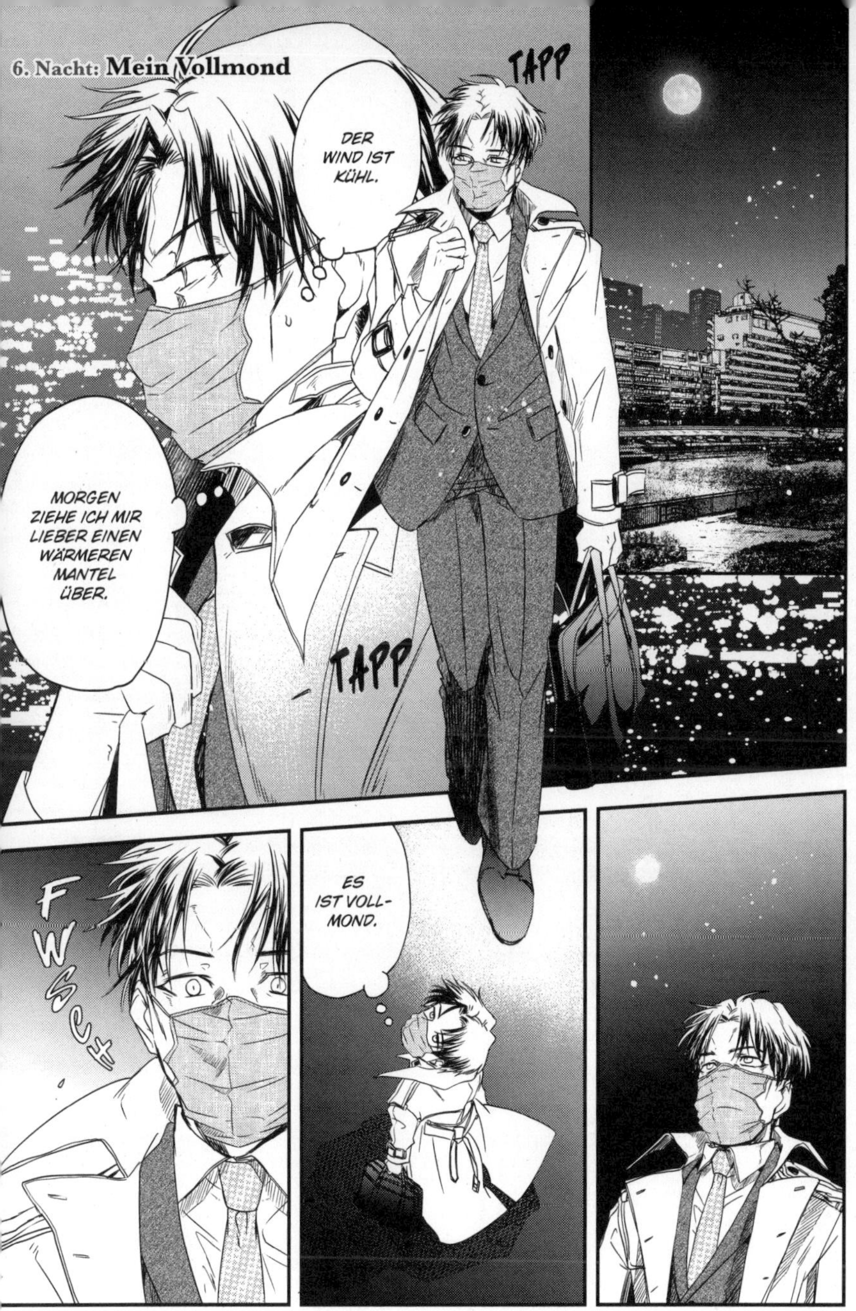

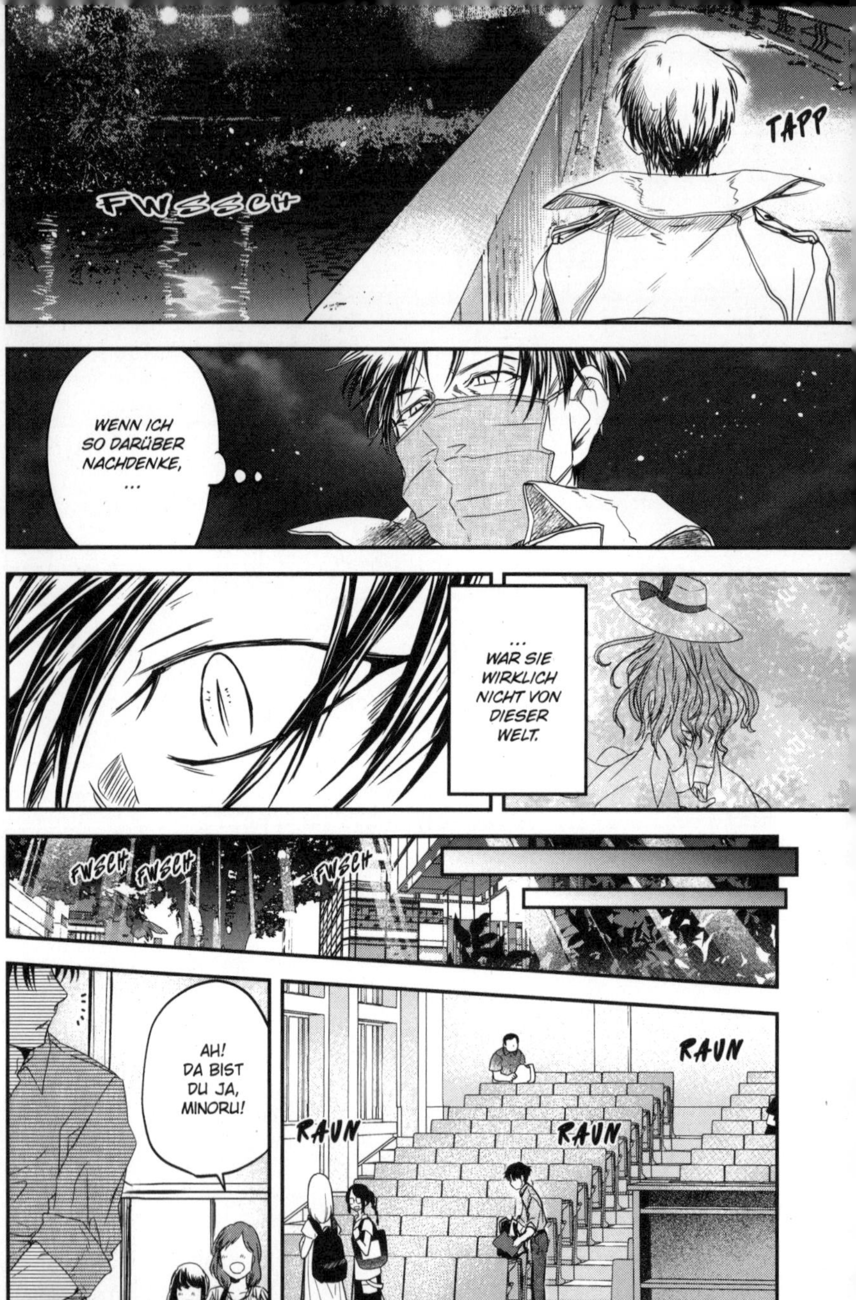
TAPP
FWSSCH
WENN ICH SO DARÜBER NACHDENKE, ...
... WAR SIE WIRKLICH NICHT VON DIESER WELT.
FWSCH FWSCH FWSCH
RAUN
RAUN
RAUN
AH! DA BIST DU JA, MINORU!

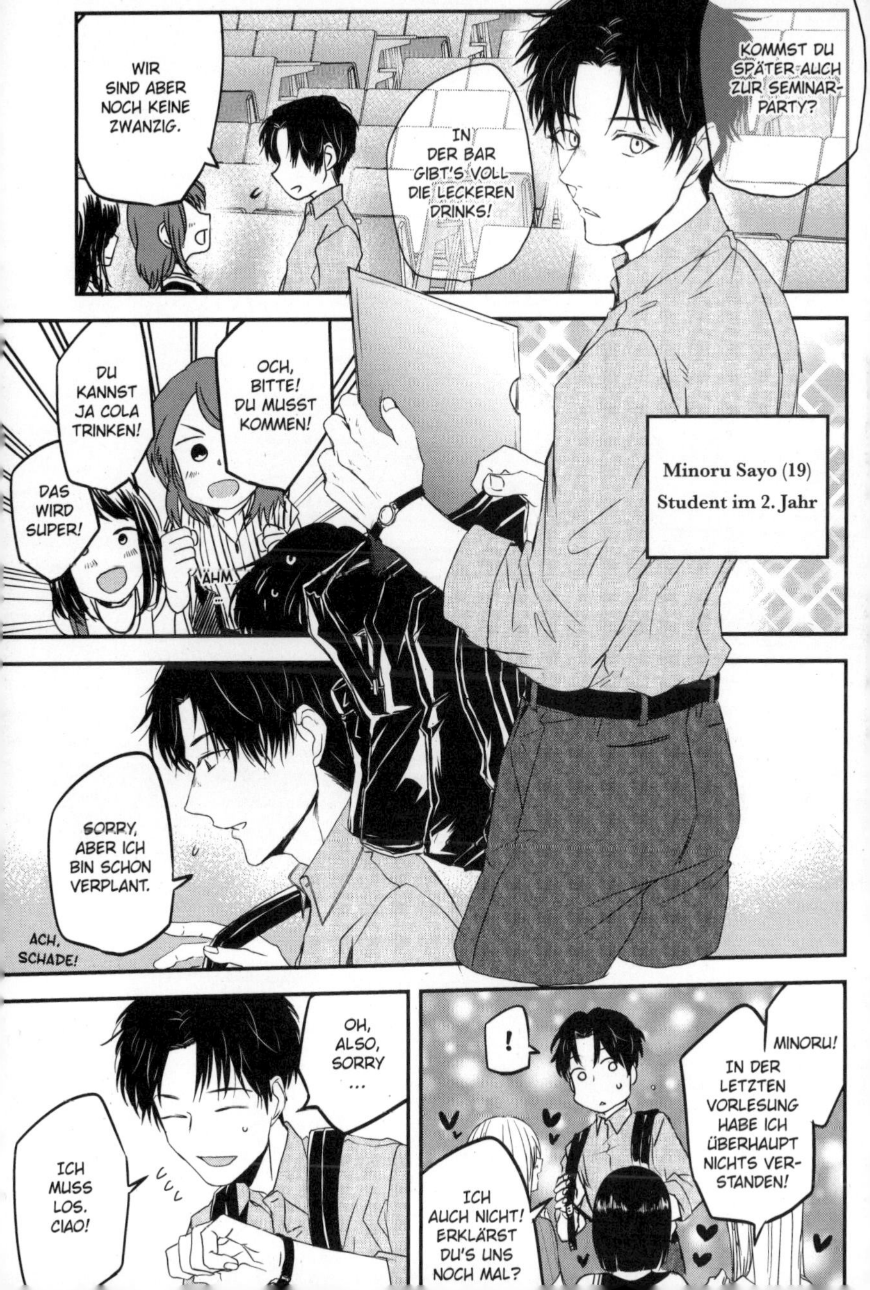
KOMMST DU SPÄTER AUCH ZUR SEMINAR-PARTY?
IN DER BAR GIBT'S VOLL DIE LECKEREN DRINKS!
WIR SIND ABER NOCH KEINE ZWANZIG.
Minoru Sayo (19)
Student im 2. Jahr
OCH, BITTE! DU MUSST KOMMEN!
DU KANNST JA COLA TRINKEN!
DAS WIRD SUPER!
ÄHM.
SORRY, ABER ICH BIN SCHON VERPLANT.
ACH, SCHADE!
MINORU!
IN DER LETZTEN VORLESUNG HABE ICH ÜBERHAUPT NICHTS VER-STANDEN!
!
ICH AUCH NICHT! ERKLÄRST DU'S UNS NOCH MAL?
OH, ALSO, SORRY …
ICH MUSS LOS. CIAO!

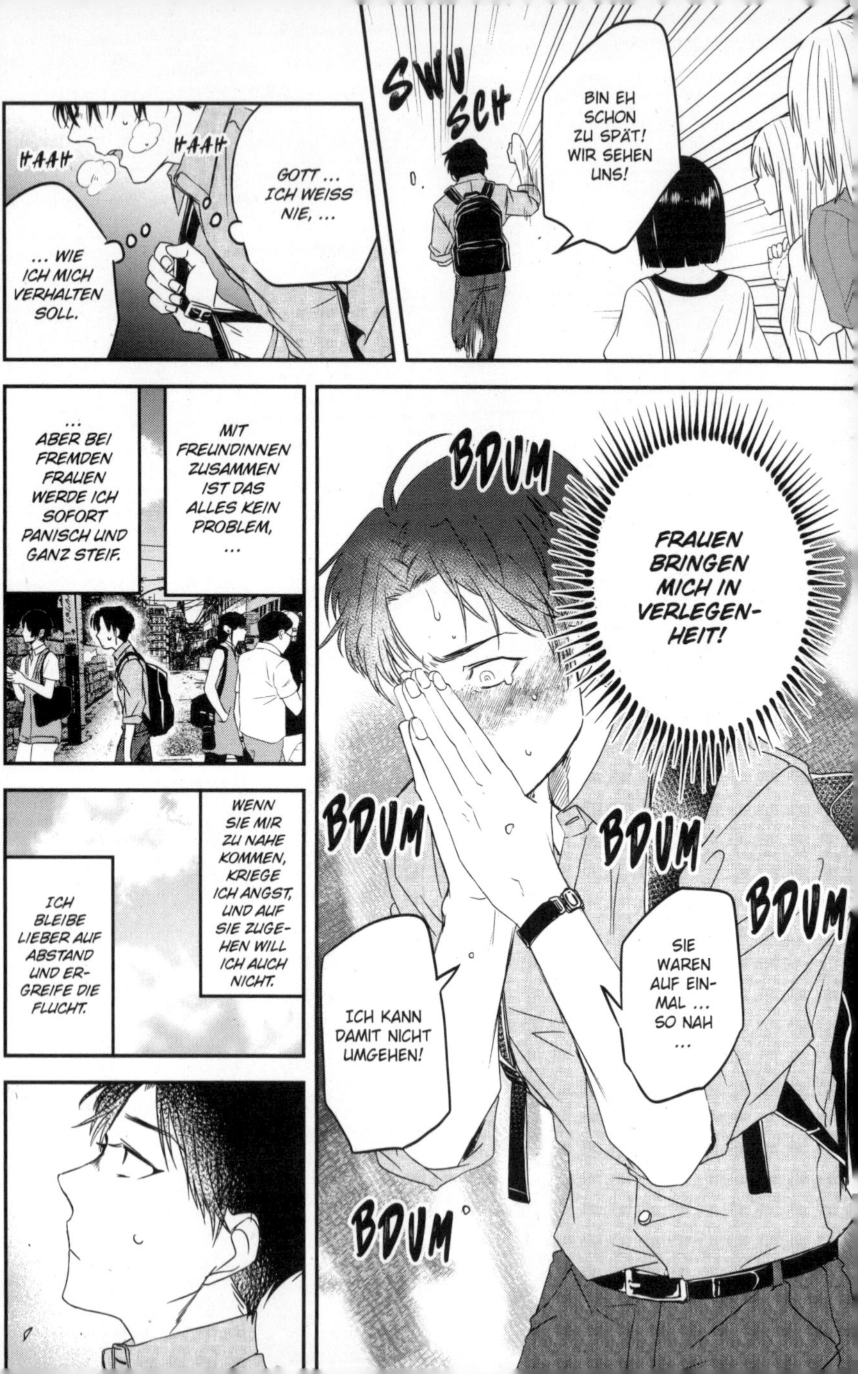
SWUSCH
BIN EH SCHON ZU SPÄT! WIR SEHEN UNS!
HAAH
HAAH
GOTT ... ICH WEISS NIE, ...
... WIE ICH MICH VERHALTEN SOLL.
BDUM
FRAUEN BRINGEN MICH IN VERLEGENHEIT!
BDUM
BDUM
BDUM
SIE WAREN AUF EINMAL ... SO NAH ...
ICH KANN DAMIT NICHT UMGEHEN!
BDUM
MIT FREUNDINNEN ZUSAMMEN IST DAS ALLES KEIN PROBLEM, ...
... ABER BEI FREMDEN FRAUEN WERDE ICH SOFORT PANISCH UND GANZ STEIF.
WENN SIE MIR ZU NAHE KOMMEN, KRIEGE ICH ANGST, UND AUF SIE ZUGEHEN WILL ICH AUCH NICHT.
ICH BLEIBE LIEBER AUF ABSTAND UND ERGREIFE DIE FLUCHT.

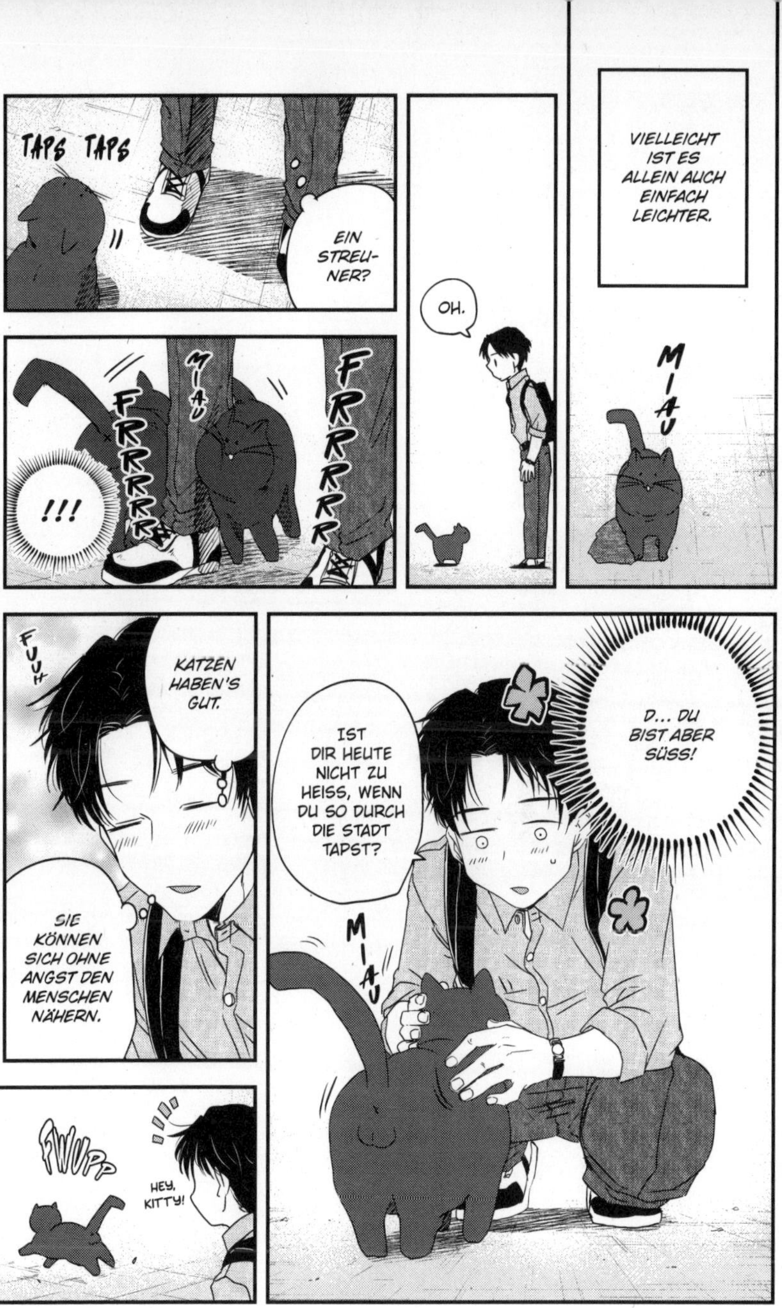

VIELLEICHT IST ES ALLEIN AUCH EINFACH LEICHTER.
MIAU
OH.
TAPS TAPS
EIN STREUNER?
FRRRRR
MIAU
FRRRRRR
!!!
D... DU BIST ABER SÜSS!
IST DIR HEUTE NICHT ZU HEISS, WENN DU SO DURCH DIE STADT TAPST?
MIAU
FUUH
KATZEN HABEN'S GUT.
SIE KÖNNEN SICH OHNE ANGST DEN MENSCHEN NÄHERN.
FWUPP
HEY, KITTY!

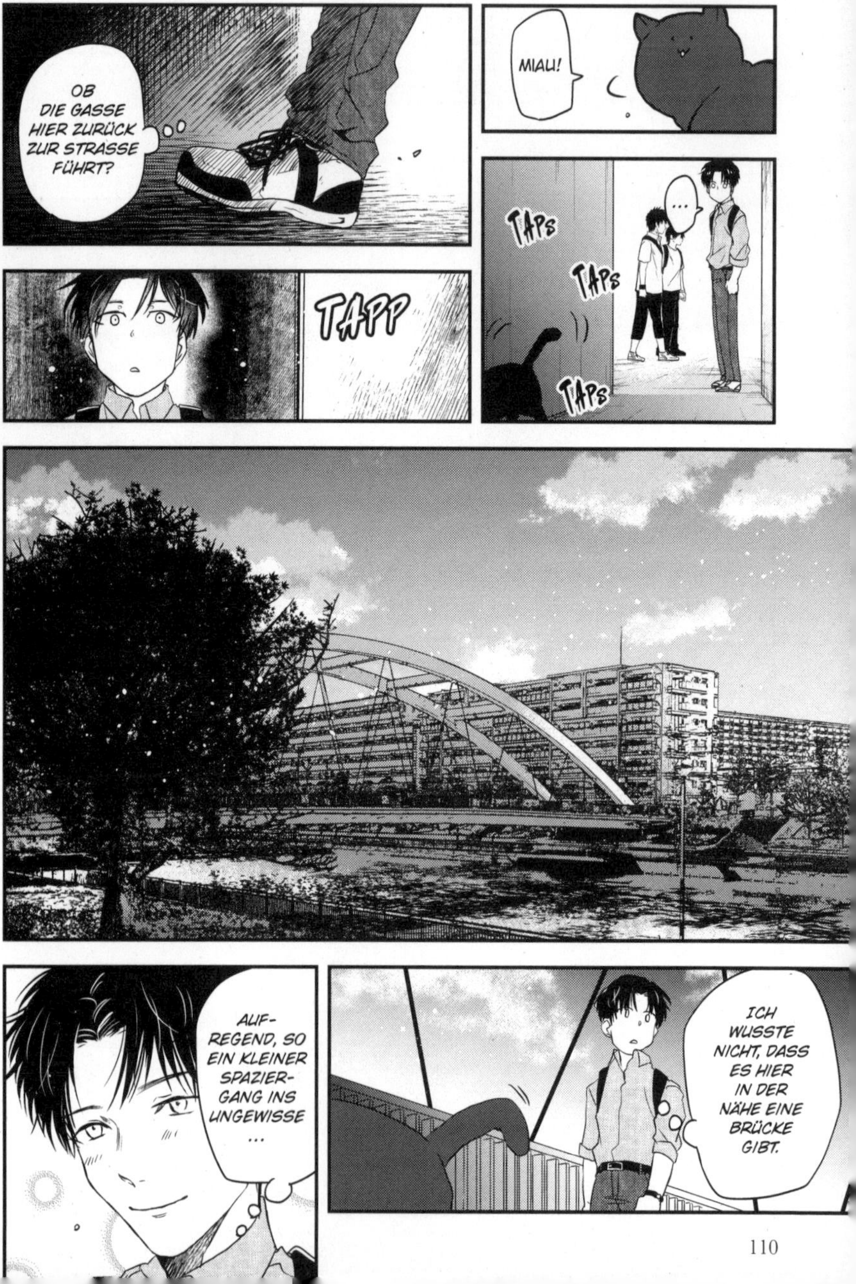

OB DIE GASSE HIER ZURÜCK ZUR STRASSE FÜHRT?
MIAU!
TAPP
...
TAPS
TAPS
TAPS
ICH WUSSTE NICHT, DASS ES HIER IN DER NÄHE EINE BRÜCKE GIBT.
AUF-REGEND, SO EIN KLEINER SPAZIER-GANG INS UNGEWISSE ...

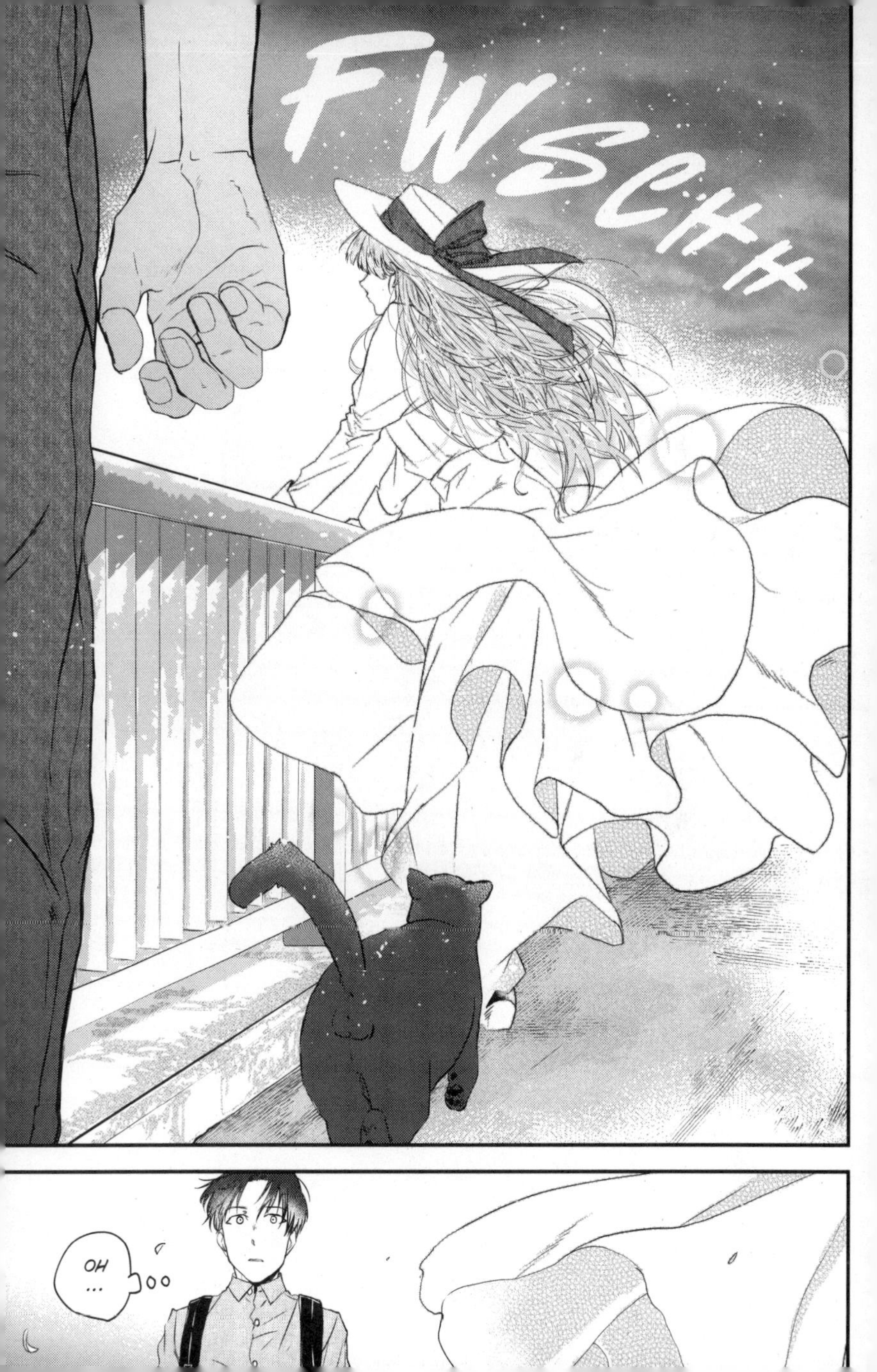
FWSCHH
OH ...

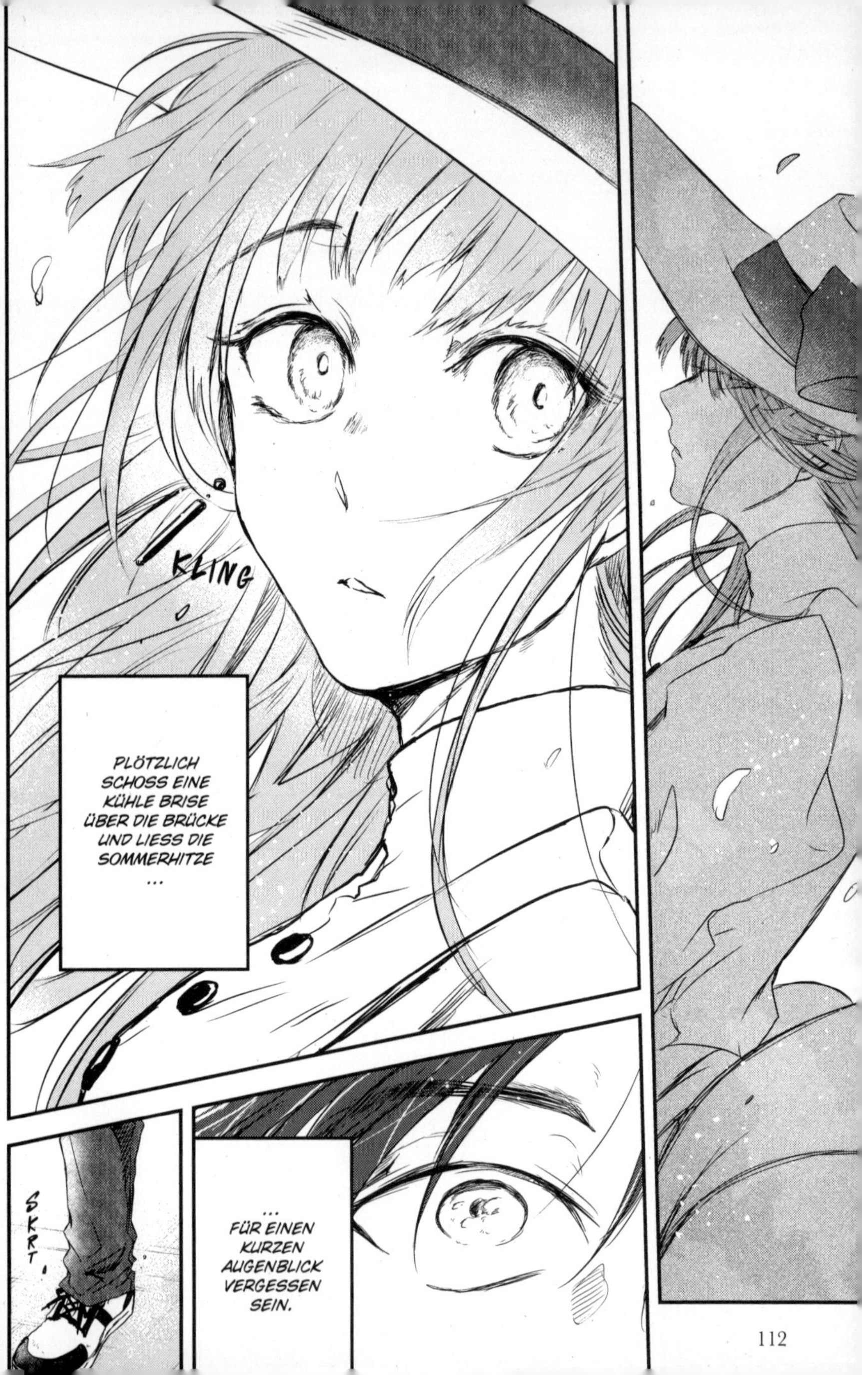
KLING
PLÖTZLICH SCHOSS EINE KÜHLE BRISE ÜBER DIE BRÜCKE UND LIESS DIE SOMMERHITZE ...
... FÜR EINEN KURZEN AUGENBLICK VERGESSEN SEIN.
SKRT

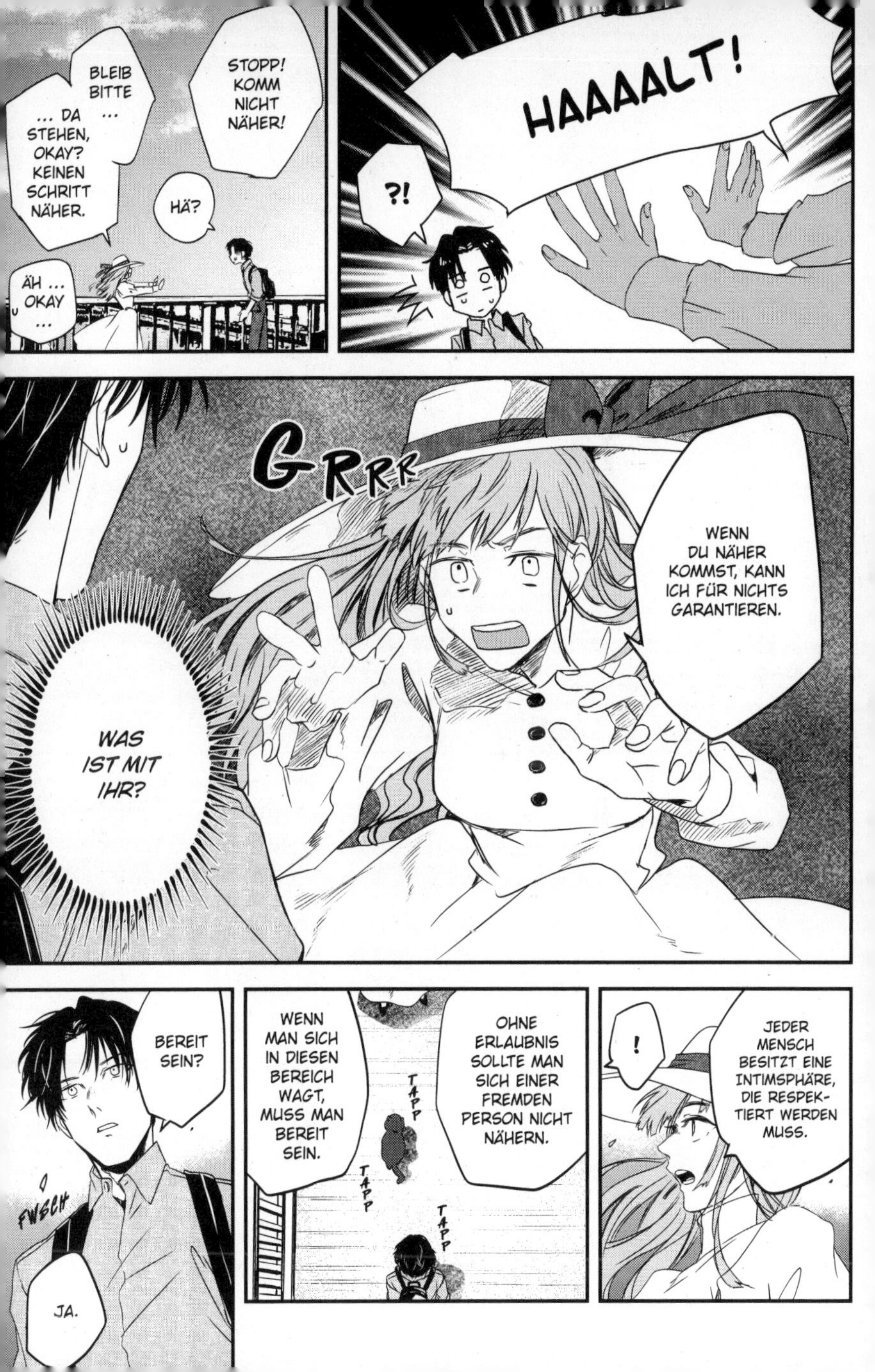
STOPP! KOMM NICHT NÄHER!
BLEIB BITTE ... DA STEHEN, OKAY? KEINEN SCHRITT NÄHER.
HÄ?
ÄH ... OKAY ...
HAAAALT!
?!
GRRR
WENN DU NÄHER KOMMST, KANN ICH FÜR NICHTS GARANTIEREN.
WAS IST MIT IHR?
JEDER MENSCH BESITZT EINE INTIMSPHÄRE, DIE RESPEKTIERT WERDEN MUSS.
!
OHNE ERLAUBNIS SOLLTE MAN SICH EINER FREMDEN PERSON NICHT NÄHERN.
WENN MAN SICH IN DIESEN BEREICH WAGT, MUSS MAN BEREIT SEIN.
TAPP
TAPP
TAPP
BEREIT SEIN?
FWSCH
JA.

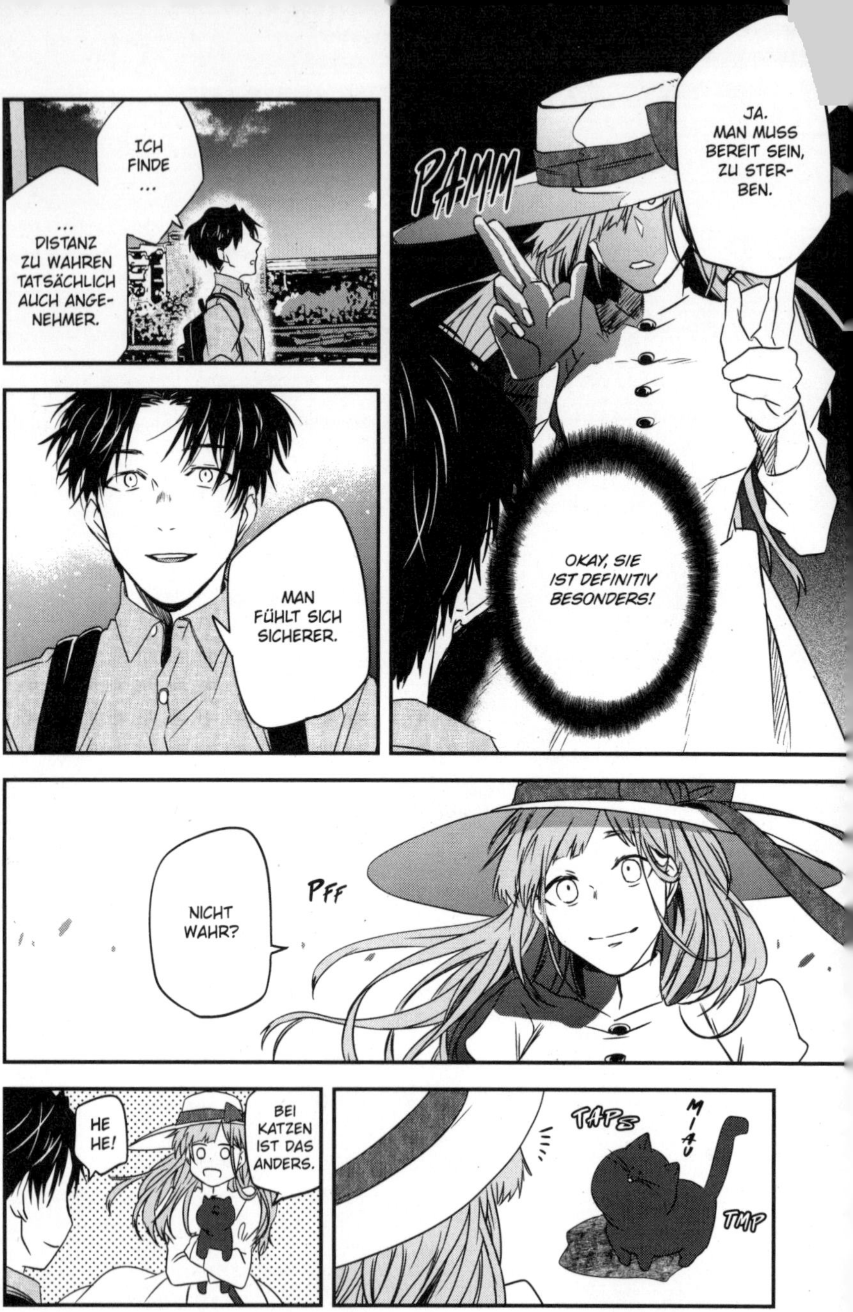
JA. MAN MUSS BEREIT SEIN, ZU STERBEN.
PAMM
ICH FINDE …
… DISTANZ ZU WAHREN TATSÄCHLICH AUCH ANGENEHMER.
OKAY, SIE IST DEFINITIV BESONDERS!
MAN FÜHLT SICH SICHERER.
PFF
NICHT WAHR?
MIAU
TAPS
TMP
BEI KATZEN IST DAS ANDERS.
HE HE!

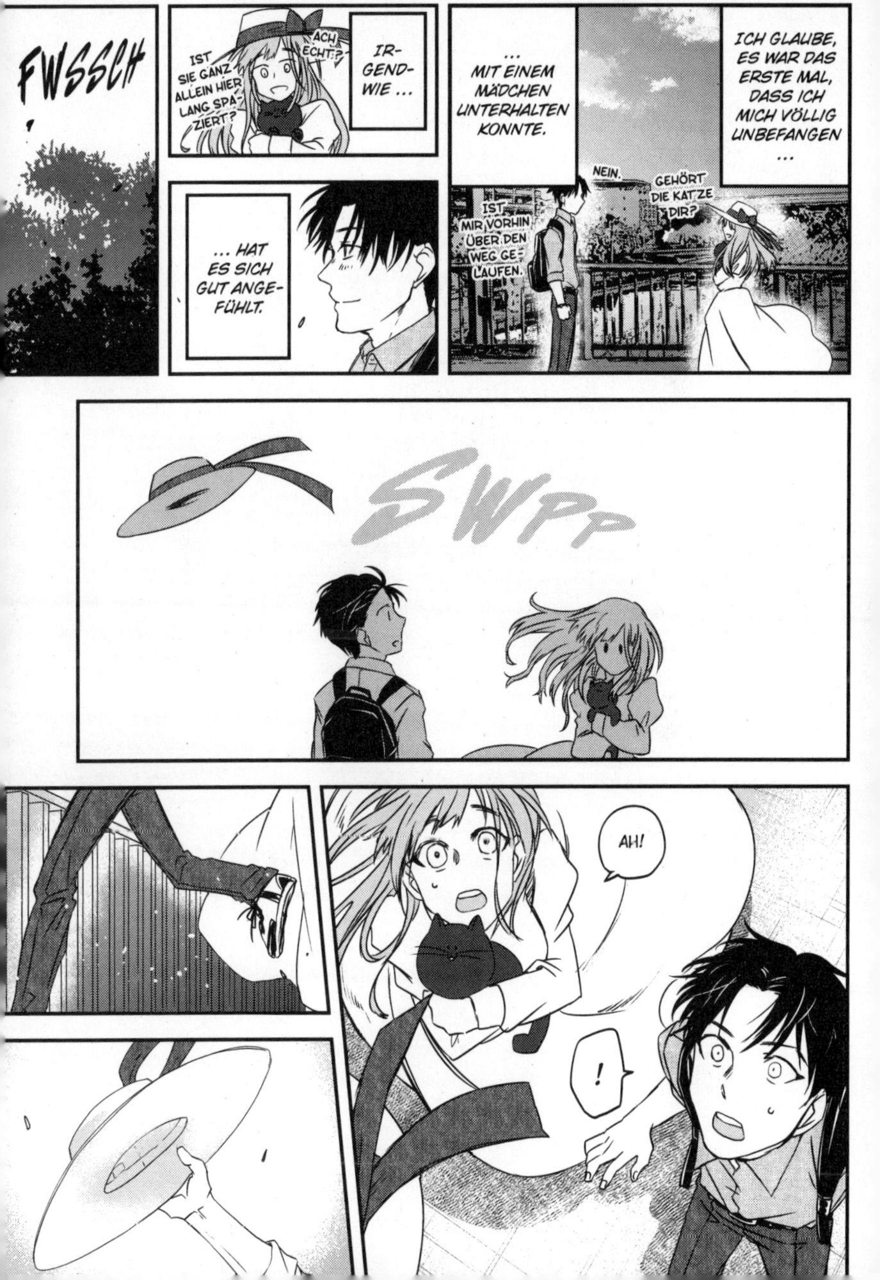

ICH GLAUBE, ES WAR DAS ERSTE MAL, DASS ICH MICH VÖLLIG UNBEFANGEN ...
... MIT EINEM MÄDCHEN UNTERHALTEN KONNTE.
GEHÖRT DIE KATZE DIR?
NEIN.
IST MIR VORHIN ÜBER DEN WEG GELAUFEN.
IRGENDWIE ...
ACH ECHT?
IST SIE GANZ ALLEIN HIER LANG SPAZIERT?
... HAT ES SICH GUT ANGEFÜHLT.
FWSSCH
SWPP
AH!
!

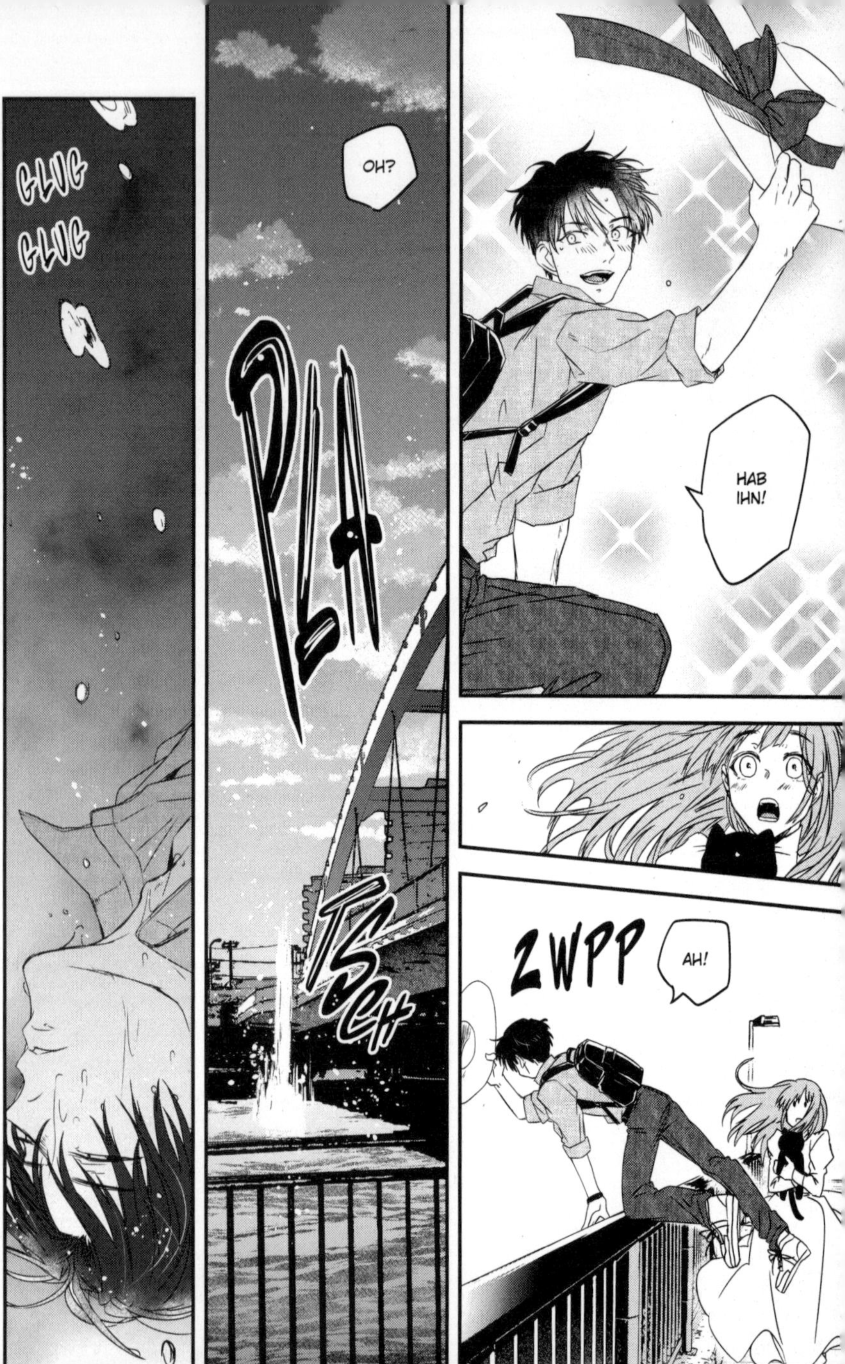
HAB IHN!
ZWPP
AH!
OH?
PLA
TSCH
GLUG
GLUG

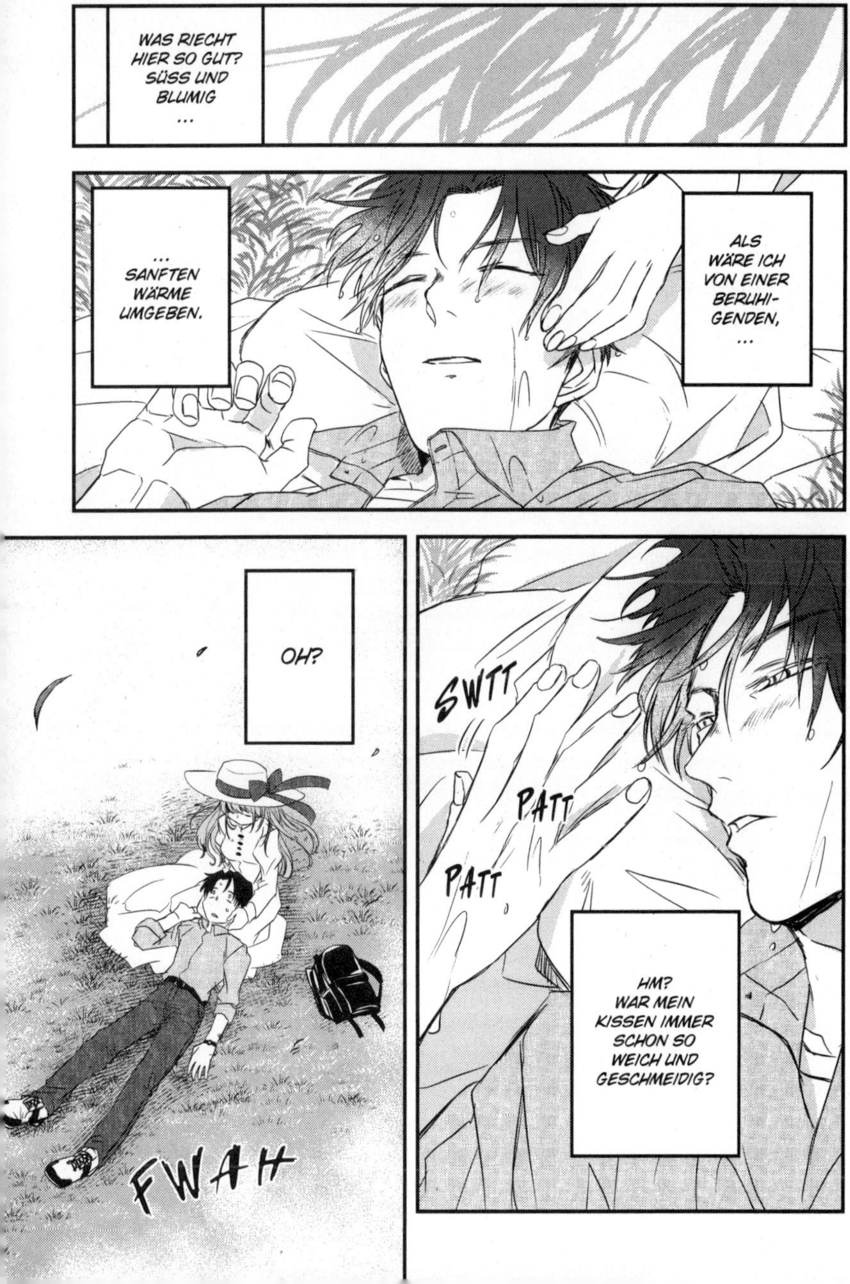
WAS RIECHT HIER SO GUT? SÜSS UND BLUMIG …
ALS WÄRE ICH VON EINER BERUHI-GENDEN, …
… SANFTEN WÄRME UMGEBEN.
SWTT
PATT
PATT
HM? WAR MEIN KISSEN IMMER SCHON SO WEICH UND GESCHMEIDIG?
OH?
FWAH

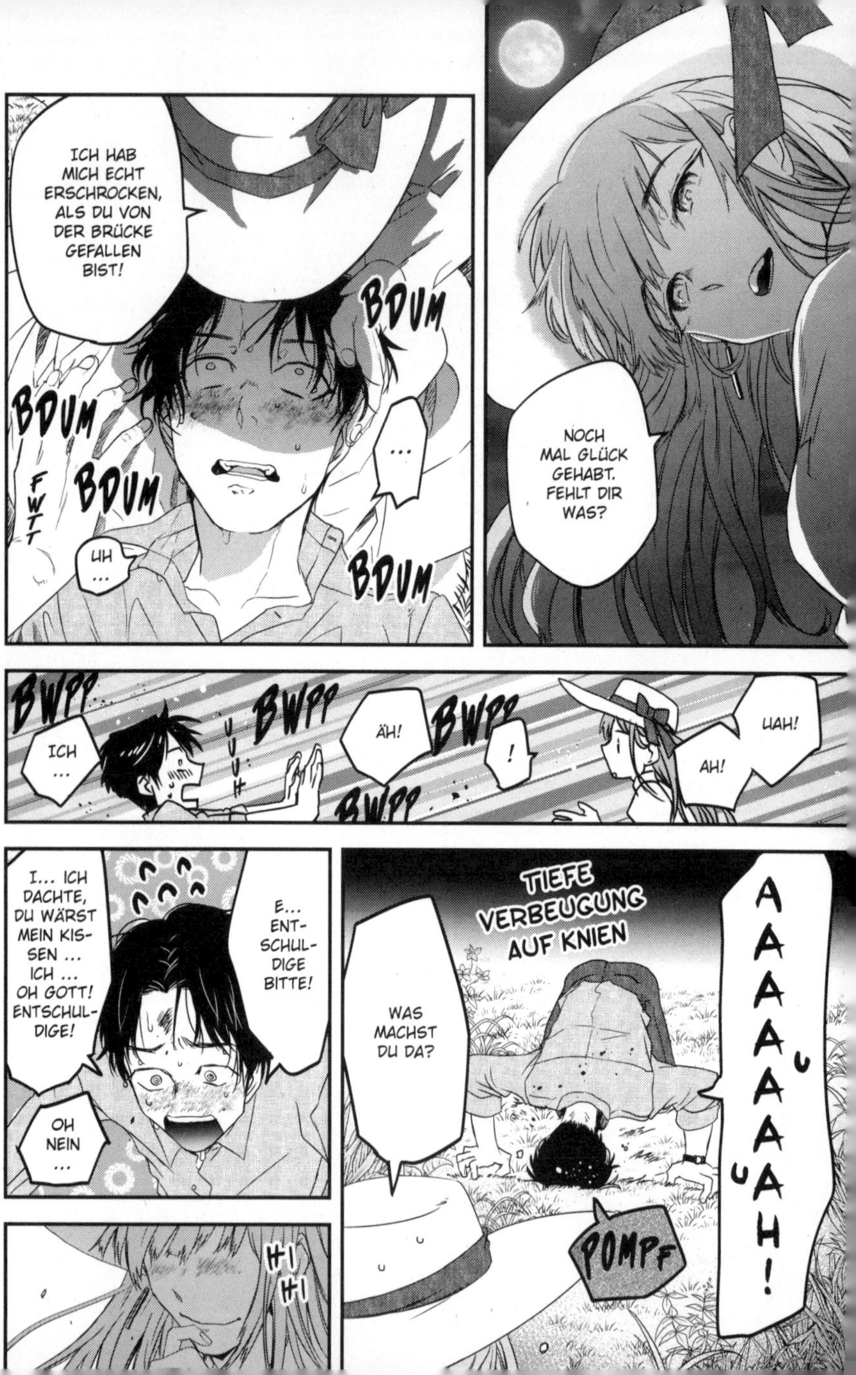
NOCH MAL GLÜCK GEHABT. FEHLT DIR WAS?
ICH HAB MICH ECHT ERSCHROCKEN, ALS DU VON DER BRÜCKE GEFALLEN BIST!
BDUM
...
BDUM
BDUM
BDUM
FWTT
UH ...
UAH!
AH!
!
BWPP
ÄH!
BWPP
UUUUH
BWPP
ICH ...
BWPP
AAAAAAH!
TIEFE VERBEUGUNG AUF KNIEN
WAS MACHST DU DA?
POMPF
E... ENT-SCHUL-DIGE BITTE!
I... ICH DACHTE, DU WÄRST MEIN KIS-SEN ... ICH ... OH GOTT! ENTSCHUL-DIGE!
OH NEIN ...
HI HI

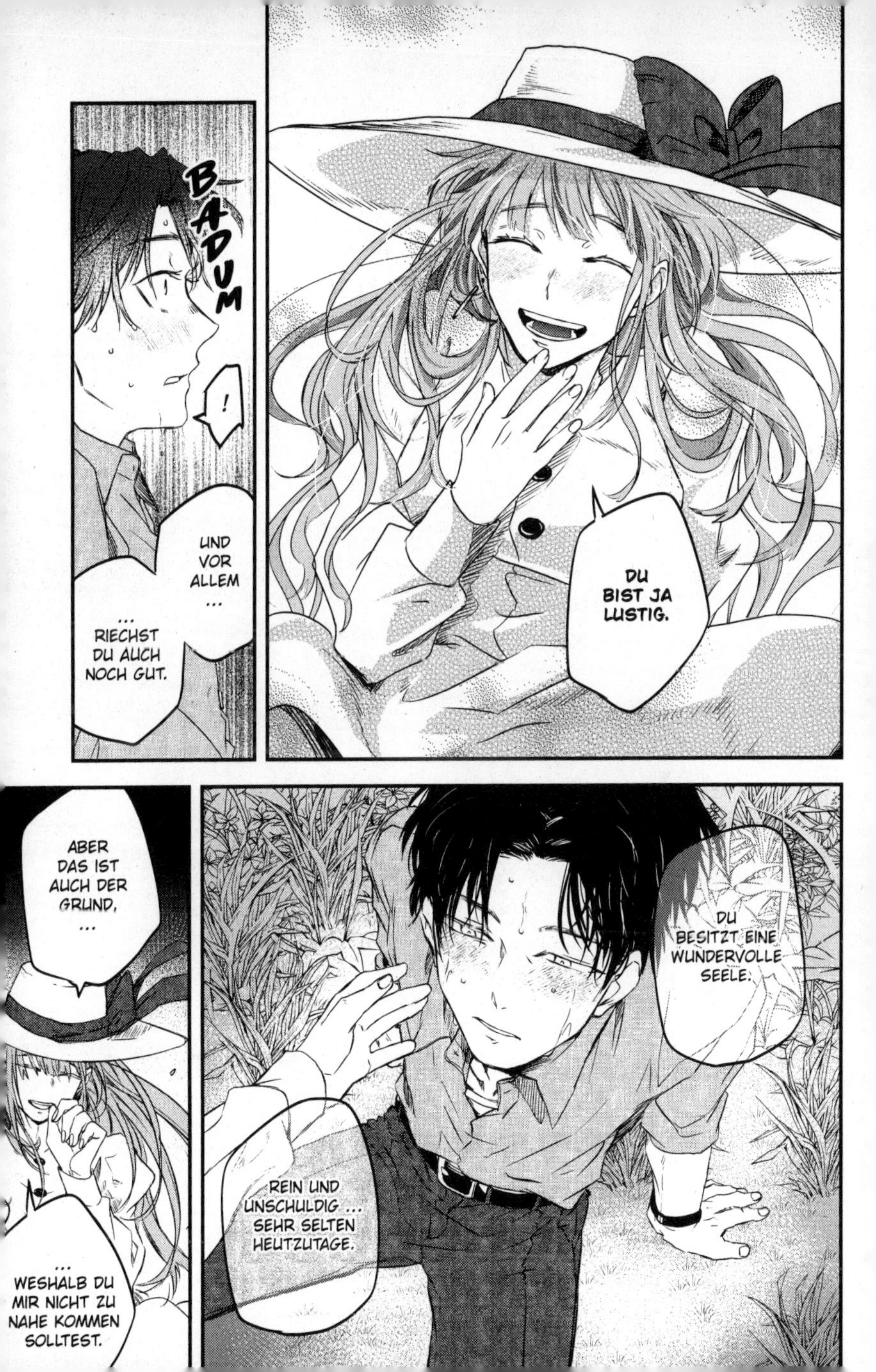
DU BIST JA LUSTIG.
BADUM
!
UND VOR ALLEM ...
... RIECHST DU AUCH NOCH GUT.
DU BESITZT EINE WUNDERVOLLE SEELE.
REIN UND UNSCHULDIG ... SEHR SELTEN HEUTZUTAGE.
ABER DAS IST AUCH DER GRUND, ...
... WESHALB DU MIR NICHT ZU NAHE KOMMEN SOLLTEST.

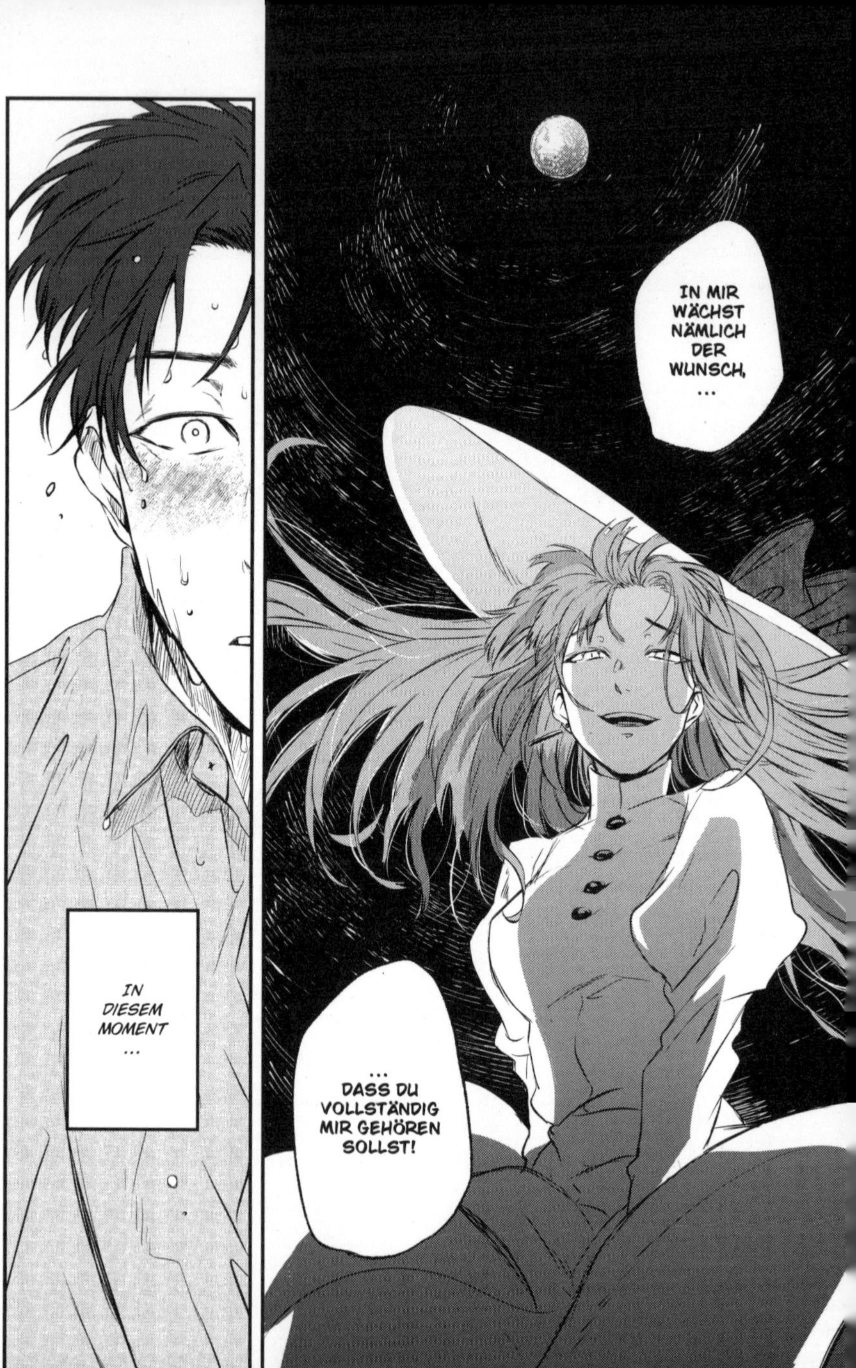
IN MIR WÄCHST NÄMLICH DER WUNSCH, ...
... DASS DU VOLLSTÄNDIG MIR GEHÖREN SOLLST!
IN DIESEM MOMENT ...

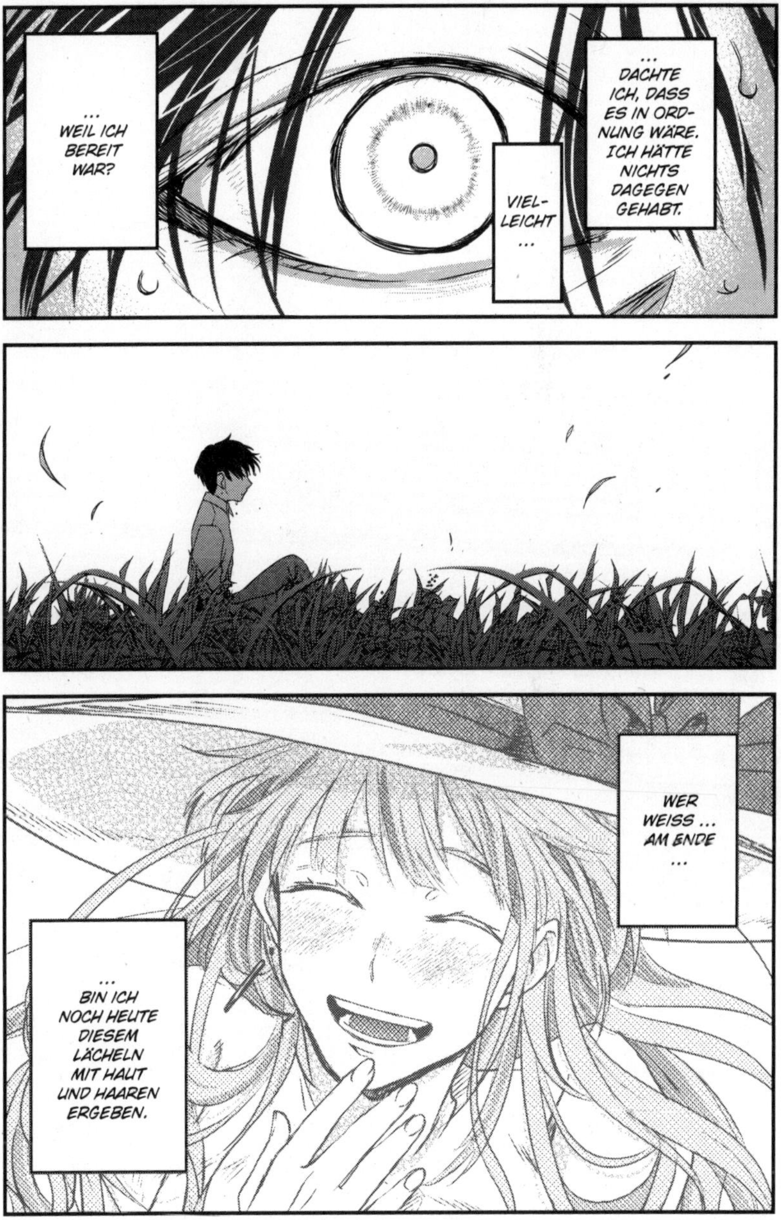
... DACHTE ICH, DASS ES IN ORDNUNG WÄRE. ICH HÄTTE NICHTS DAGEGEN GEHABT.
VIELLEICHT ...
... WEIL ICH BEREIT WAR?
WER WEISS ... AM ENDE ...
... BIN ICH NOCH HEUTE DIESEM LÄCHELN MIT HAUT UND HAAREN ERGEBEN.

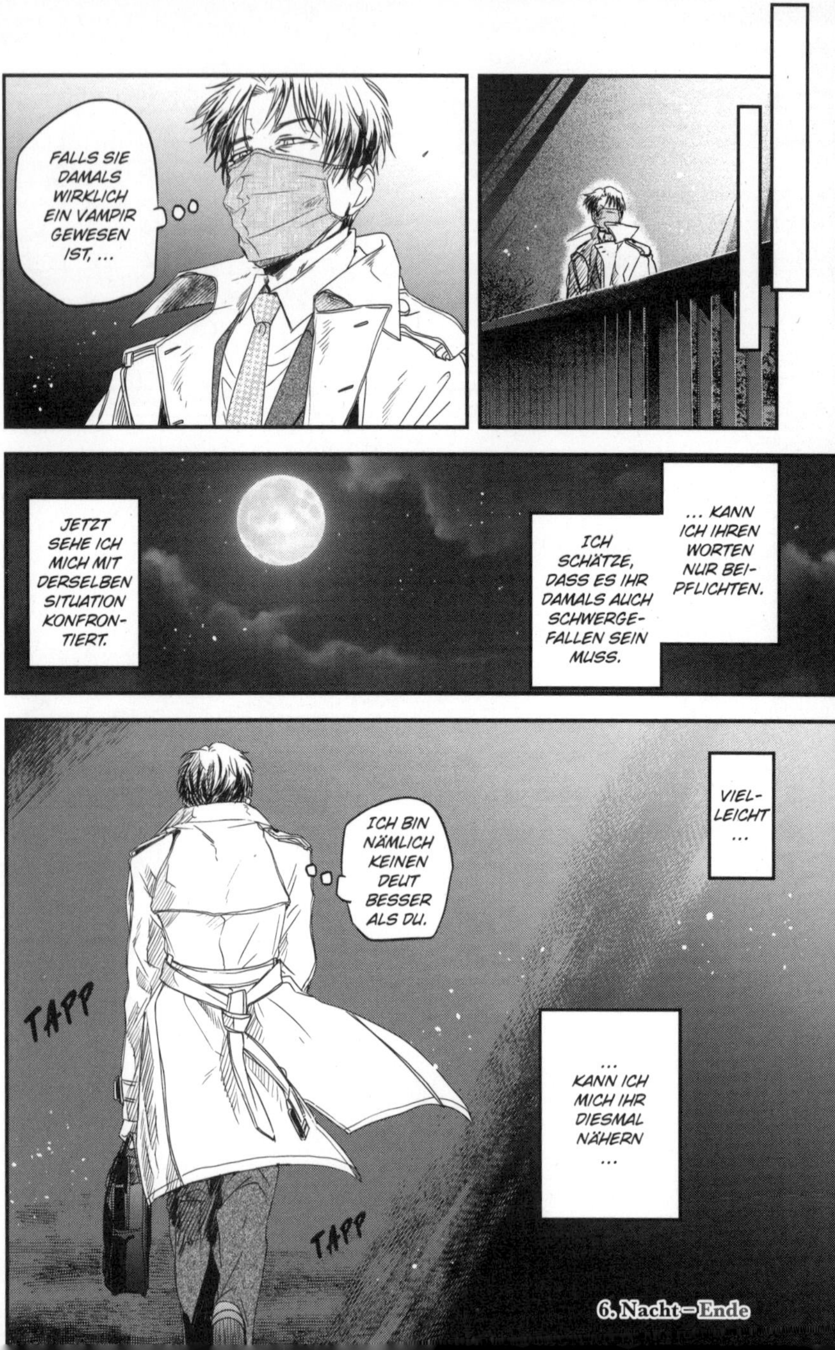
FALLS SIE DAMALS WIRKLICH EIN VAMPIR GEWESEN IST, ...
... KANN ICH IHREN WORTEN NUR BEIPFLICHTEN.
ICH SCHÄTZE, DASS ES IHR DAMALS AUCH SCHWERGEFALLEN SEIN MUSS.
JETZT SEHE ICH MICH MIT DERSELBEN SITUATION KONFRONTIERT.
VIELLEICHT ...
... KANN ICH MICH IHR DIESMAL NÄHERN ...
ICH BIN NÄMLICH KEINEN DEUT BESSER ALS DU.
TAPP
TAPP

6. Nacht – Ende

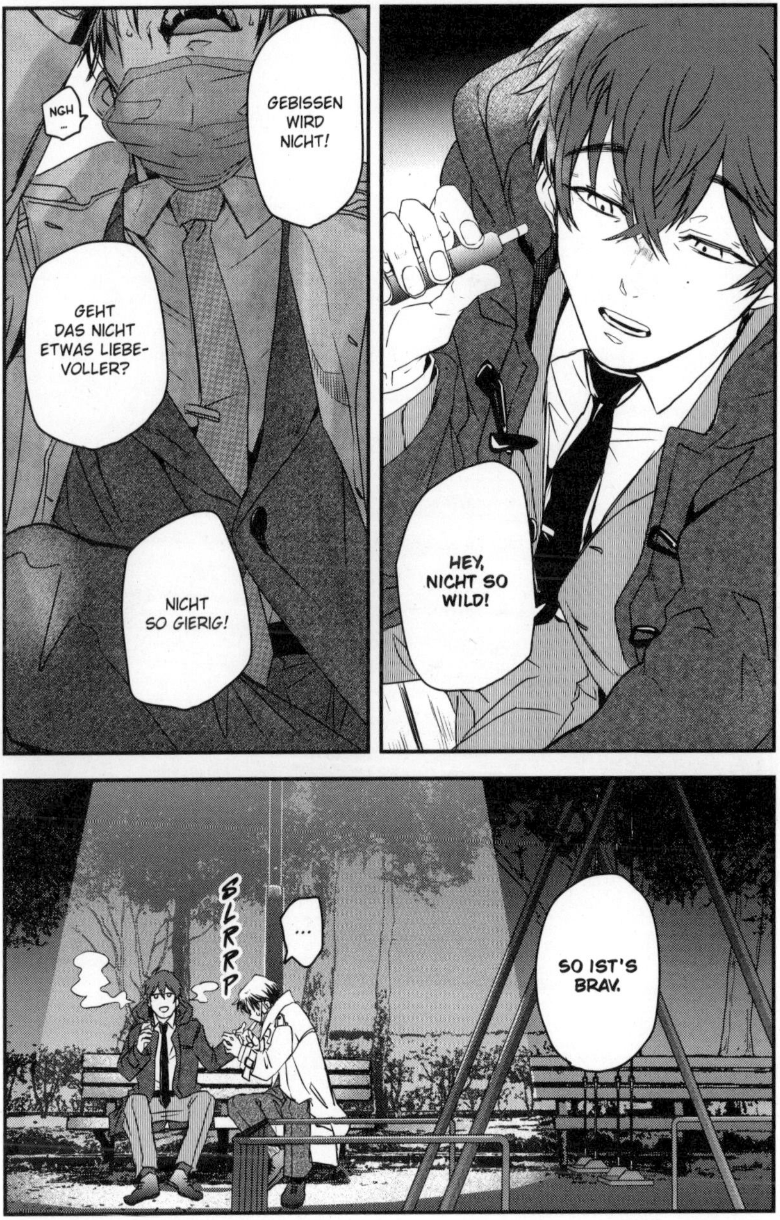
HEY, NICHT SO WILD!
GEBISSEN WIRD NICHT!
NGH ...
GEHT DAS NICHT ETWAS LIEBE-VOLLER?
NICHT SO GIERIG!
SO IST'S BRAV.
...
SLRRP

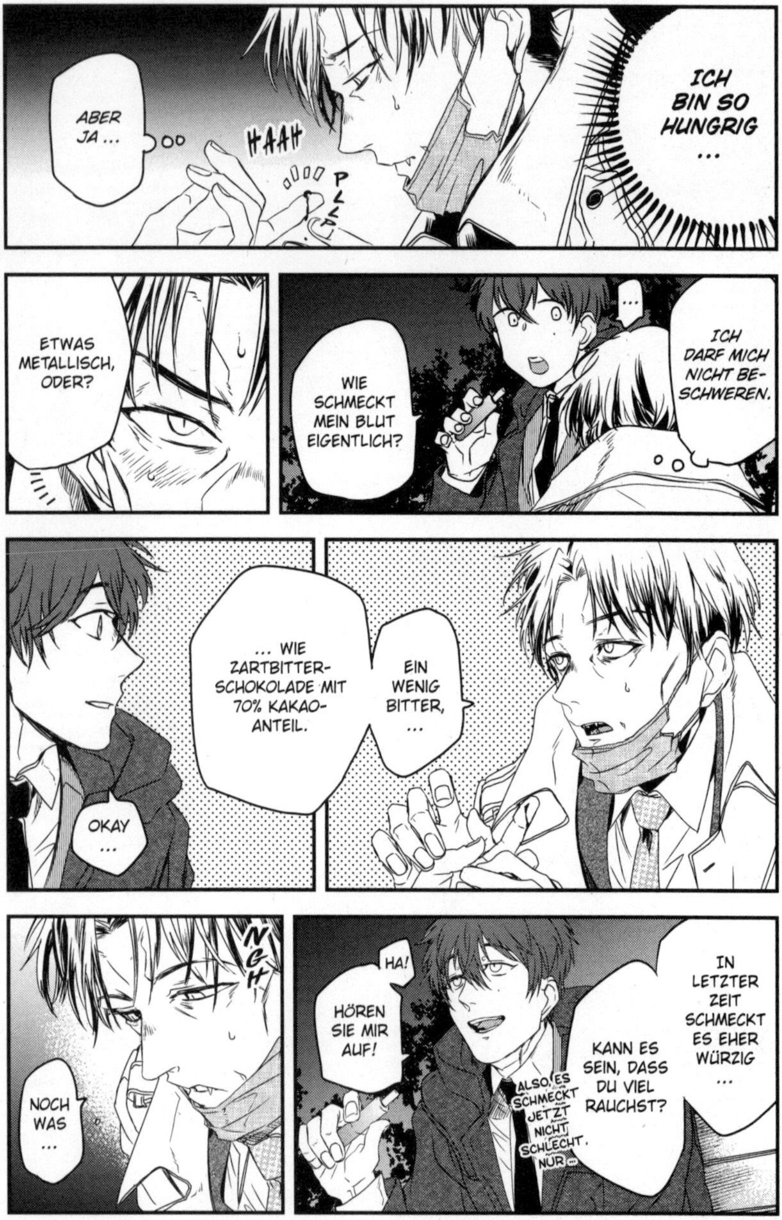
ICH BIN SO HUNGRIG ...
HAAH
PLLP
ABER JA ...
...
ICH DARF MICH NICHT BE-SCHWEREN.
WIE SCHMECKT MEIN BLUT EIGENTLICH?
ETWAS METALLISCH, ODER?
EIN WENIG BITTER, ...
... WIE ZARTBITTER-SCHOKOLADE MIT 70% KAKAO-ANTEIL.
OKAY ...
IN LETZTER ZEIT SCHMECKT ES EHER WÜRZIG ...
KANN ES SEIN, DASS DU VIEL RAUCHST?
ALSO, ES SCHMECKT JETZT NICHT SCHLECHT. NUR ...
HA!
HÖREN SIE MIR AUF!
NGH
NOCH WAS ...

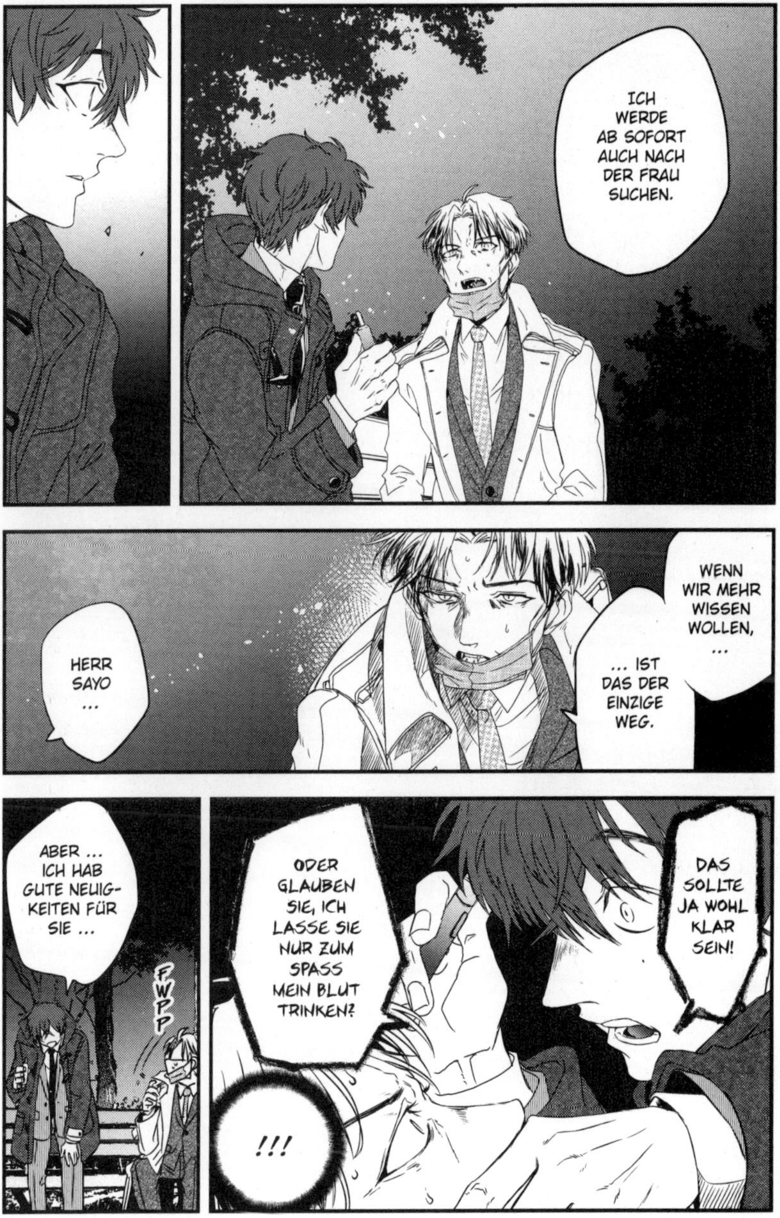
ICH WERDE AB SOFORT AUCH NACH DER FRAU SUCHEN.
WENN WIR MEHR WISSEN WOLLEN, …
… IST DAS DER EINZIGE WEG.
HERR SAYO …
DAS SOLLTE JA WOHL KLAR SEIN!
ODER GLAUBEN SIE, ICH LASSE SIE NUR ZUM SPASS MEIN BLUT TRINKEN?
!!!
ABER … ICH HAB GUTE NEUIG-KEITEN FÜR SIE …
FWPP

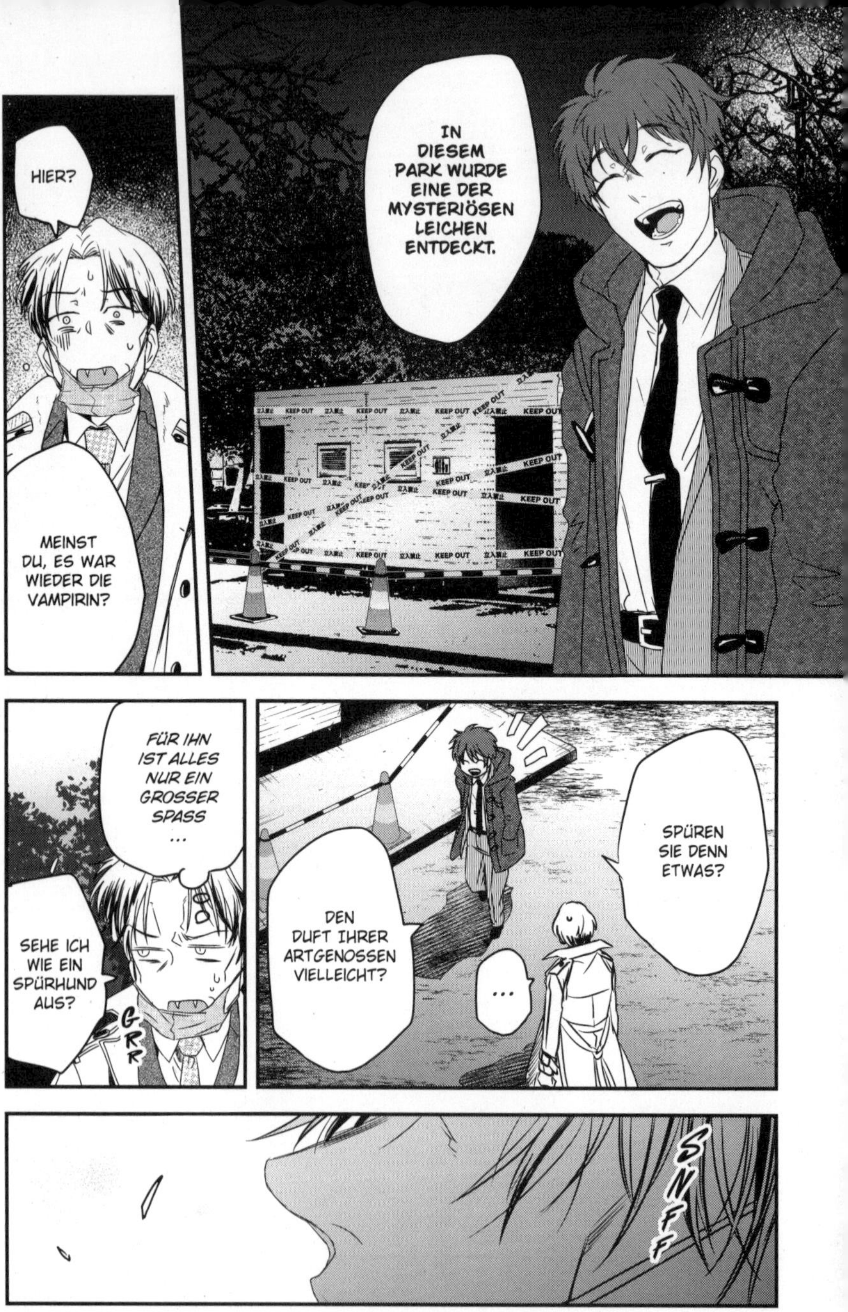
IN DIESEM PARK WURDE EINE DER MYSTERIÖSEN LEICHEN ENTDECKT.
HIER?
MEINST DU, ES WAR WIEDER DIE VAMPIRIN?
KEEP OUT
SPÜREN SIE DENN ETWAS?
DEN DUFT IHRER ARTGENOSSEN VIELLEICHT?
...
FÜR IHN IST ALLES NUR EIN GROSSER SPASS ...
SEHE ICH WIE EIN SPÜRHUND AUS?
GRR
SNFF

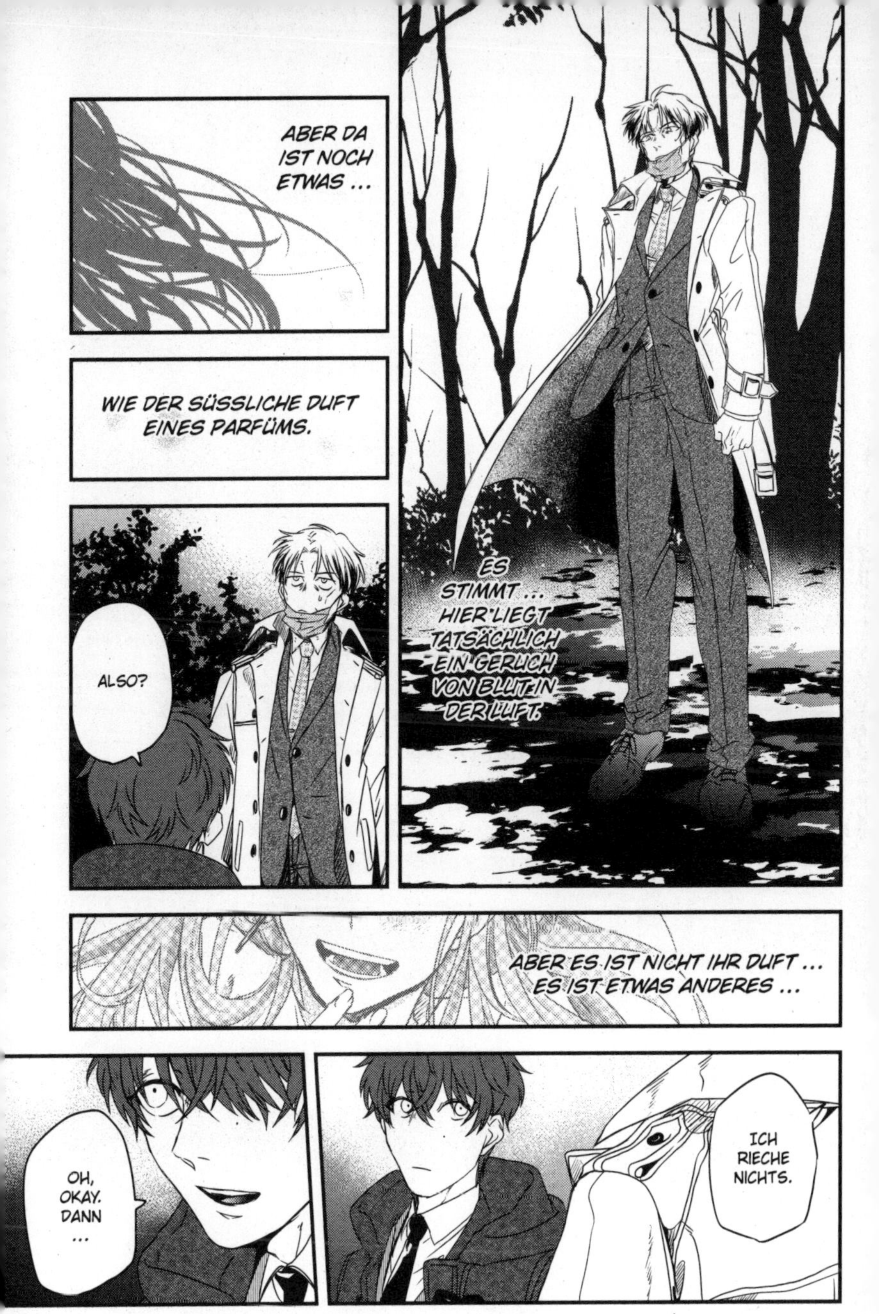
ES STIMMT … HIER LIEGT TATSÄCHLICH EIN GERUCH VON BLUT IN DER LUFT.
ABER DA IST NOCH ETWAS …
WIE DER SÜSSLICHE DUFT EINES PARFÜMS.
ALSO?
ABER ES IST NICHT IHR DUFT … ES IST ETWAS ANDERES …
ICH RIECHE NICHTS.
OH, OKAY. DANN …

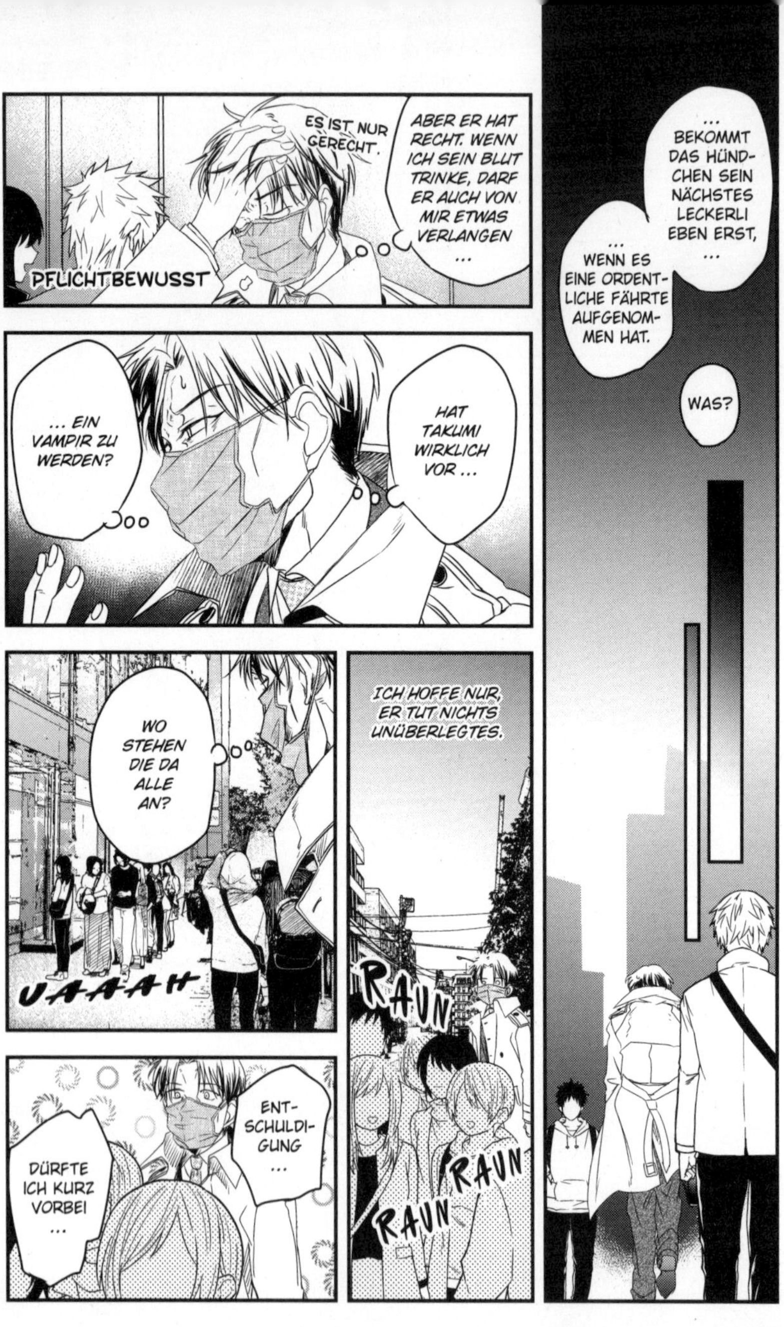

... BEKOMMT DAS HÜNDCHEN SEIN NÄCHSTES LECKERLI EBEN ERST, ...
... WENN ES EINE ORDENTLICHE FÄHRTE AUFGENOMMEN HAT.
WAS?
ABER ER HAT RECHT. WENN ICH SEIN BLUT TRINKE, DARF ER AUCH VON MIR ETWAS VERLANGEN ...
ES IST NUR GERECHT.
PFLICHTBEWUSST
HAT TAKUMI WIRKLICH VOR ...
... EIN VAMPIR ZU WERDEN?
ICH HOFFE NUR, ER TUT NICHTS UNÜBERLEGTES.
RAUN
RAUN
RAUN
WO STEHEN DIE DA ALLE AN?
UAAAH
ENT-SCHULDIGUNG ...
DÜRFTE ICH KURZ VORBEI ...

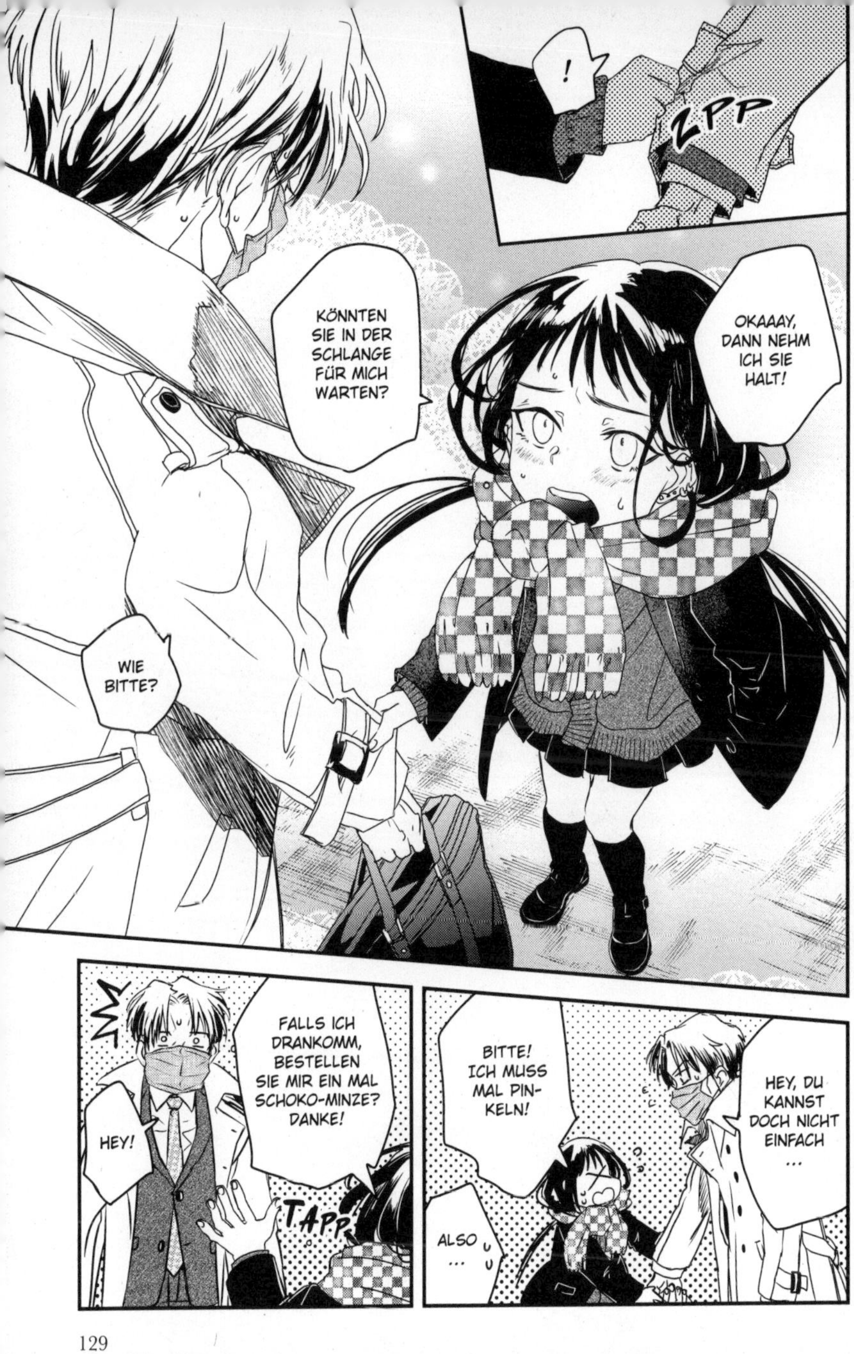
!
ZPP
OKAAAY, DANN NEHM ICH SIE HALT!
KÖNNTEN SIE IN DER SCHLANGE FÜR MICH WARTEN?
WIE BITTE?
HEY, DU KANNST DOCH NICHT EINFACH ...
BITTE! ICH MUSS MAL PIN-KELN!
ALSO ...
FALLS ICH DRANKOMM, BESTELLEN SIE MIR EIN MAL SCHOKO-MINZE? DANKE!
HEY!
TAPP

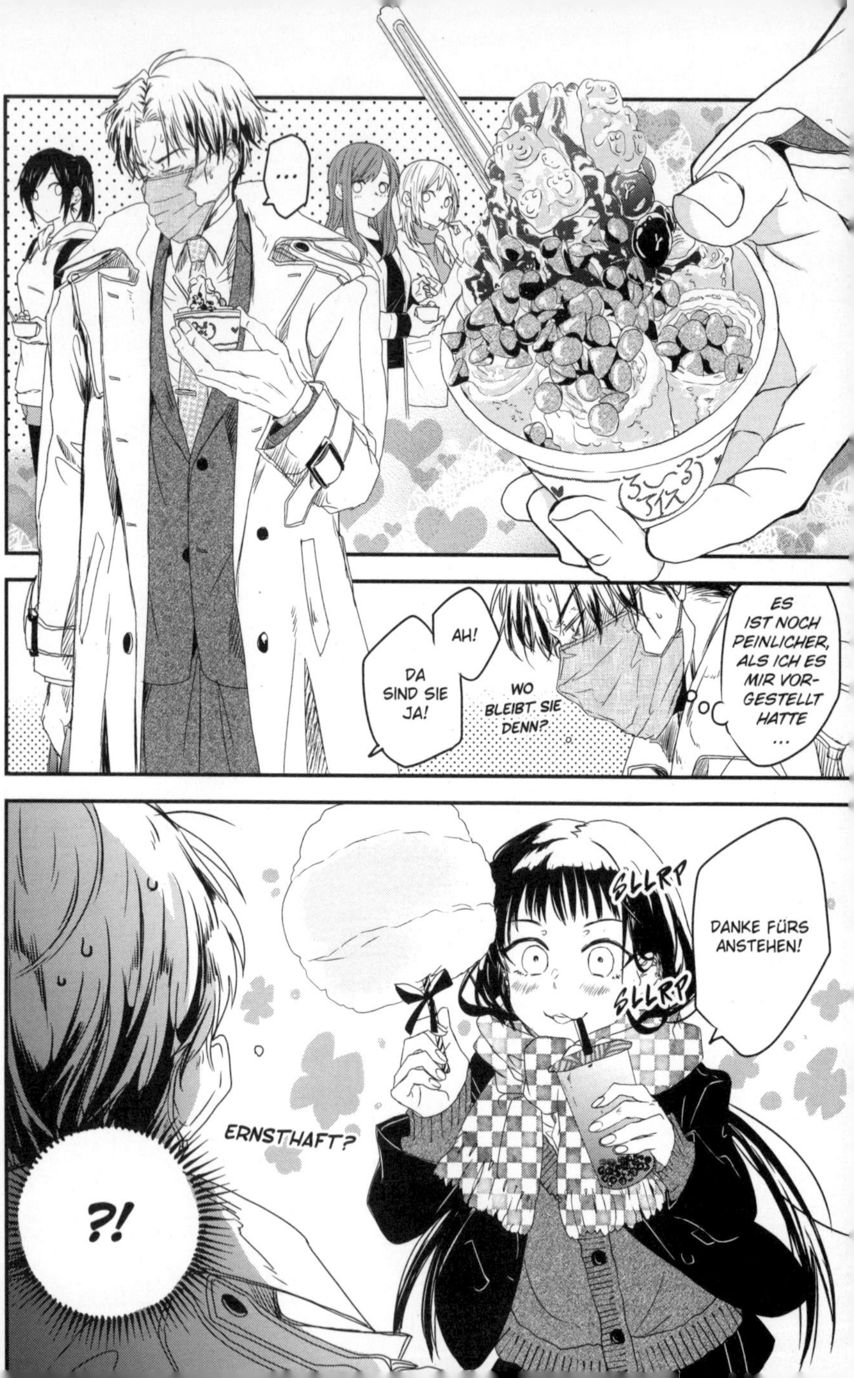
...
ES IST NOCH PEINLICHER, ALS ICH ES MIR VOR-GESTELLT HATTE ...
WO BLEIBT SIE DENN?
AH!
DA SIND SIE JA!
DANKE FÜRS ANSTEHEN!
SLLRP
SLLRP
ERNSTHAFT?
?!

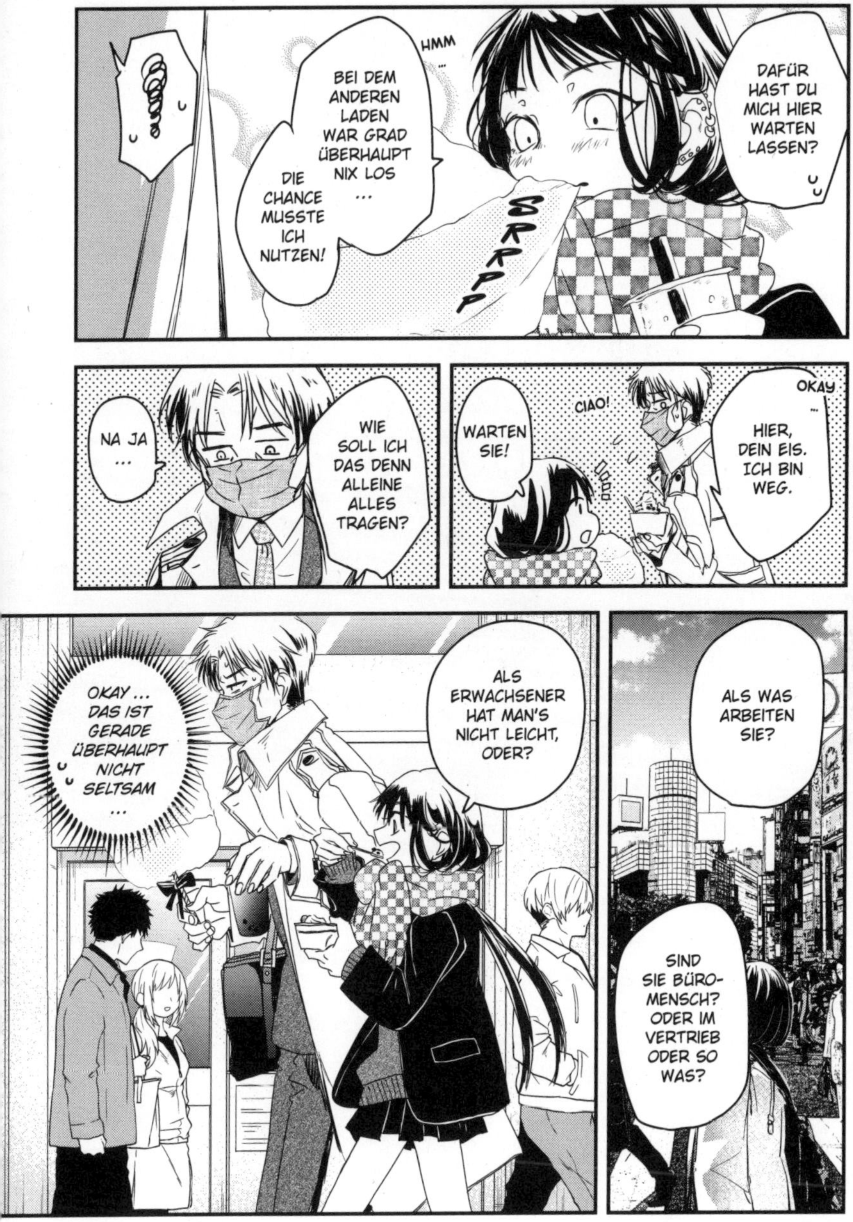
DAFÜR HAST DU MICH HIER WARTEN LASSEN?
HMM ...
BEI DEM ANDEREN LADEN WAR GRAD ÜBERHAUPT NIX LOS ...
DIE CHANCE MUSSTE ICH NUTZEN!
SRRPP
OKAY ...
HIER, DEIN EIS. ICH BIN WEG.
CIAO!
WARTEN SIE!
WIE SOLL ICH DAS DENN ALLEINE ALLES TRAGEN?
NA JA ...
ALS WAS ARBEITEN SIE?
SIND SIE BÜRO-MENSCH? ODER IM VERTRIEB ODER SO WAS?
ALS ERWACHSENER HAT MAN'S NICHT LEICHT, ODER?
OKAY ... DAS IST GERADE ÜBERHAUPT NICHT SELTSAM ...

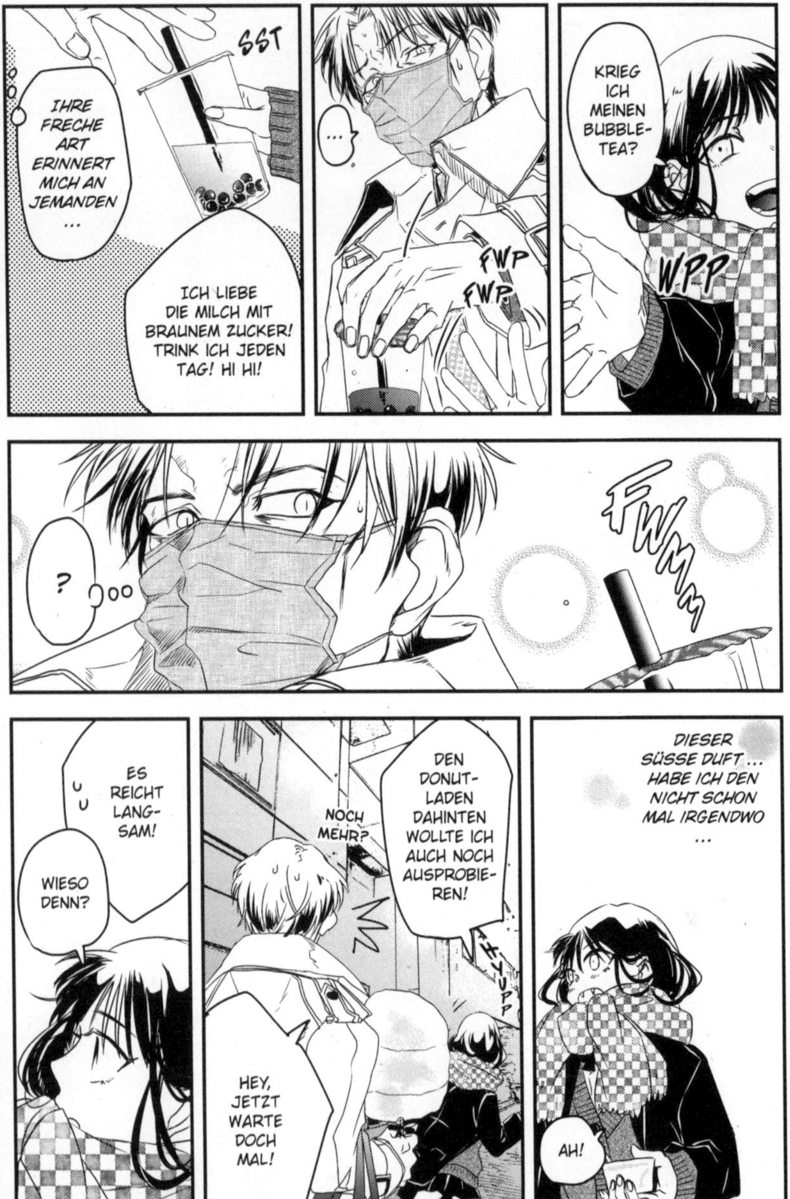
KRIEG ICH MEINEN BUBBLE-TEA?
WPP
...
FWP FWP
SST
IHRE FRECHE ART ERINNERT MICH AN JEMANDEN ...
ICH LIEBE DIE MILCH MIT BRAUNEM ZUCKER! TRINK ICH JEDEN TAG! HI HI!
FWMM
?
DIESER SÜSSE DUFT ... HABE ICH DEN NICHT SCHON MAL IRGENDWO ...
AH!
DEN DONUT-LADEN DAHINTEN WOLLTE ICH AUCH NOCH AUSPROBIEREN!
NOCH MEHR?
HEY, JETZT WARTE DOCH MAL!
ES REICHT LANGSAM!
WIESO DENN?

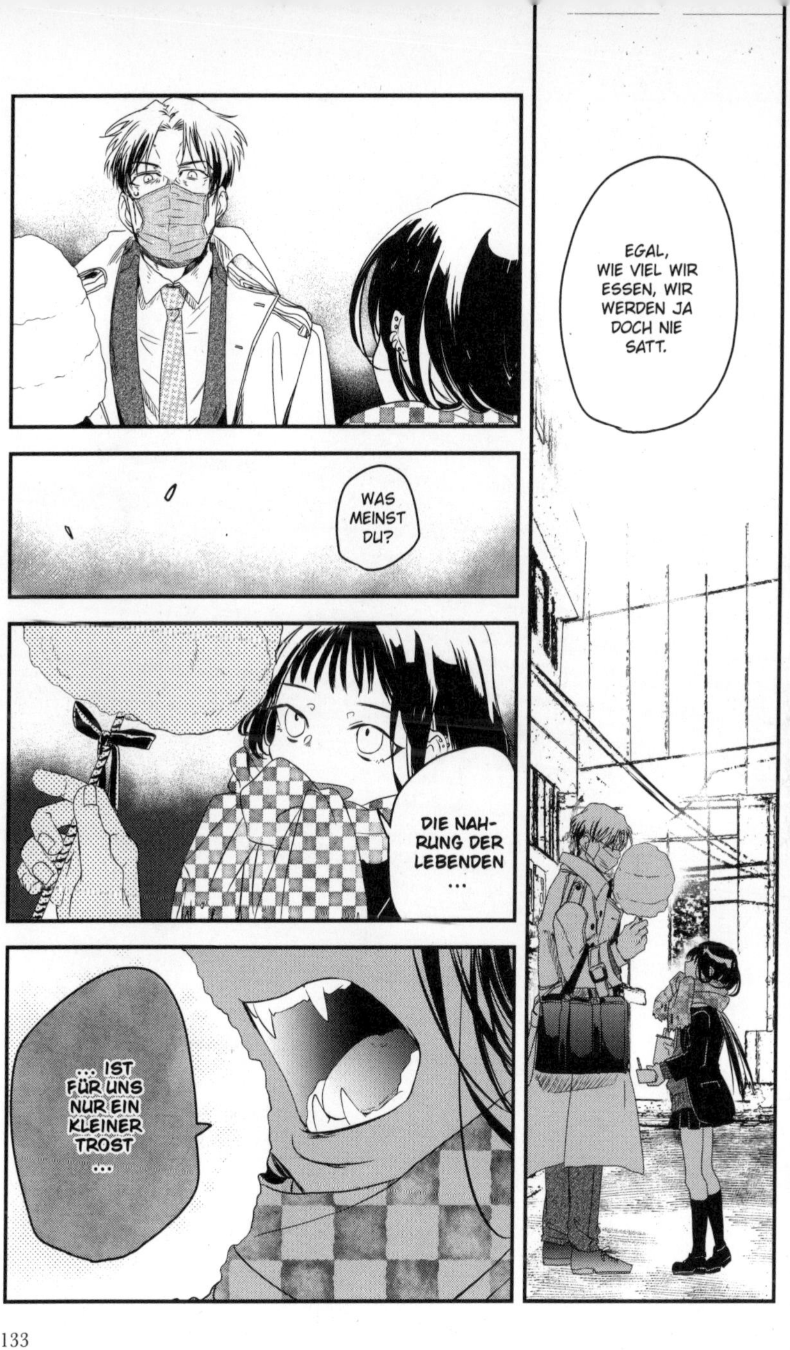
EGAL, WIE VIEL WIR ESSEN, WIR WERDEN JA DOCH NIE SATT.
WAS MEINST DU?
DIE NAHRUNG DER LEBENDEN ...
... IST FÜR UNS NUR EIN KLEINER TROST ...

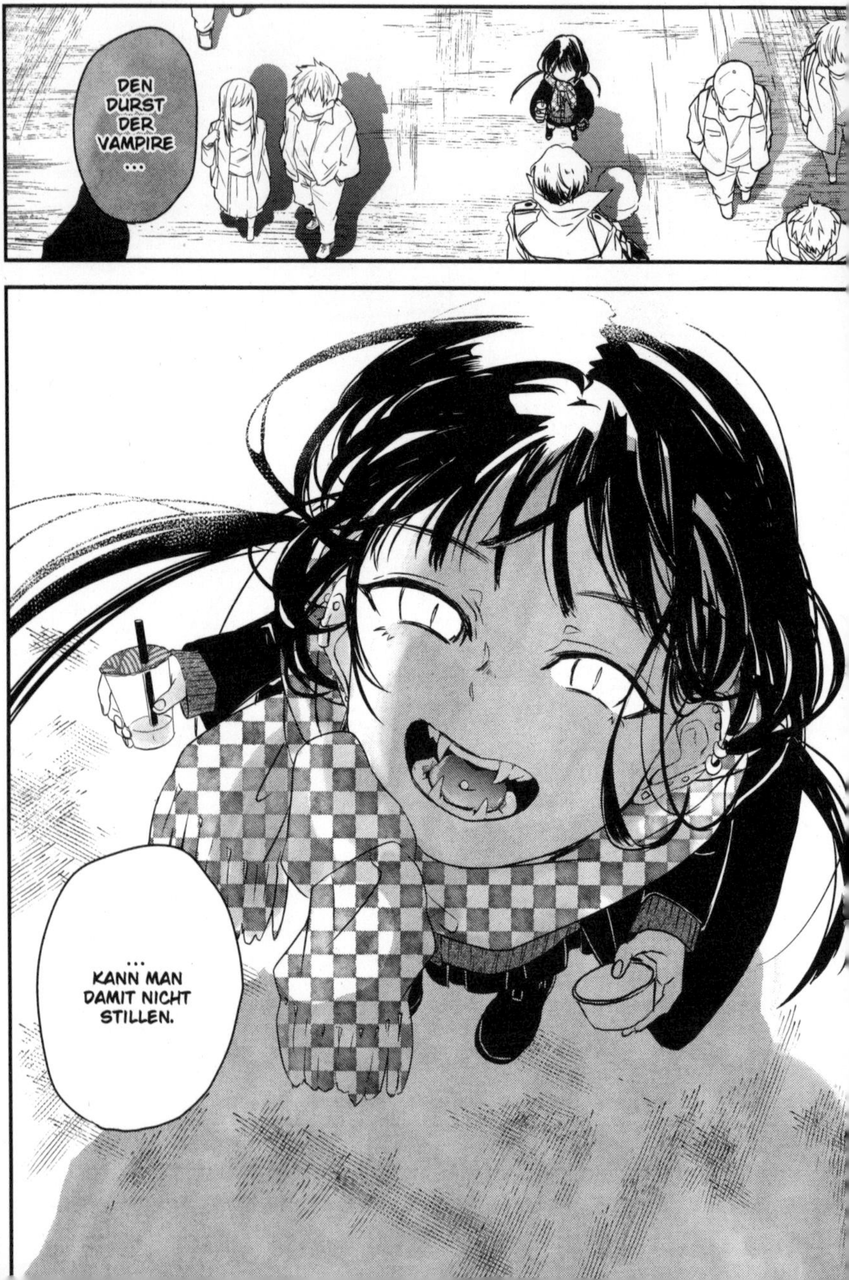
DEN DURST DER VAMPIRE ...
... KANN MAN DAMIT NICHT STILLEN.

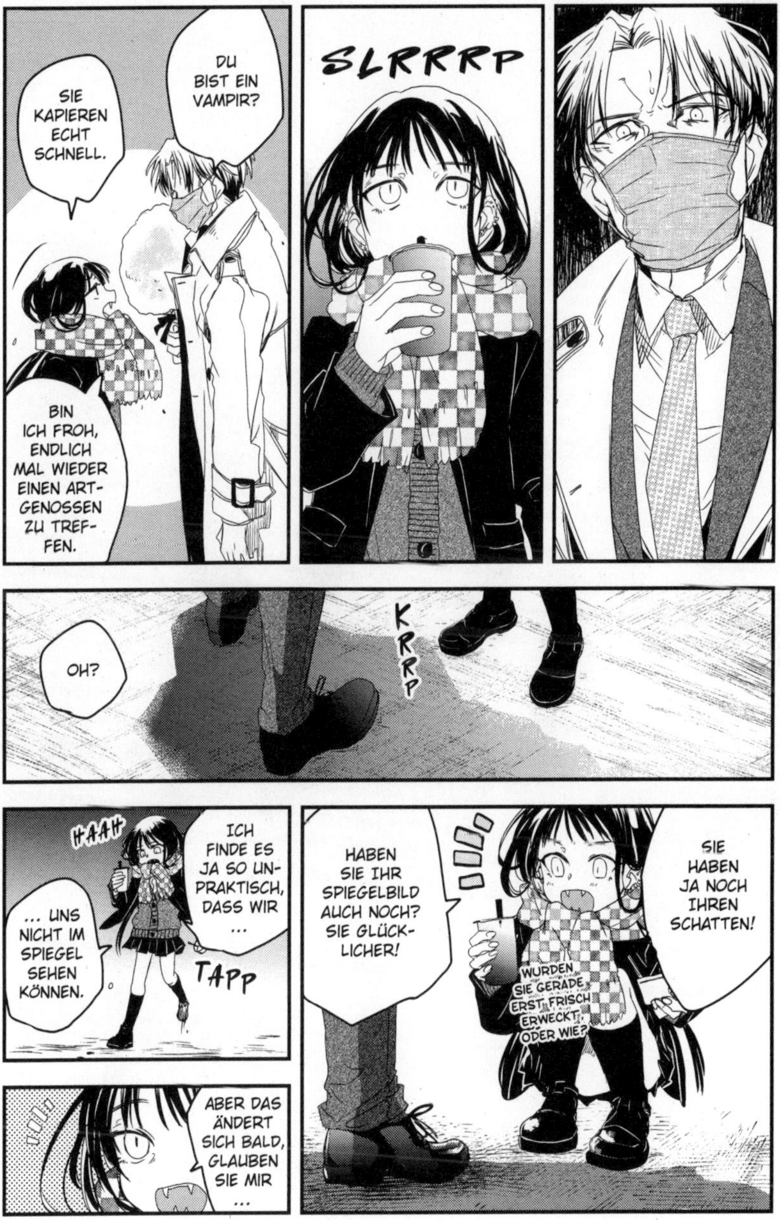
SLRRRP
DU BIST EIN VAMPIR?
SIE KAPIEREN ECHT SCHNELL.
BIN ICH FROH, ENDLICH MAL WIEDER EINEN ARTGENOSSEN ZU TREFFEN.
KRRP
OH?
SIE HABEN JA NOCH IHREN SCHATTEN!
HABEN SIE IHR SPIEGELBILD AUCH NOCH? SIE GLÜCKLICHER!
WURDEN SIE GERADE ERST FRISCH ERWECKT, ODER WIE?
HAAH
ICH FINDE ES JA SO UNPRAKTISCH, DASS WIR ...
TAPP
... UNS NICHT IM SPIEGEL SEHEN KÖNNEN.
ABER DAS ÄNDERT SICH BALD, GLAUBEN SIE MIR ...

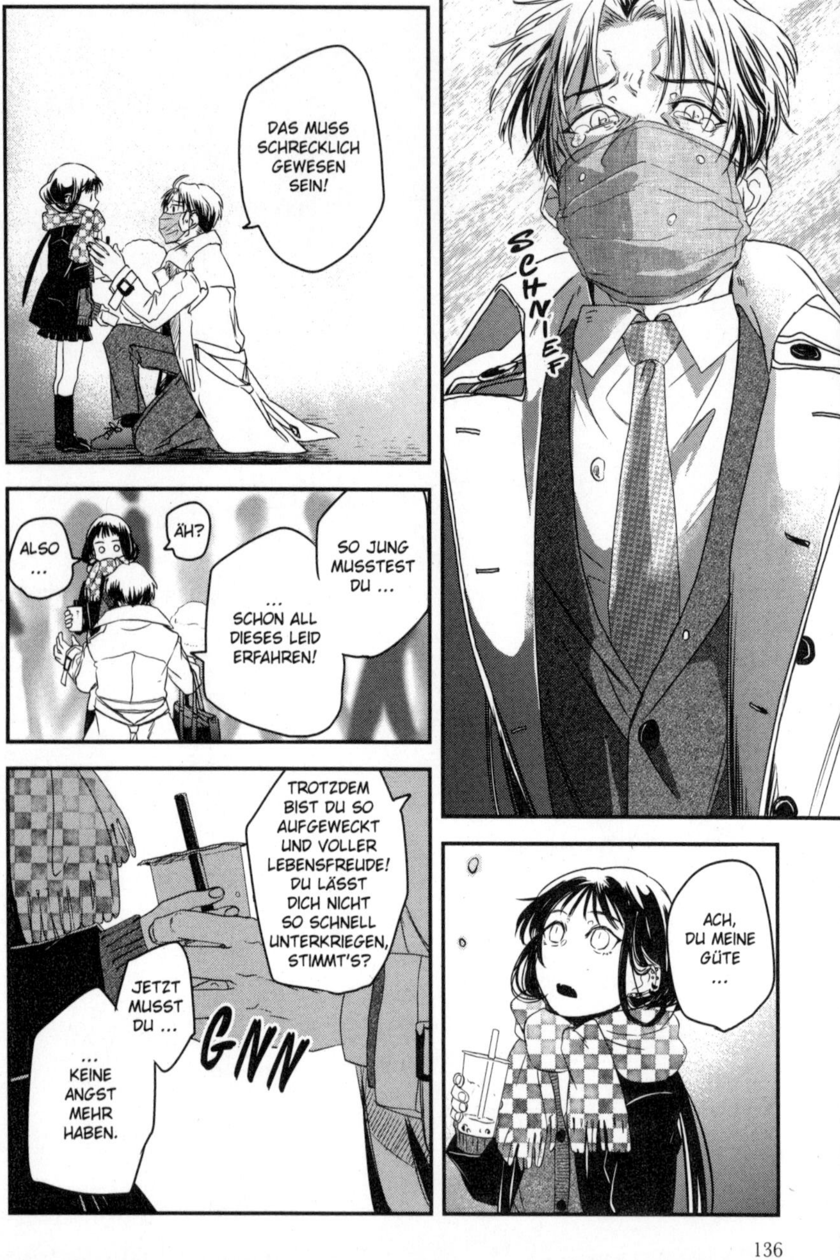
DAS MUSS SCHRECKLICH GEWESEN SEIN!
ALSO ...
ÄH?
SO JUNG MUSSTEST DU ...
... SCHON ALL DIESES LEID ERFAHREN!
TROTZDEM BIST DU SO AUFGEWECKT UND VOLLER LEBENSFREUDE! DU LÄSST DICH NICHT SO SCHNELL UNTERKRIEGEN, STIMMT'S?
JETZT MUSST DU ...
... KEINE ANGST MEHR HABEN.
GNN
SCHNIEF
ACH, DU MEINE GÜTE ...

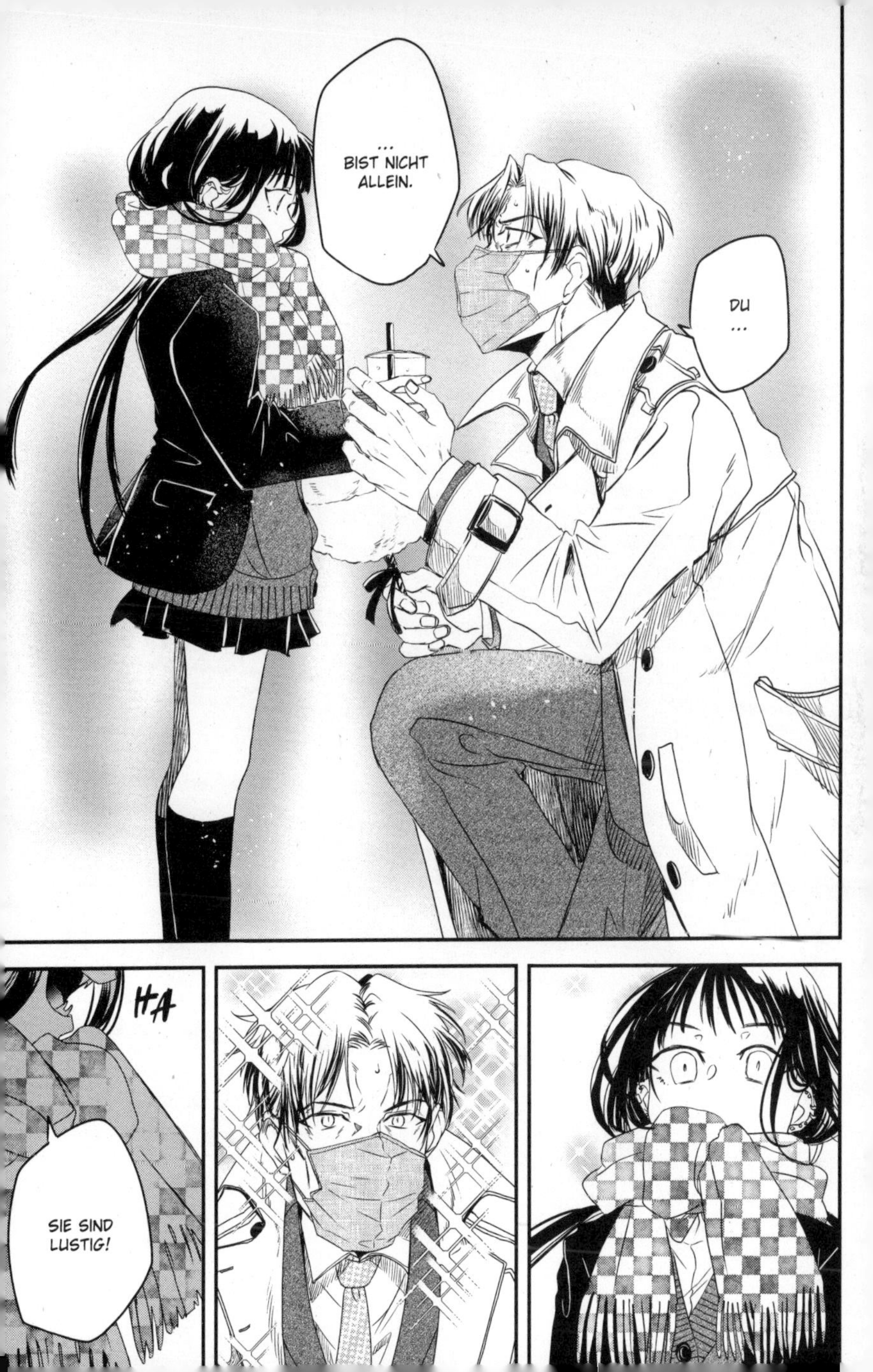
DU ...
... BIST NICHT ALLEIN.
HA
SIE SIND LUSTIG!

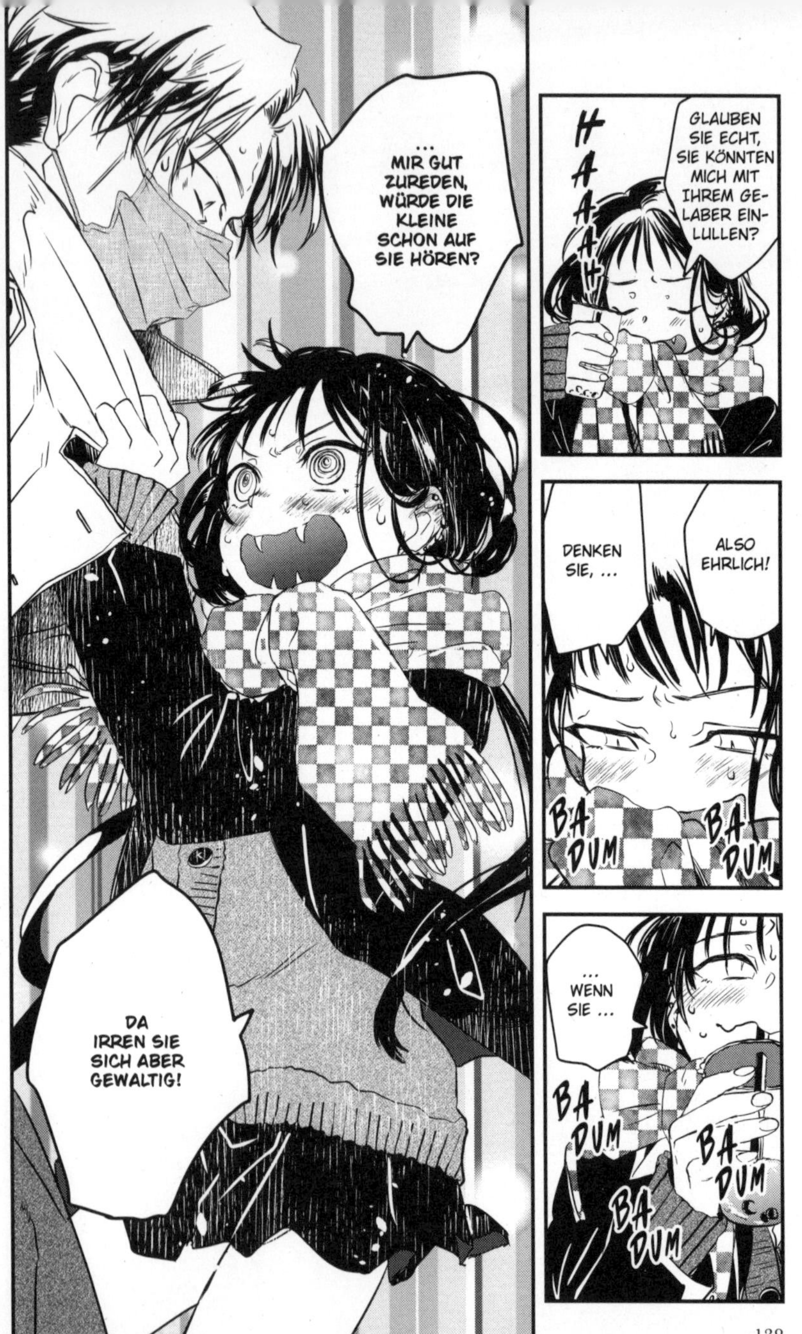
HAAAH
GLAUBEN SIE ECHT, SIE KÖNNTEN MICH MIT IHREM GE-LABER EIN-LULLEN?
ALSO EHRLICH!
DENKEN SIE, ...
BA DUM
BA DUM
... WENN SIE ...
BA DUM
BA DUM
BA DUM
... MIR GUT ZUREDEN, WÜRDE DIE KLEINE SCHON AUF SIE HÖREN?
DA IRREN SIE SICH ABER GEWALTIG!

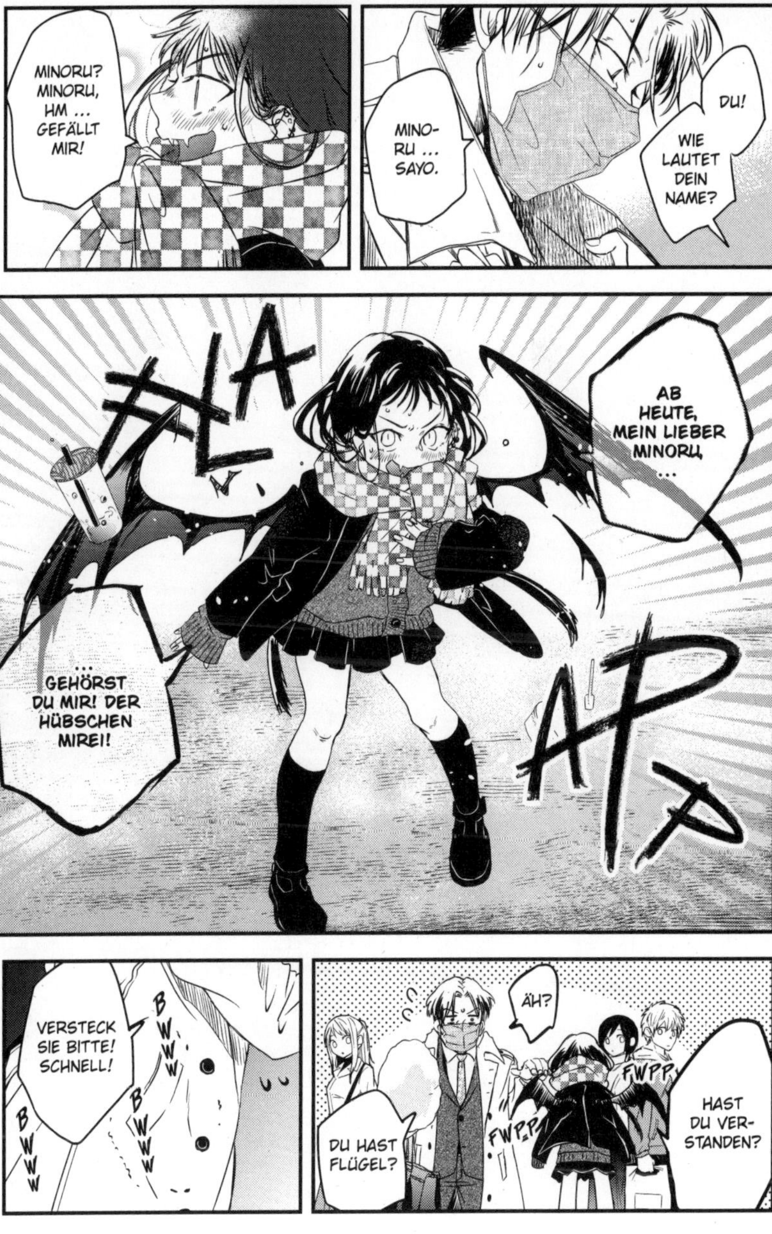
DU!
WIE LAUTET DEIN NAME?
MINO-RU ... SAYO.
MINORU? MINORU, HM ... GEFÄLLT MIR!
AB HEUTE, MEIN LIEBER MINORU, ...
... GEHÖRST DU MIR! DER HÜBSCHEN MIREI!
ÄH?
FWPP
HAST DU VER-STANDEN?
FWPP
DU HAST FLÜGEL?
VERSTECK SIE BITTE! SCHNELL!
BWWW
BWWW
BWWW

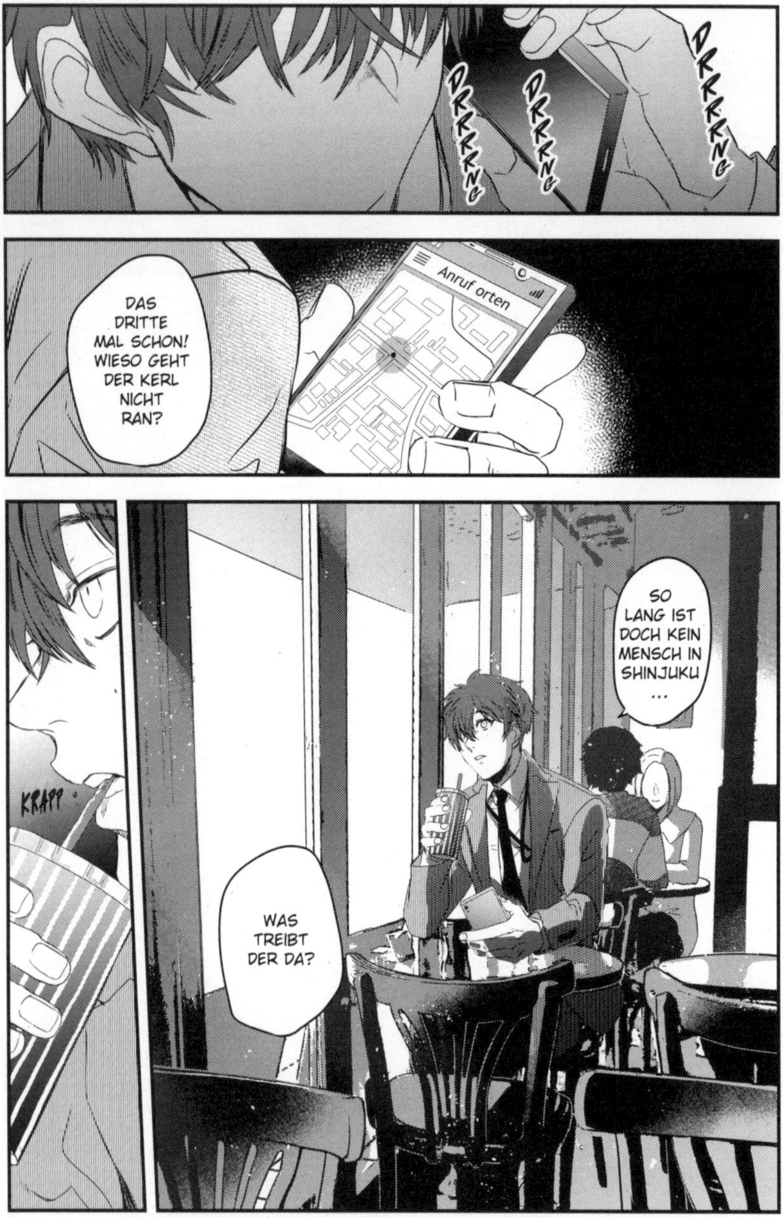
DRRRRNG
DRRRRNG
DRRRRNG
Anruf orten
DAS DRITTE MAL SCHON! WIESO GEHT DER KERL NICHT RAN?
SO LANG IST DOCH KEIN MENSCH IN SHINJUKU ...
WAS TREIBT DER DA?
KRAPP

7. Nacht – Ende

8. Nacht: Die Nacht der Narren

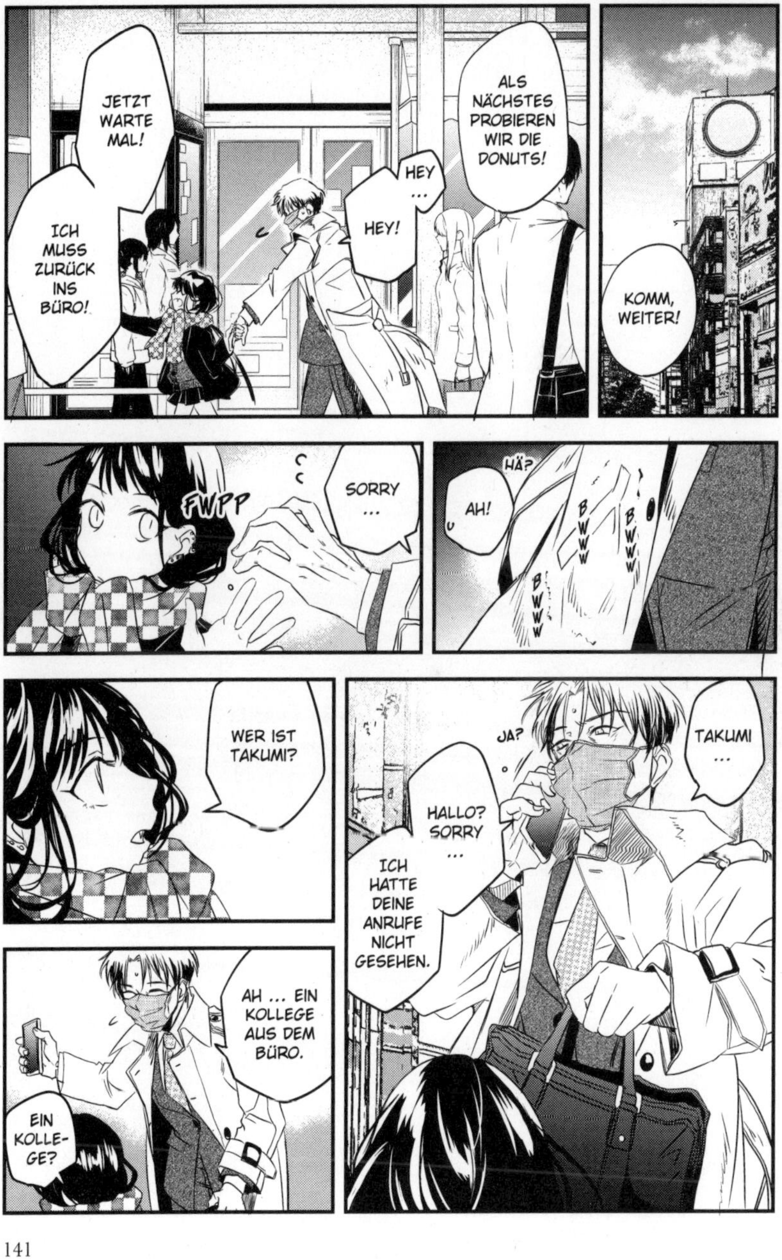

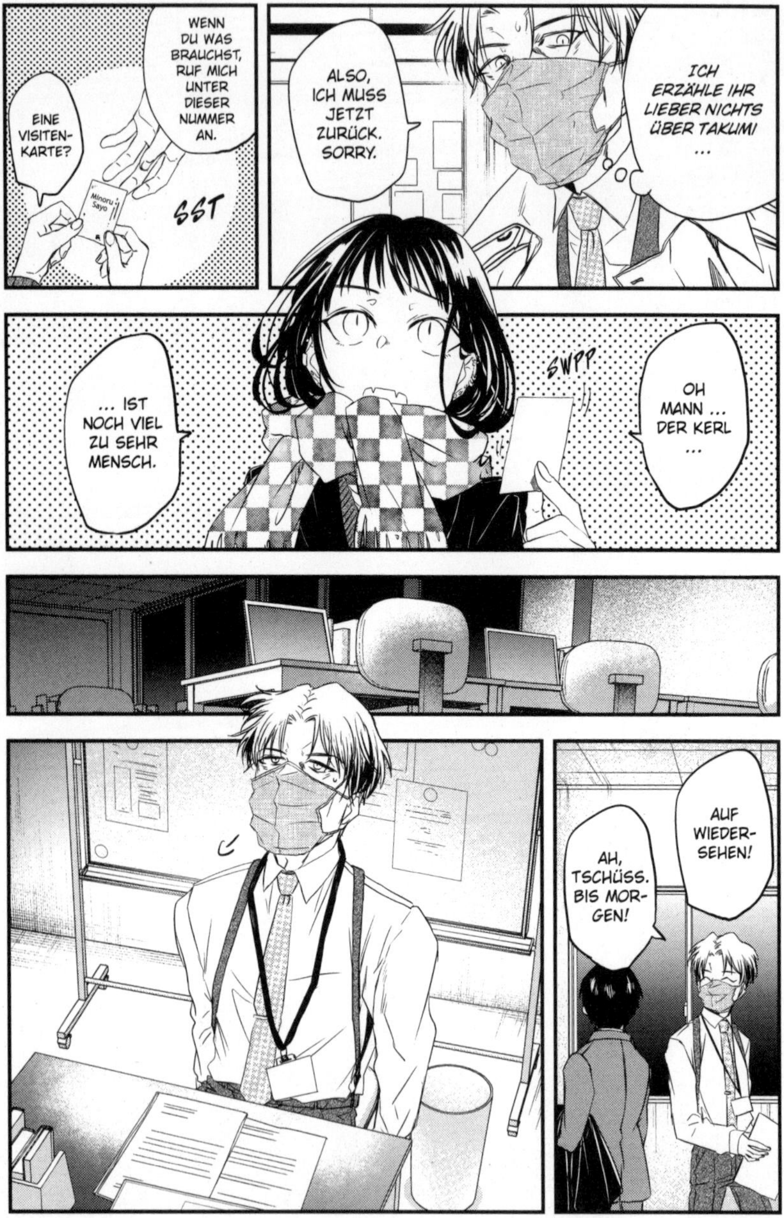
ICH ERZÄHLE IHR LIEBER NICHTS ÜBER TAKUMI …
ALSO, ICH MUSS JETZT ZURÜCK. SORRY.
WENN DU WAS BRAUCHST, RUF MICH UNTER DIESER NUMMER AN.
EINE VISITEN-KARTE?
Minoru Sayo
SST
SWPP
OH MANN … DER KERL …
… IST NOCH VIEL ZU SEHR MENSCH.
AUF WIEDER-SEHEN!
AH, TSCHÜSS. BIS MOR-GEN!

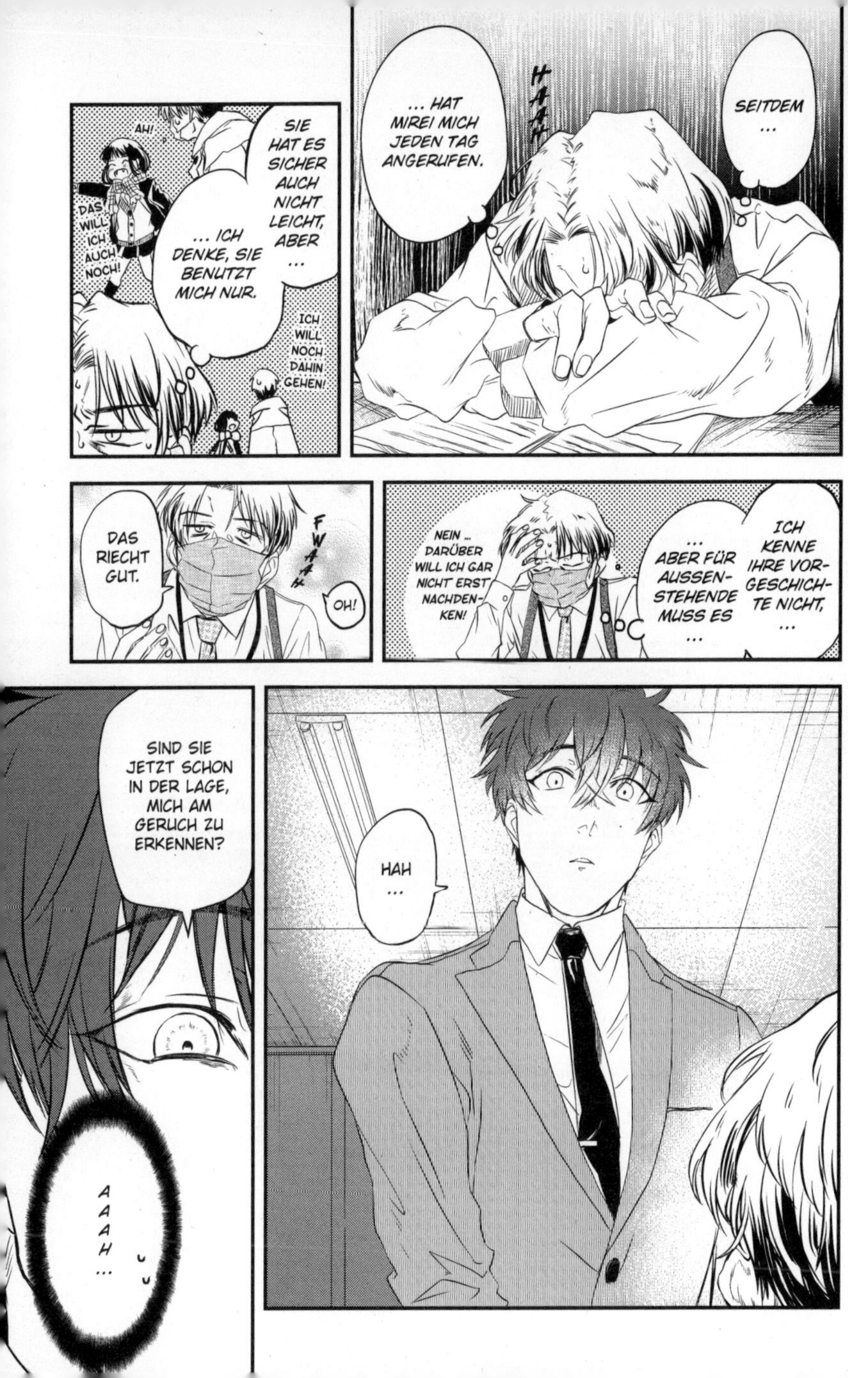
SEITDEM …
HAAAH
… HAT MIREI MICH JEDEN TAG ANGERUFEN.
SIE HAT ES SICHER AUCH NICHT LEICHT, ABER …
… ICH DENKE, SIE BENUTZT MICH NUR.
AH!
DAS WILL ICH AUCH NOCH!
ICH WILL NOCH DAHIN GEHEN!
ICH KENNE IHRE VORGESCHICHTE NICHT, …
… ABER FÜR AUSSENSTEHENDE MUSS ES …
NEIN … DARÜBER WILL ICH GAR NICHT ERST NACHDENKEN!
OH!
FWAAAH
DAS RIECHT GUT.
HAH …
SIND SIE JETZT SCHON IN DER LAGE, MICH AM GERUCH ZU ERKENNEN?
AAAAH …

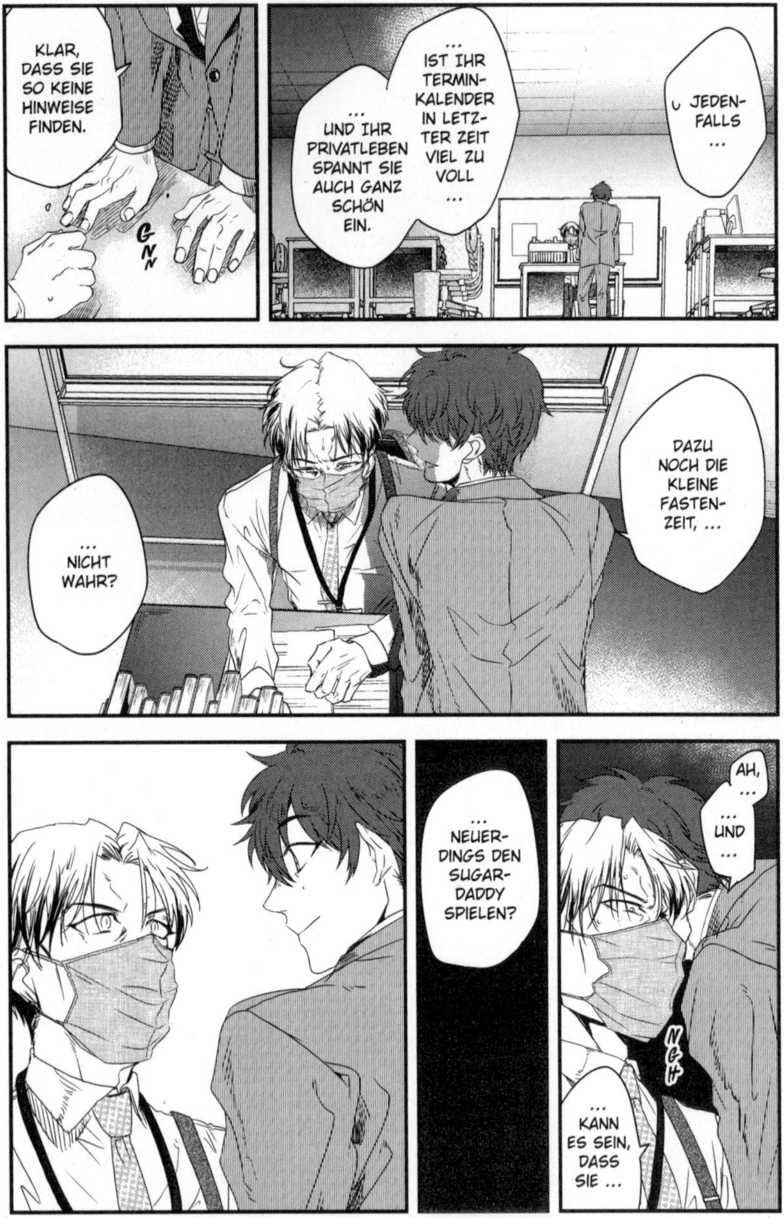
JEDEN-FALLS …
… IST IHR TERMIN-KALENDER IN LETZTER ZEIT VIEL ZU VOLL …
… UND IHR PRIVATLEBEN SPANNT SIE AUCH GANZ SCHÖN EIN.
KLAR, DASS SIE SO KEINE HINWEISE FINDEN.
GNN
DAZU NOCH DIE KLEINE FASTEN-ZEIT, …
… NICHT WAHR?
AH, …
… UND …
NGH
… KANN ES SEIN, DASS SIE …
… NEUERDINGS DEN SUGAR-DADDY SPIELEN?

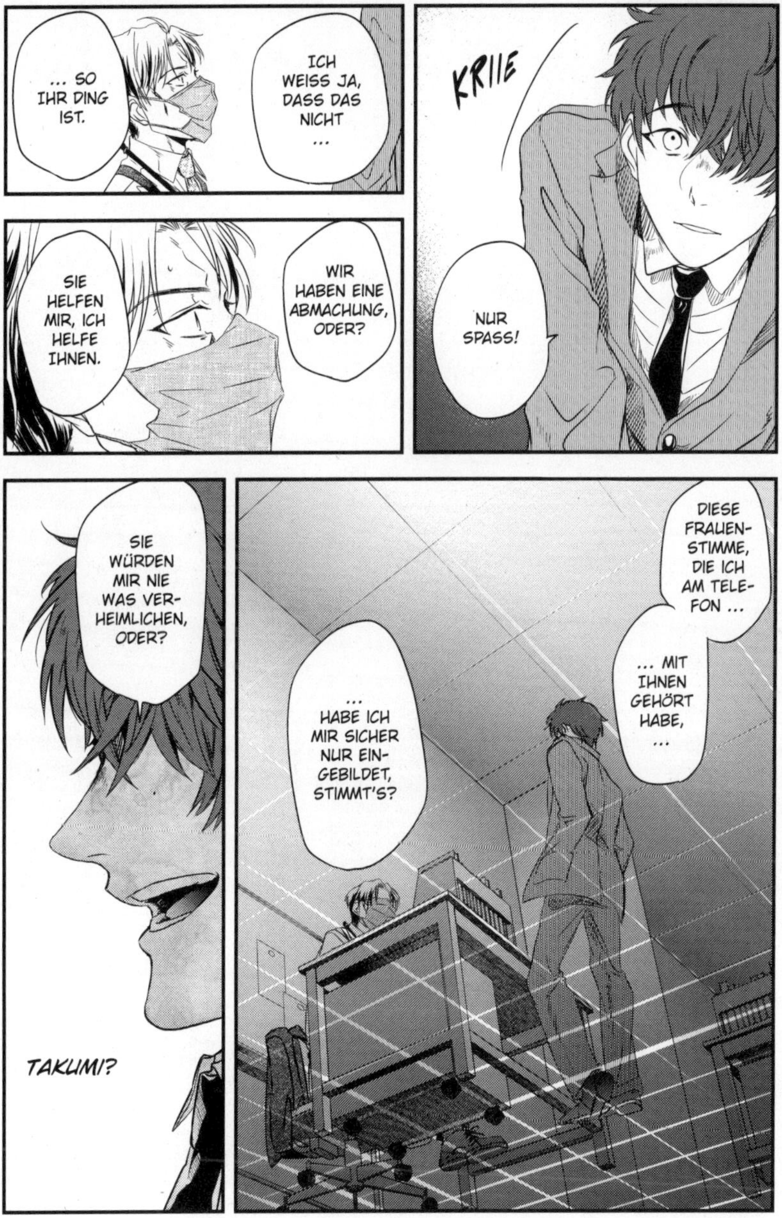
KRIIE
NUR SPASS!
ICH WEISS JA, DASS DAS NICHT …
… SO IHR DING IST.
WIR HABEN EINE ABMACHUNG, ODER?
SIE HELFEN MIR, ICH HELFE IHNEN.
DIESE FRAUEN-STIMME, DIE ICH AM TELE-FON …
… MIT IHNEN GEHÖRT HABE, …
… HABE ICH MIR SICHER NUR EIN-GEBILDET, STIMMT'S?
SIE WÜRDEN MIR NIE WAS VER-HEIMLICHEN, ODER?
TAKUMI?

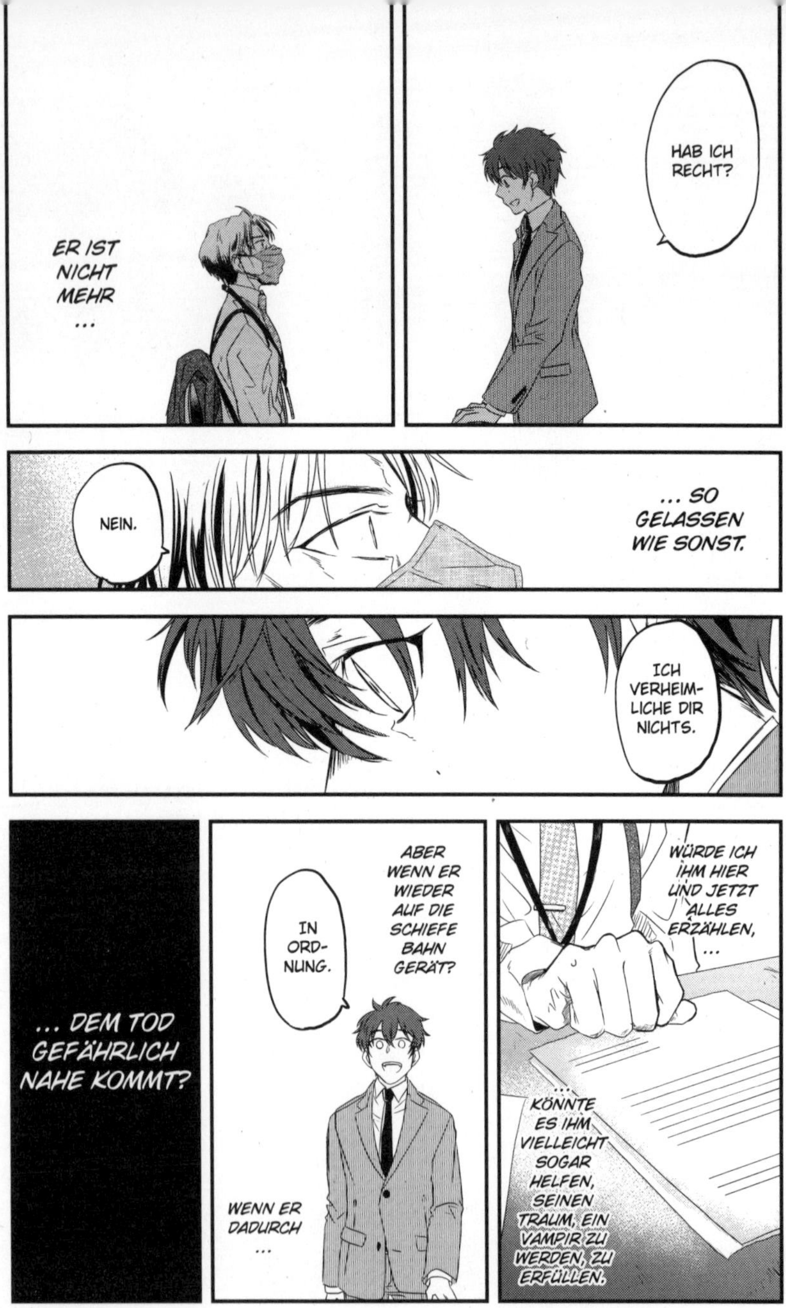
HAB ICH RECHT?
ER IST NICHT MEHR …
… SO GELASSEN WIE SONST.
NEIN.
ICH VERHEIMLICHE DIR NICHTS.
WÜRDE ICH IHM HIER UND JETZT ALLES ERZÄHLEN, …
… KÖNNTE ES IHM VIELLEICHT SOGAR HELFEN, SEINEN TRAUM, EIN VAMPIR ZU WERDEN, ZU ERFÜLLEN.
ABER WENN ER WIEDER AUF DIE SCHIEFE BAHN GERÄT?
IN ORDNUNG.
WENN ER DADURCH …
… DEM TOD GEFÄHRLICH NAHE KOMMT?

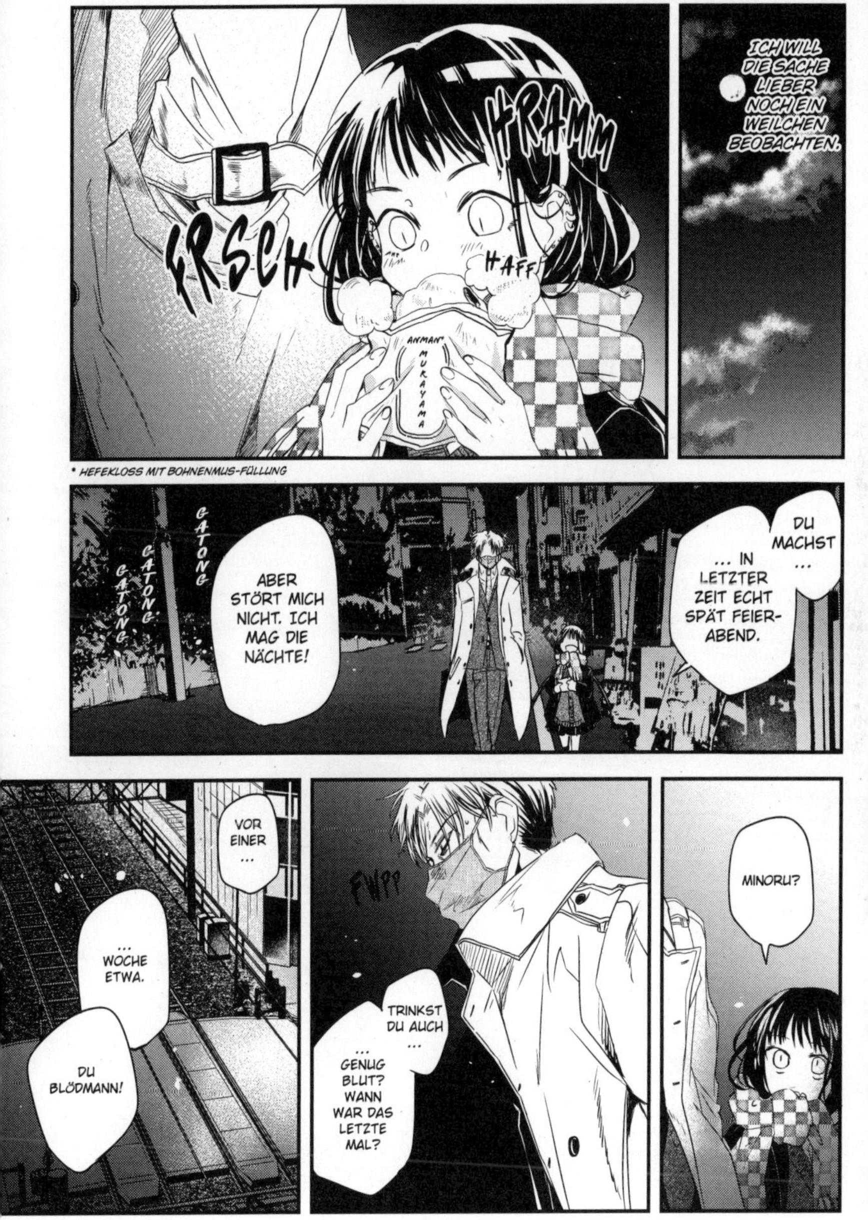

* HEFEKLOSS MIT BOHNENMUS-FÜLLUNG

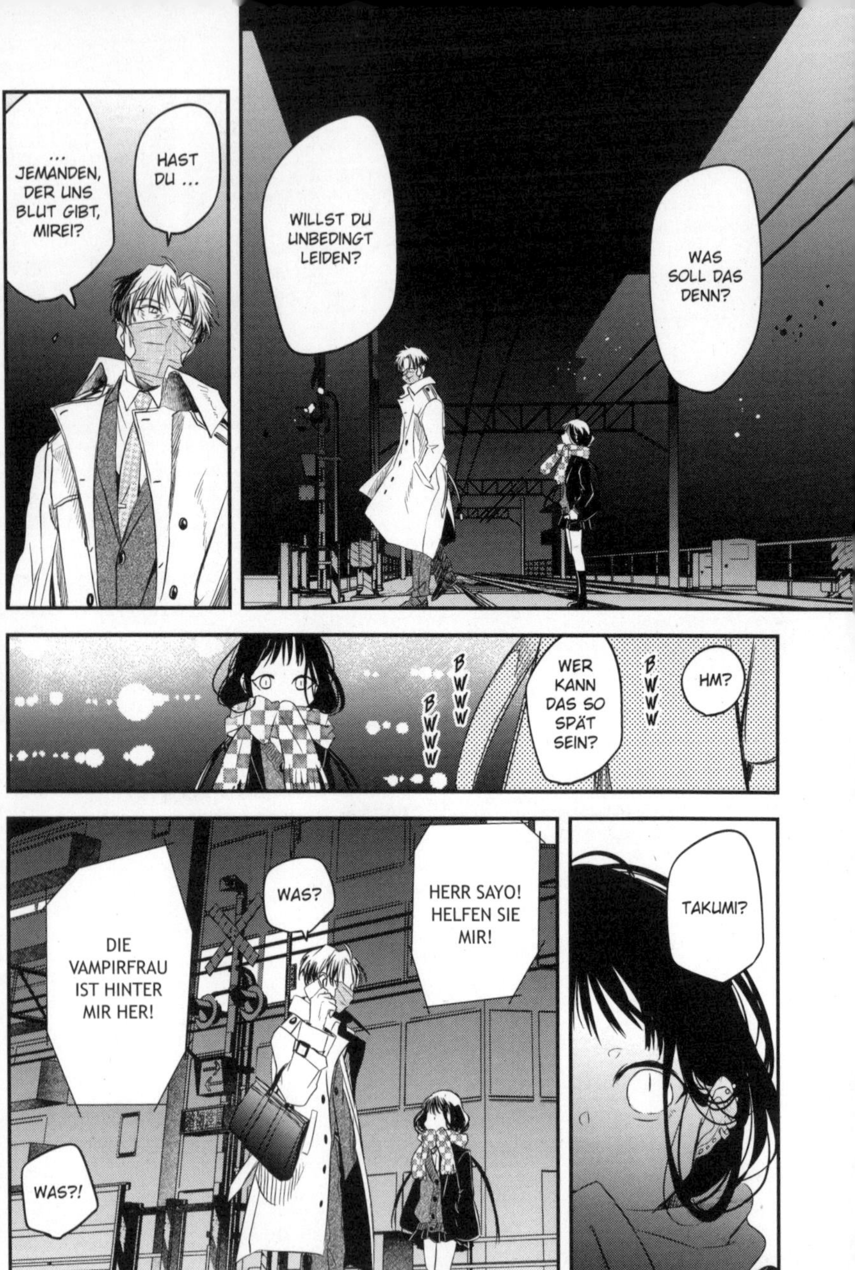
WAS SOLL DAS DENN?
WILLST DU UNBEDINGT LEIDEN?
HAST DU ...
... JEMANDEN, DER UNS BLUT GIBT, MIREI?
HM?
BWWW
WER KANN DAS SO SPÄT SEIN?
BWWW
BWWW
TAKUMI?
HERR SAYO! HELFEN SIE MIR!
WAS?
DIE VAMPIRFRAU IST HINTER MIR HER!
WAS?!

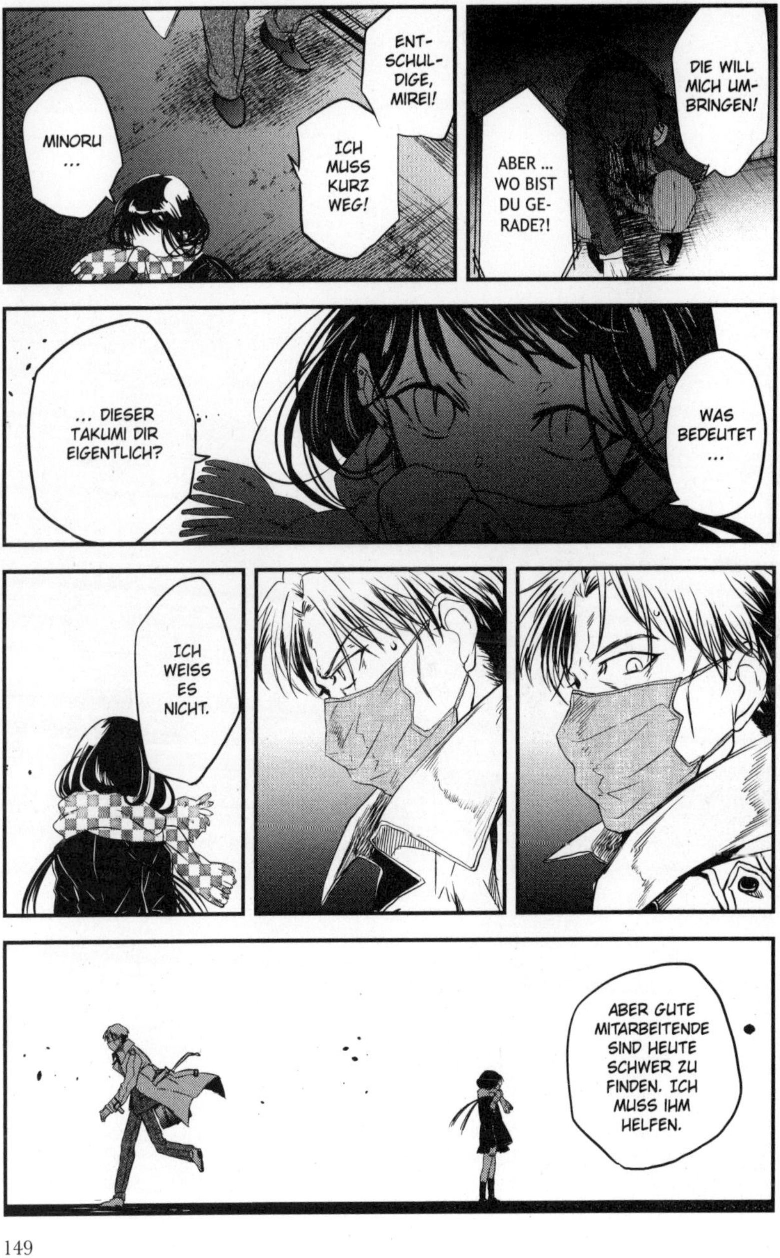
DIE WILL MICH UMBRINGEN!
ABER ... WO BIST DU GERADE?!
ENTSCHULDIGE, MIREI!
ICH MUSS KURZ WEG!
MINORU ...
WAS BEDEUTET ...
... DIESER TAKUMI DIR EIGENTLICH?
ICH WEISS ES NICHT.
ABER GUTE MITARBEITENDE SIND HEUTE SCHWER ZU FINDEN. ICH MUSS IHM HELFEN.

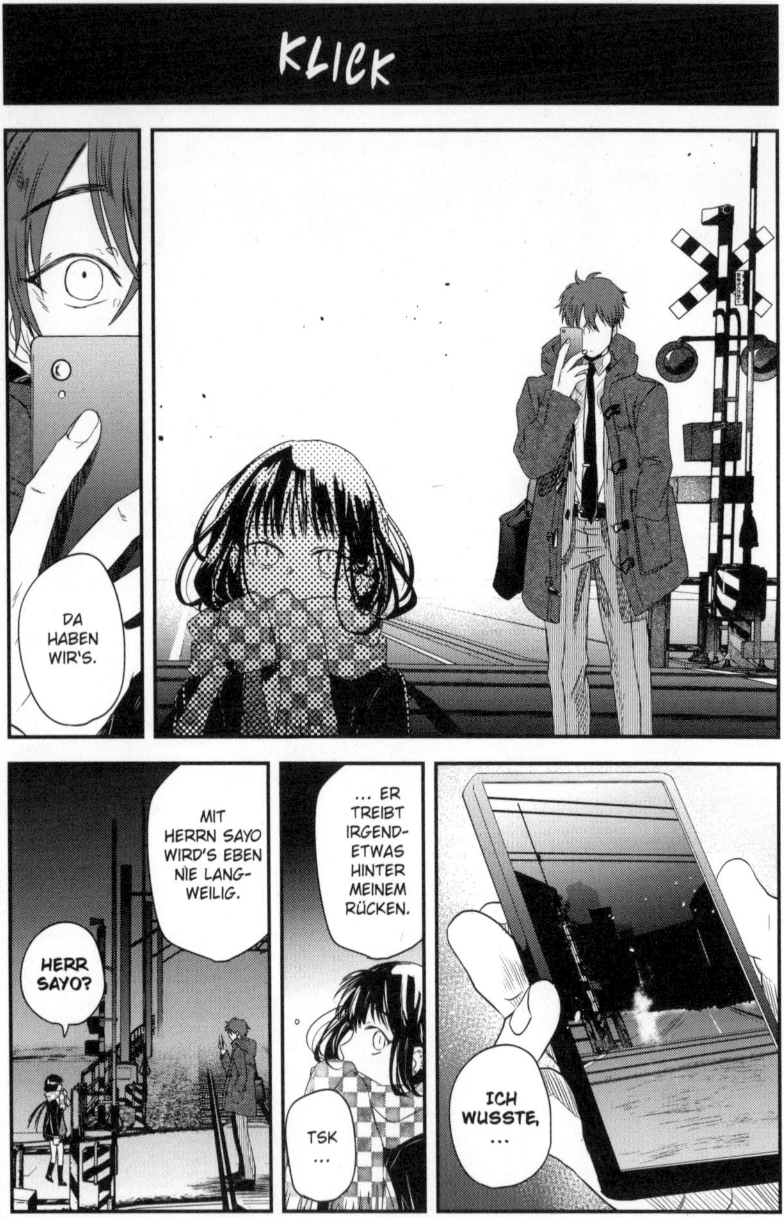
KLICK
DA HABEN WIR'S.
ICH WUSSTE, ...
... ER TREIBT IRGEND-ETWAS HINTER MEINEM RÜCKEN.
TSK ...
MIT HERRN SAYO WIRD'S EBEN NIE LANG-WEILIG.
HERR SAYO?

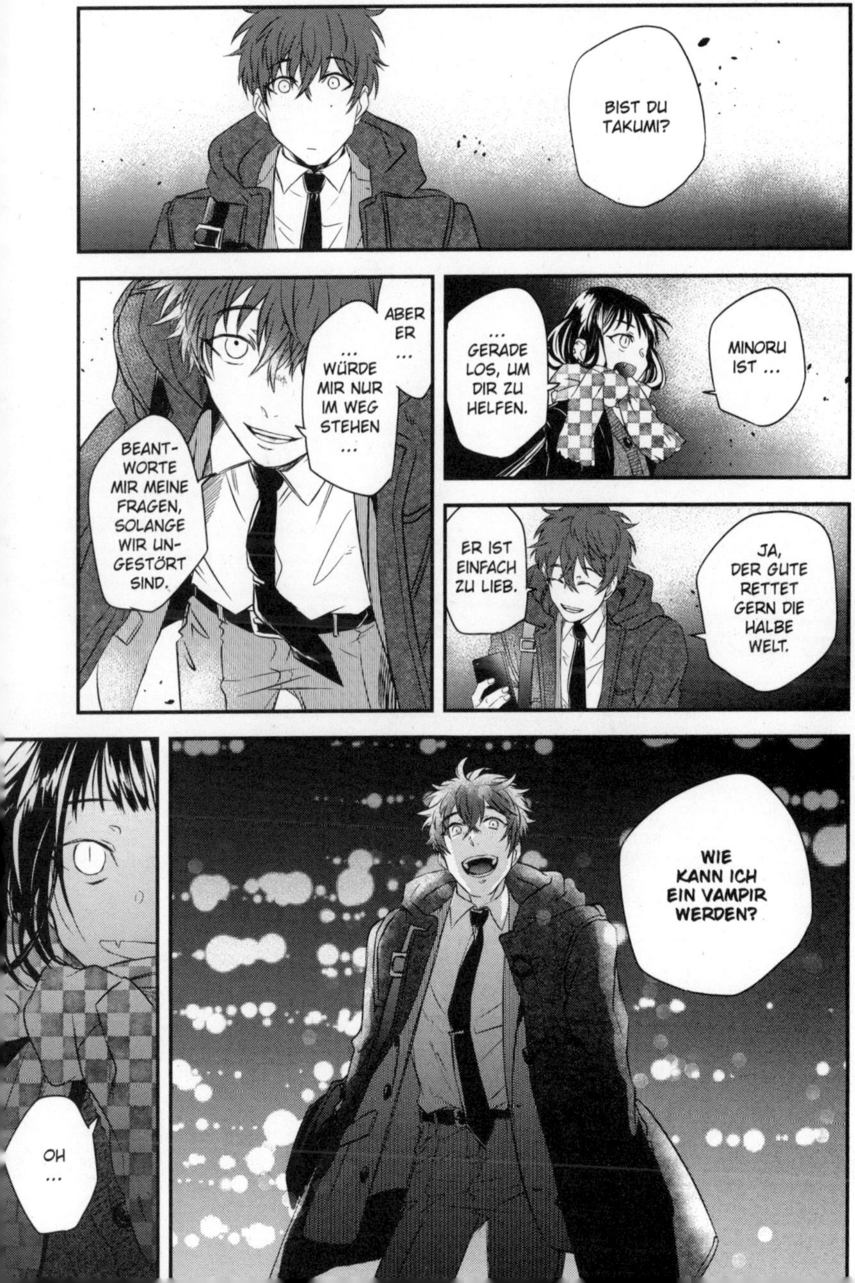
BIST DU TAKUMI?
MINORU IST ...
... GERADE LOS, UM DIR ZU HELFEN.
JA, DER GUTE RETTET GERN DIE HALBE WELT.
ER IST EINFACH ZU LIEB.
ABER ER ...
... WÜRDE MIR NUR IM WEG STEHEN ...
BEANT-WORTE MIR MEINE FRAGEN, SOLANGE WIR UN-GESTÖRT SIND.
WIE KANN ICH EIN VAMPIR WERDEN?
OH ...

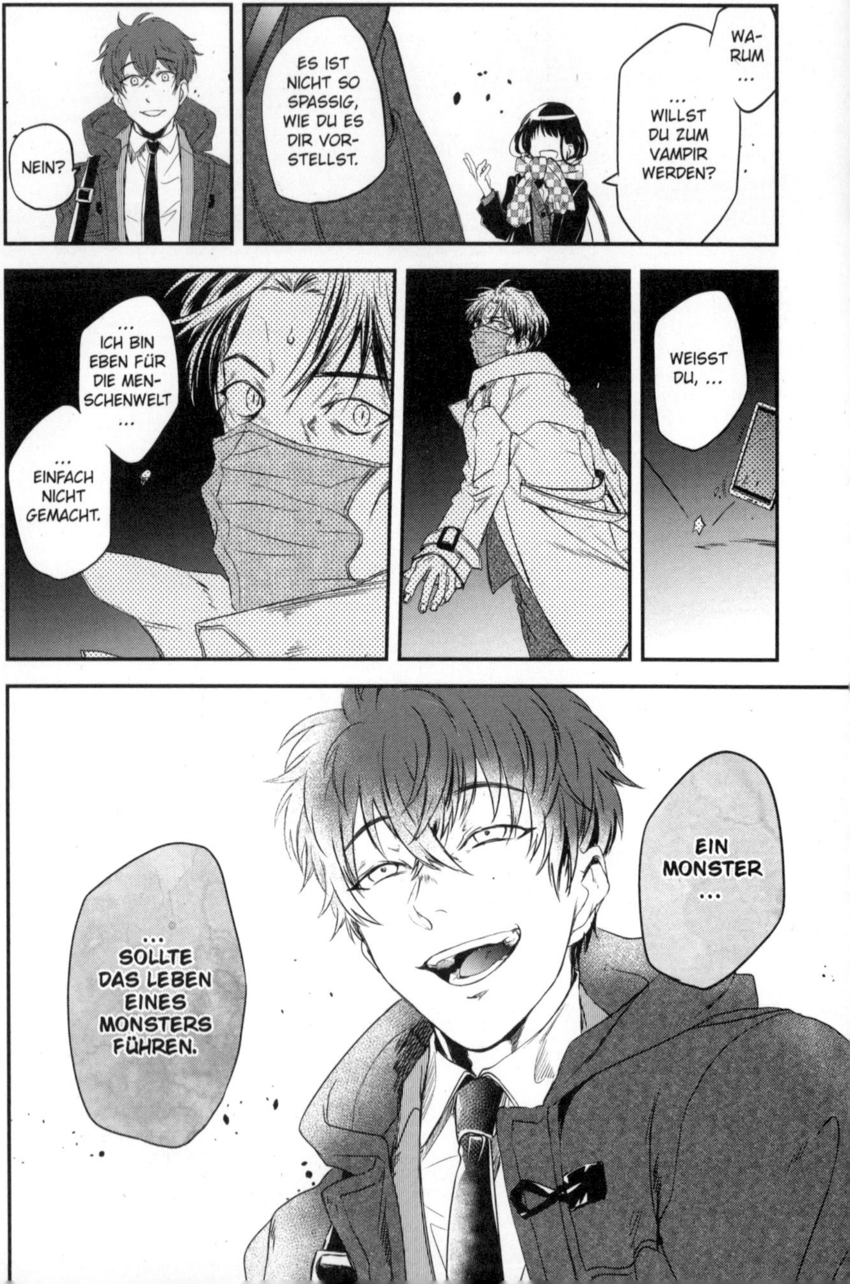
WA-RUM ...
... WILLST DU ZUM VAMPIR WERDEN?
ES IST NICHT SO SPASSIG, WIE DU ES DIR VOR-STELLST.
NEIN?
WEISST DU, ...
... ICH BIN EBEN FÜR DIE MEN-SCHENWELT ...
... EINFACH NICHT GEMACHT.
EIN MONSTER ...
... SOLLTE DAS LEBEN EINES MONSTERS FÜHREN.

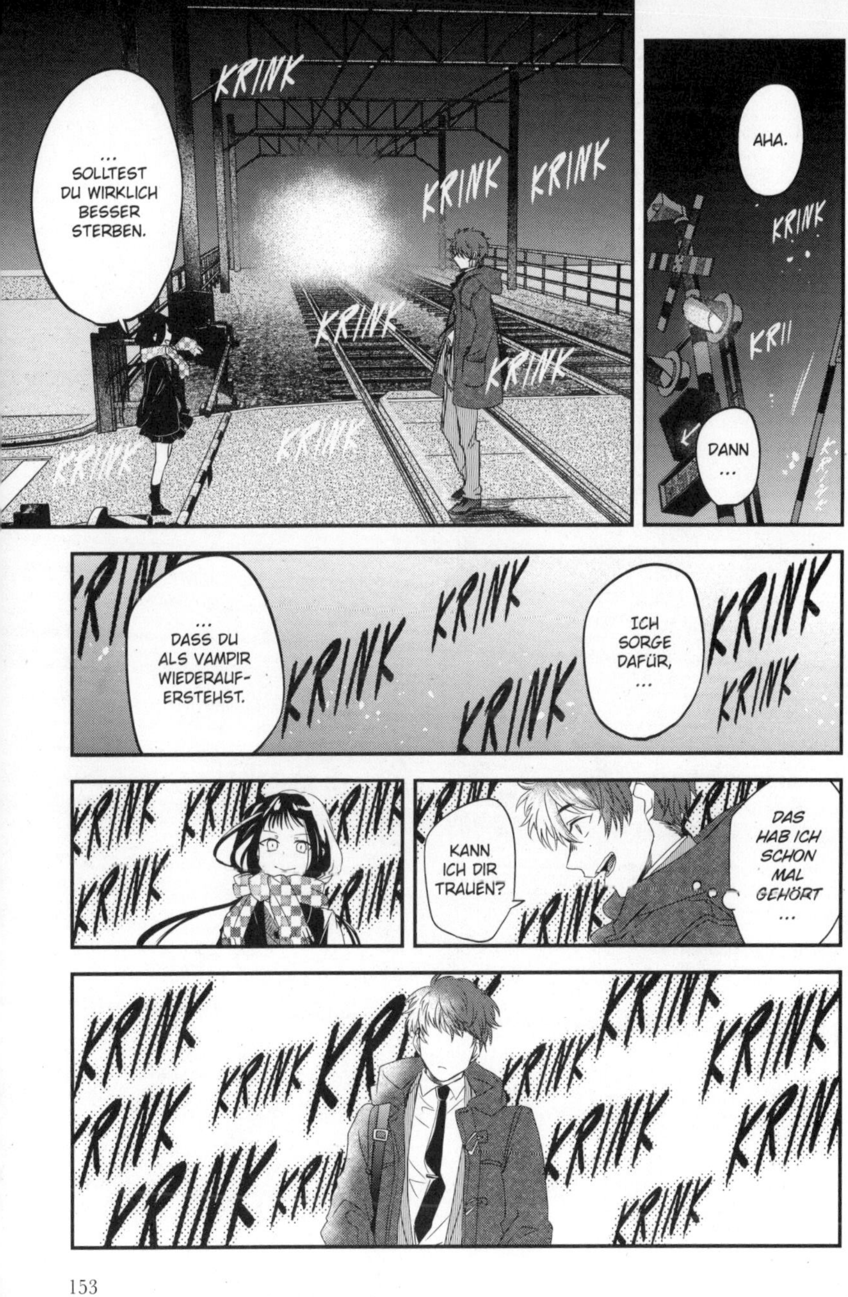
AHA.
KRINK
KRII
DANN ...
KRINK
... SOLLTEST DU WIRKLICH BESSER STERBEN.
KRINK KRINK
KRINK
ICH SORGE DAFÜR, ...
... DASS DU ALS VAMPIR WIEDERAUF-ERSTEHST.
KRINK KRINK
DAS HAB ICH SCHON MAL GEHÖRT ...
KANN ICH DIR TRAUEN?
KRINK KRINK
KRINK KRINK

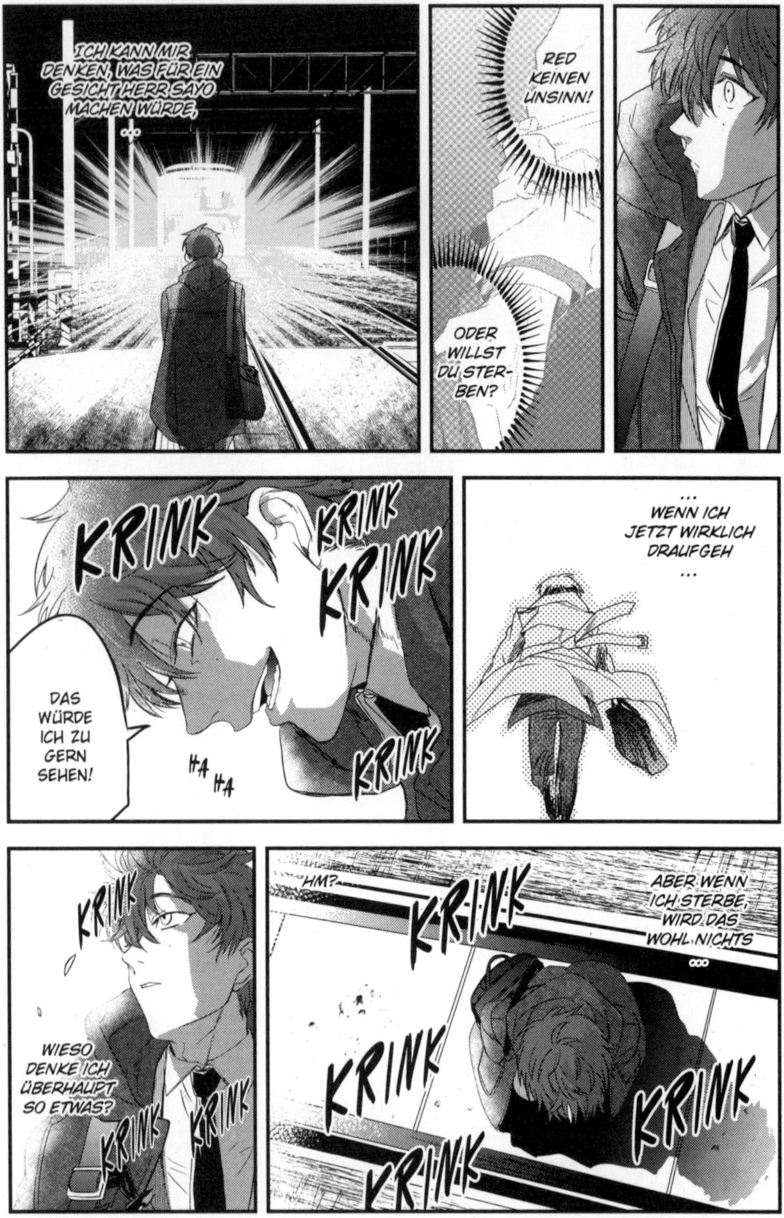
RED KEINEN UNSINN!
ODER WILLST DU STERBEN?
ICH KANN MIR DENKEN, WAS FÜR EIN GESICHT HERR SAYO MACHEN WÜRDE,
... WENN ICH JETZT WIRKLICH DRAUFGEH ...
KRINK
KRINK
KRINK
DAS WÜRDE ICH ZU GERN SEHEN!
HA HA
KRINK
HM?
ABER WENN ICH STERBE, WIRD DAS WOHL NICHTS ...
KRINK
KRINK
KRINK
KRINK
KRINK
WIESO DENKE ICH ÜBERHAUPT SO ETWAS?
KRINK
KRINK

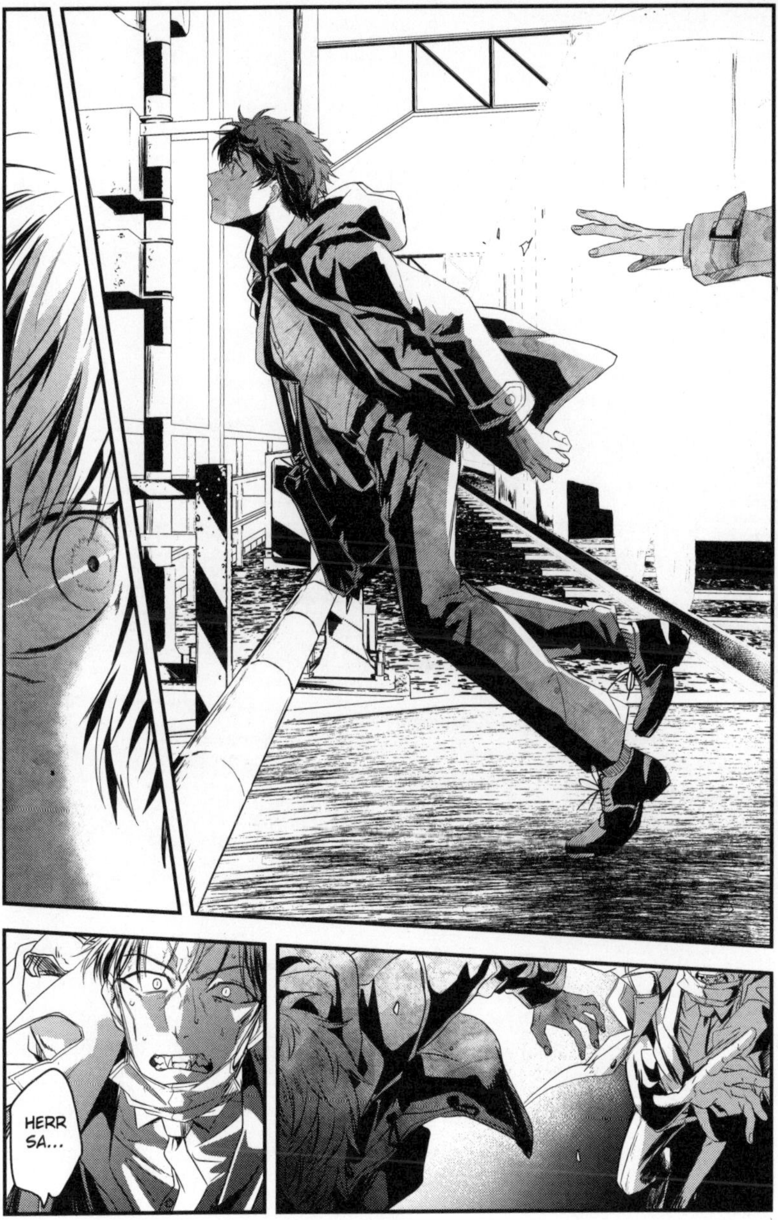
HERR
SA...

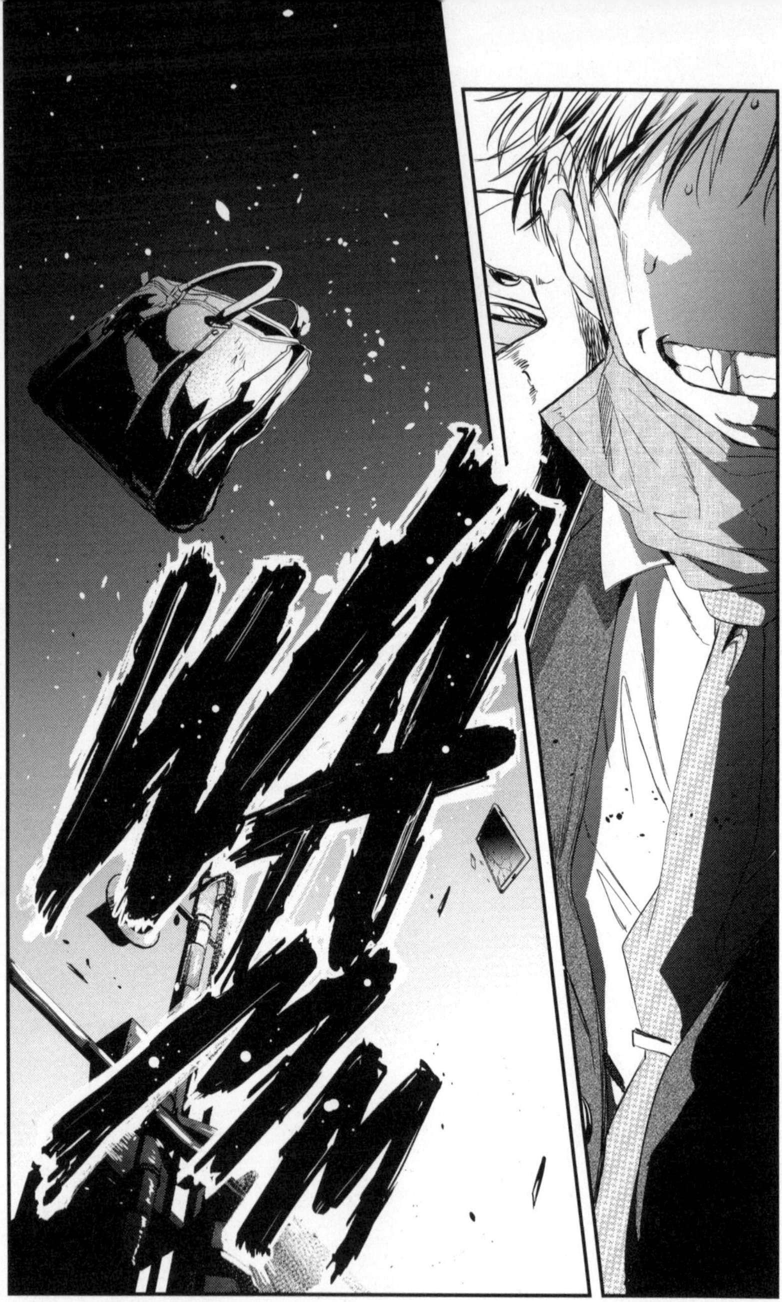
WHAM

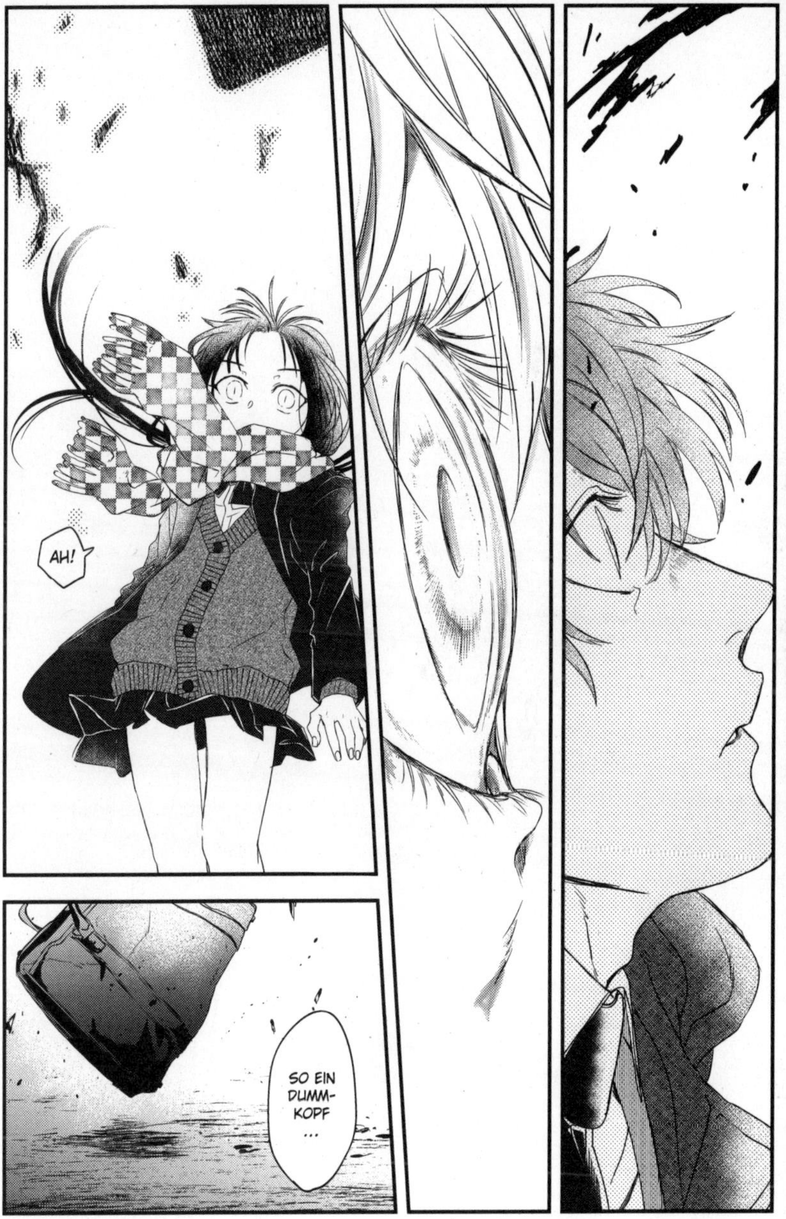
AH!
SO EIN DUMM-KOPF ...

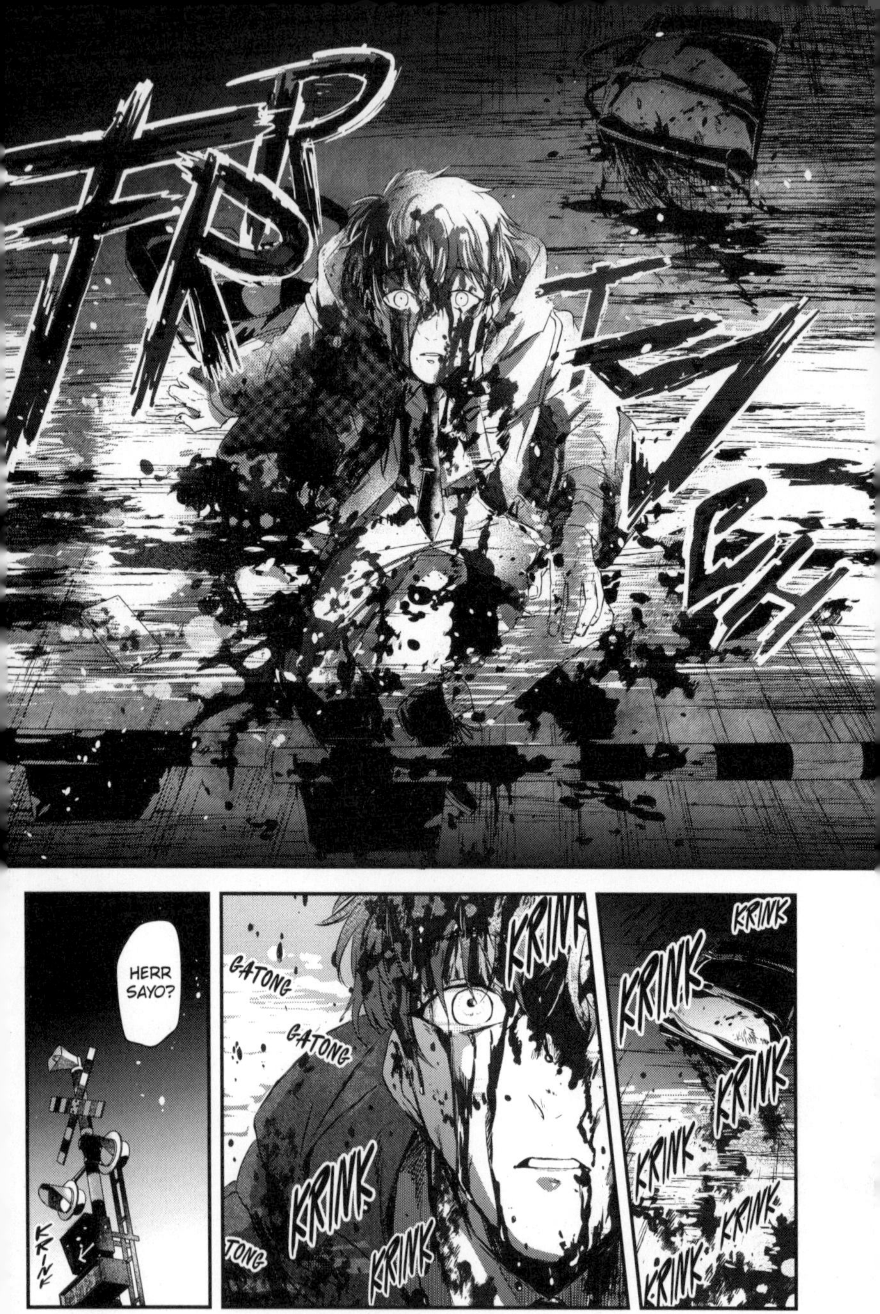
KRINK
KRINK
KRINK
KRINK
KRINK
KRINK
KRINK
GATONG
GATONG
KRINK
KRINK
TONG
HERR SAYO?
KRINK

8. Nacht – Ende

BEISS MICH HEUT NACHT

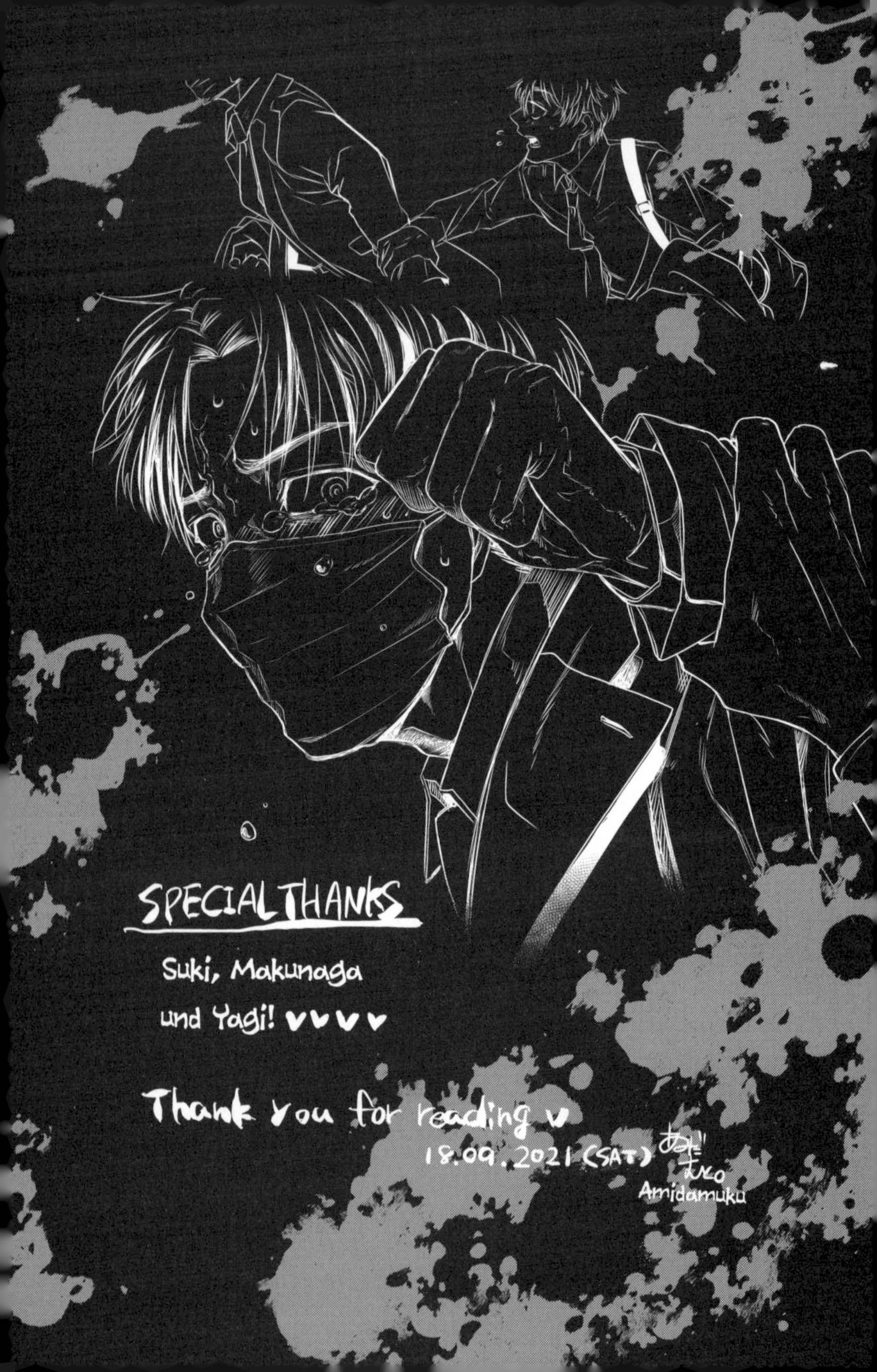
SPECIAL THANKS
Suki, Makunaga
und Yagi!
Thank you for reading
18.09.2021 (SAT)
Amidamuku

Vorschau auf den nächsten Band

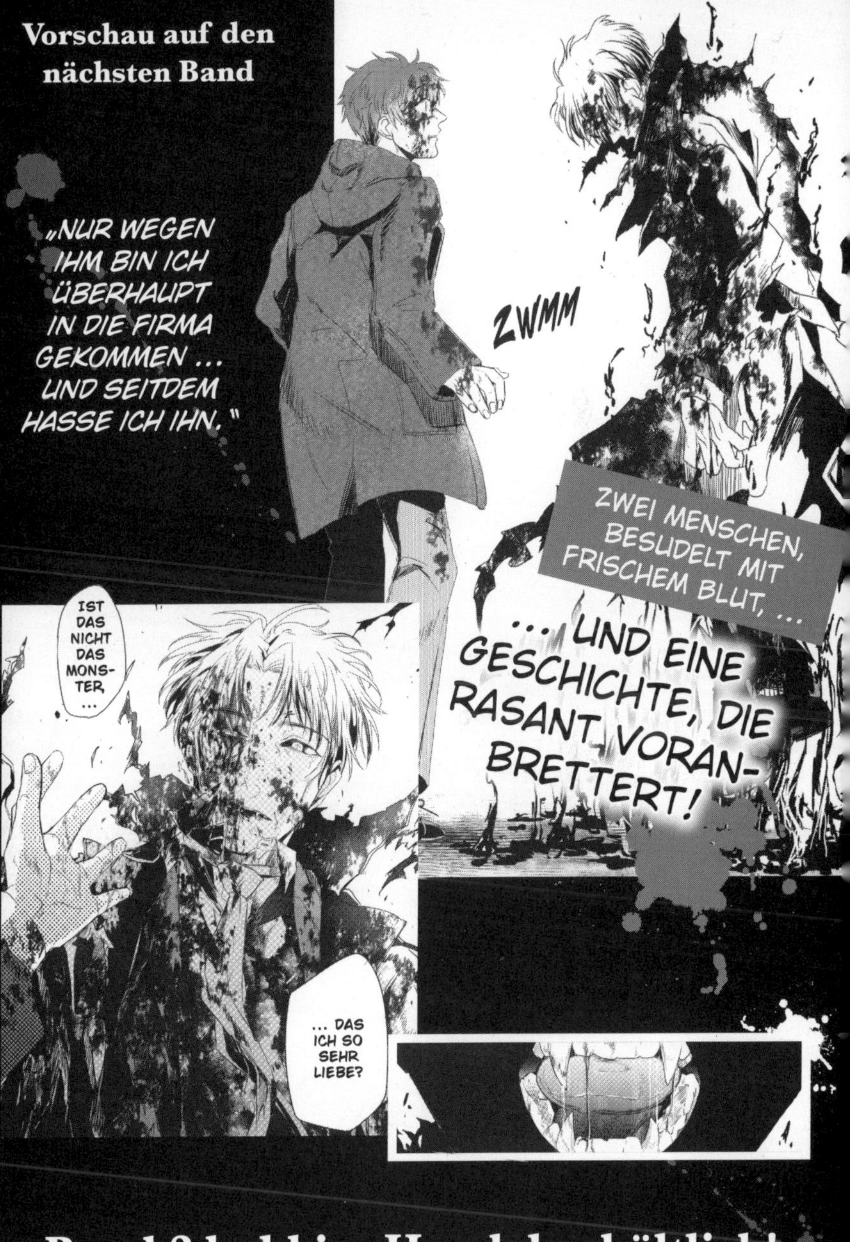

Band 2 bald im Handel erhältlich!

BEISS MICH HEUT NACHT

Deutschsprachige Ausgabe / German Edition

CH-1007 Lausanne
1. Auflage

Aus dem Japanischen von Martin Gericke

Programmleitung: Hideki Iyama / Lizenzkoordination: Ai Kono
Redaktion: Swea Katharina Kräuter / Herstellung: Sonja Lesch
Deutsche Logo- und Covergestaltung: Jenifer Hüttmann
Lettering: Paolo Gattone, Chiara Antonelli, Alessio Ravazzani
Druck und Bindung: GGP Media GmbH, Pößneck

ISBN 978-2-88951-905-7